本研究受中央高校基本科研业务经费资助（项目编号 2018WKZDJC008）

华中科技大学社会学文库·教授文集系列

DETOXIFIED

ADOLESCENT

戒毒
青少年

刘成斌　刘　露　贾　俊　　著

社会科学文献出版社
SOCIAL SCIENCES ACADEMIC PRESS (CHINA)

华中科技大学社会学文库总序

在中国恢复、重建社会学学科的历程中，华中科技大学是最早参与的高校之一，也是当年的理工科高校中唯一参与恢复、重建社会学的高校。如今，华中科技大学（原为华中工学院，曾更名为华中理工大学，现为华中科技大学）社会学学科已逐步走向成熟，走在中国高校社会学院系发展的前列。

30 多年前，能在一个理工科的高校建立社会学学科，源于教育学家、华中工学院老院长朱九思先生的远见卓识。

20 世纪八九十年代是华中科技大学社会学学科的初建时期。1980 年，在费孝通先生的领导下，中国社会学研究会在北京举办第一届社会学讲习班，朱九思院长决定选派余荣珮、刘洪安等 10 位同志去北京参加讲习班学习，并接见这 10 位同志，明确学校将建立社会学学科，勉励大家在讲习班好好学习，回来后担起建立社会学学科的重任。这是华中科技大学恢复、重建社会学的开端。这一年，在老前辈社会学者刘绪贻先生、艾玮生先生的指导和领导下，在朱九思院长的大力支持下，湖北省社会学会成立。余荣珮带领华中工学院的教师参与了湖北省社会学会的筹备工作，参加了湖北地区社会学界的许多会议和活动。华中工学院是湖北省社会学会的重要成员单位。

参加北京社会学讲习班的 10 位同志学习结束之后，朱九思院长听取了他们汇报学习情况，对开展社会学学科建设工作做出了重要指示。1981 年，华中工学院成立了社会学研究室，归属当时的马列课部。我大学毕业后分配到华中工学院，1982 年元旦之后我去学校报到，被分配到社会学研究室。1983 年，在朱九思院长的支持下，在王康先生的筹划下，学校决定在社会学研究室的基础上成立社会学研究所，聘请王康先生为所长、刘中庸任副所长。1985 年，华中工学院决定在社会学研究所的基础上成立社会学系，聘请王康先生为系主任、刘中庸任副系主任；并在当年招收第一届社会学专业硕士研究生，同时招收了专科学生。1986 年，华中工学院经申报获社会学硕士学位授予权，成为最早拥有社会学学科硕士点的十个高校之一。1988 年，华中理工大学获教育部批准招收社会学专业本科生，当年招收了第一届社会学专业本科生。至此，社会学有了基本的人才培养体系，有规模的科学研究也开展起来。1997 年，华中理工大学成立了社会调查研究中心；同年，社会学系成为独立的系（即学校二级单位）建制；2016 年 5 月，社会学系更名为社会学院。

在 20 世纪的 20 年里，华中科技大学不仅确立了社会学学科的地位，而且为中国社会学学科的恢复、重建做出了重要的贡献。1981 年，朱九思先生批准和筹备了两件事：一是在学校举办全国社会学讲习班；二是由学校承办中国社会学会成立大会。

由朱九思先生、王康先生亲自领导和组织，中国社会学研究会、华中工学院、湖北社会学会联合举办的全国社会学高级讲习班在 1982 年 3 月 15 日开学（讲习班至 6 月 15 日结束），上课地点是华中工学院西五楼一层的阶梯教室，授课专家有林南先生、刘融先生等 6 位美籍华裔教授，还有丁克全先生等，学员是来自全国十几个省、自治区、直辖市的 131 人。数年间，这些学员中的许多人成为各省、市社科院社会学研究所、高校社会学系的负责人和学术骨干，有些还成为国内外的知名学者。在讲习班结束之后，华中工学院社会学研究室的教师依据授课专家提供的大纲和学员的笔记，整理、印刷了讲习班的全套讲义，共 7 本、近 200 万字，并寄至每一位讲习班的学员手中。在社会学恢复、重建的初期，社会学的资料极端匮乏，这套讲义是国内最早印刷的社会学资料之一，更是内容最丰富、印刷量最大的社会学资料。之后，由朱九思院长批准，华中工学院出版社（以书代刊）出版了两期《社会学研究资料》，这也是中国社会学最早的正式出版物之一。

1982 年 4 月，中国社会学会成立暨第一届全国学术年会在华中工学院召开，开幕式在学校西边运动场举行。费孝通先生、雷洁琼先生亲临会议，来自全国的近 200 位学者出席会议，其中主要是中国社会学研究会的老一辈学者、各高校社会学专业负责人、各省社科院负责人、各省社会学会筹备负责人，全国社会学高级讲习班的全体学员列席了会议。会议期间，费孝通先生到高级讲习班为学员授课。

1999 年，华中理工大学承办了中国社会学恢复、重建 20 周年纪念暨 1999 年学术年会，全国各高校社会学系的负责人、各省社科院社会学所的负责人、各省社会学会的负责人大多参加了会议，特别是 20 年前参与社会学恢复、重建的许多前辈参加了会议，到会学者近 200 人。会议期间，周济校长在学校招待所二号楼会见了王康先生，对王康先生应朱九思老院长之邀请来校兼职、数年领导学校社会学学科建设表示感谢。

21 世纪以来，华中科技大学社会学学科进入了更为快速发展的时期。2000 年，增设了社会工作本科专业并招生；2001 年，获社会保障硕士点授予权并招生；2002 年，成立社会保障研究所、人口研究所；2003 年，建立应用心理学二级学科硕士点并招生；2005 年，成立华中科技大学乡村治理研究中心；2006 年，获社会学一级学科硕士点授予权、社会学二级学科博士点授予权、社会保障二级学科博士点授予权；2008 年，社会学学科成为湖北省重点学科；2009 年，获社会工作专业硕士点授予权；2010 年，招收第一届社会工作专业硕士学生；2011 年，获社会学一级学科博士点授予权；2013 年，获民政部批准为国家社会工作专业人才培训基地；2014 年，成立城乡文化研究中心。教师队伍由保持多年的十几人逐渐增加，至今专任教师已有 30 多人。

华中科技大学社会学学科的发展，历经了两三代人的努力奋斗，曾经在社会学室、所、系工作的同志近 60 位，老一辈的有刘中庸教授、余荣珮教授，次年长的有张碧辉教授、郭碧坚教授、王平教授，还有李少文、李振文、孟二玲、童铁山、吴中宇、陈恢忠、雷洪、范洪、朱玲怡等，他们是华中科技大学社会学学科的创建者、引路人，是华中科技大学社会学的重大贡献者。我们没有忘记曾在社会学系工作、后调离的一些教师，有徐玮、黎民、王传友、朱新称、刘欣、赵孟营、风笑天、周长城、陈志霞等，他们在社会学系工作期间，都为社会学学科发展做出了贡献。

华中科技大学社会学学科的发展，也有其所培养的学生们的贡献。在 2005 年社会学博士点的申报表中，有一栏要填写 20 项在校学生（第一作者）发表的代表性成果，当年填在此栏的 20 篇已发表论文，不仅全部都是现在的 CSSCI 期刊源的论文，还有 4 篇被《新华文摘》全文转载、7 篇被《人大复印资料》全文转载，更有发表在《中国人口科学》等学界公认的权威期刊上的论文。这个栏目的材料使许多评审专家对我系的学生培养打了满分，为获得博士点授予权做出了直接贡献。

华中科技大学社会学学科发展的 30 多年，受惠、受恩于全国社会学界的鼎力支持和帮助。费孝通先生、雷洁琼先生亲临学校指导、授课；王康先生亲自领导组建社会学所、社会学系，领导学科建设数年；郑杭生先生、陆学艺先生多次到学校讲学、指导学科建设；美籍华人林南教授等一大批国外学者及宋林飞教授、李强教授等，都曾多次来讲学、访问；还有近百位国内外社会学专家曾来讲学、交流。特别是在华中科技大学社会学学科创建的初期、幼年时期、艰难时期，老一辈社会学家、国内外社会学界的同人给予了我们学科建设的巨大帮助，华中科技大学的社会学后辈永远心存感谢！永远不会忘怀！

华中科技大学社会学学科在 30 多年中形成了优良的传统，这个传统的核心是低调奋进、不懈努力，即为了中国的社会学事业，无论条件、环境如何，无论自己的能力如何，都始终孜孜不倦、勇往直前。在一个理工科高校建立社会学学科，其"先天不足"是可想而知的，正是这种优良传统的支撑，使社会学学科逐步走向成熟、逐步壮大。"华中科技大学社会学文库"，包括目前年龄大些的教师对自己以往研究成果的汇集，但更多是教师们近年的研究成果。这套文库的编辑出版，既是对以往学科建设的回顾和

总结，更是目前学科建设的新开端，不仅体现了华中科技大学社
会学的优良传统和成就，也预示着学科发挥优良传统将有更大的
发展。

雷　洪
2016 年 5 月

目 录

第一章　导论

2018 年 6 月 25 日，中共中央总书记、国家主席习近平就禁毒工作做出重要指示，强调在加强党的领导的前提下，充分发挥政治优势和制度优势，完善治理体系，广泛发动群众，坚决打赢新时代禁毒人民战争。要坚持关口前移、预防为先，重点针对青少年等群体，深入开展毒品预防宣传教育，在全社会形成自觉抵制毒品的浓厚氛围。

2018 年 9 月 25 日，湖北省公安厅、禁毒办、财政厅等相关部门联合颁布《湖北省举报毒品违法犯罪行为奖励办法》并召开专门新闻发布会。会上透露湖北省该年度前 9 个月破获毒品犯罪案件 3317 起，打掉制贩毒团伙 115 个，抓获犯罪嫌疑人 3867 名，缴获各类毒品 4.1 吨，缴获毒品数同比增长近 3 倍。2018 年 12 月 25 日《楚天都市报》刊发《2018 年湖北发现吸毒人员 10155 人 其中 9068 人被强制隔离戒毒》的新闻稿。

从这两则新闻大致可以看出当下涉及毒品的违法犯罪的广度与力度。毒品这个概念在中国是一个历史概念，更是一个当下社会问题。谈起毒品，大多数中国人都会想起鸦片，会想起"东亚病夫"的国耻，这是历史；但从艺术圈、演员、歌手到一些富二代甚至富一代的企业家们吸毒，再到北京朝阳大妈们的英勇壮举，这都是当下备受关注的社会现象。

毒品种类繁多，新花样层出不穷，现在社会上流行的大多是新型毒品。作为中国人历史创伤记忆的鸦片，主要在一些年龄较大的吸毒人群中传播。目前吸毒人群主要是年轻人，年轻人当中更流行新型毒品，他们大都有由浅入深的经历。由于政府部门打击力度日益加大，社会公众的防范意识也逐渐增强，很多还处于较浅阶段的吸毒者也会被发现。所以，从现在吸毒人群的类型来看，以吸食新型毒品者为主，而食用甲基苯丙胺（Methamphetamine）这种强效刺激中枢神经的毒品的吸毒者并不是特别广泛，更多的吸毒者食用的是咖啡因、三唑仑、K粉（氯胺酮）、大麻这些危害性相对较小的毒品。但由于这些新型毒品的刺激力度在吸食者身上的反应强度会逐步呈现边际效应递减，吸毒者就会因感觉到这些毒品的力度衰退而逐步加大剂量或升级烈性更强的毒品，无论是加大剂量还是更新升级，无疑往往是毒品市场期待并操纵的目标。

吸食毒品往往需要大量金钱，而且会使吸毒者丧失劳动观念，磨灭其生活意志，大多数吸毒者会走向以贩养吸的道路。吸食毒品者刚开始更多的是无节制消费，很快就会在花光积蓄后借债度日——这个过渡期一般并不太久，然后就极大可能过渡到盗窃、抢劫等侵财型犯罪，或者采取以贩养吸的做法，并由此完成从违法到犯罪的转变。无论是向侵财方向发展，还是向以贩养吸转变，吸食毒品者最终都是害己转向害人，成为社会的毒瘾患者，甚至是犯罪人员。

因此，中国政府坚决抓紧、抓早，严打涉及毒品的各项违法犯罪，这无疑是正确的。但现在已经吸食毒品的大量人员怎么办？他们既是违法者，又是受害者，既伤害了自己，还牵涉到家人，这是一个复杂的社会建设工程。

本研究结合实践调查了解到的信息，从个人、群体、家庭、社会等角度展现吸毒人群的经历与现状，为推动健康社会建设、防范毒品风险提供一定的借鉴。

第一节　研究问题缘起

记得是2013年春季的时候，笔者接到湖北省戒毒管理局的电话，说想找一批研究犯罪与吸毒等问题的学者参与到湖北省戒毒矫治与管理当中，为政府献计献策，增强湖北省戒毒禁毒事业的管理成效。因为从别人的推荐中得知笔者在做与流动人口犯罪相关的研究，所以就找到了笔者。笔者当即应允，一方面确实是可以将自己的研究哪怕只是想法跟政府部门的实际管理者进行沟通，另一方面也是自己做研究切入并获得实践情况的良机。由此，笔者就开始了六年以来的戒毒矫治相关研究。

《2016年世界毒品报告》估计，2014年全球范围内一共约有2.47亿名成年人（15~64岁）非法使用毒品，约占全球成年人口的5.2%，并且这一比例在过去几年中一直保持稳定。① 毒品类型主要包含大麻、鸦片类可卡因、安非他命类兴奋剂、摇头丸等。同时该报告指出，2012年全球超过18万人的死亡与毒品有关。

中国2015年的禁毒报告显示，截止到2014年，全国登记的吸毒人员有295.5万名，其中阿片类毒品吸食人员145.8万名、合成毒品吸食人员145.9万名，分别占总吸毒人员的49.3%和49.4%。2014年共查出处分吸毒人员88.7万余名，其中新发现的吸毒人员有46.3万余名，有26.4万余名新吸毒人员被收进强制隔离戒毒所，有12.4万余名新人前往社区戒毒社区康复报到，各类吸毒人员数量均有所增长。② 这一系列的惊人数据表明，我国的吸毒问题已成为一个非常严峻、亟待解决的问题。

2014年中共中央、国务院印发《关于加强禁毒工作的意见》，强调加大禁毒工作的力度，推进全社会参与禁毒工作，鼓励各强制隔离戒毒所、社区戒毒机构发展创新，探索行之有效的戒毒方法。笔者即开始带领研究生到湖北省未成年强制隔离戒毒所、湖北省女子强制隔离戒毒所进行调研，并将这些调研与学生的专业实习联合进行。我们介入的湖北省未成年人强制隔离戒毒所（简称未戒所），积极响应国家的号召，创新实践戒毒新方法。为了帮助学员更好戒除毒瘾，未戒所创新开展"爱心妈妈"计划，组织所内已婚妈妈，自愿组建帮教团队，与戒毒未成年人结成帮教对子，当起学员们的"爱心妈妈"。结对的戒毒未成年

---

① UNODC："World Drug Report 2016，" http://www.unodc.org/wdr2016/en/press.html, Accessed February 2.
② 孔大为、刘志远：《2015中国禁毒报告》，《人民公安》2015年第12期。

人，是所内执勤警官与队长通过平时的观察筛选出来的需要帮助的学员。"爱心妈妈"们借由在所内工作的便利，可以经常与结对学员见面、沟通，了解学员生活现状、提供心理关怀、联结家庭支持以及出所后的社会支持，并进行回访，对学员进行多方面的帮助。

作为全国毒品犯罪的重要中转站、中部枢纽，湖北省吸毒人口规模较大。2016 年，全省共有 18 个强制隔离戒毒所，新收戒毒人员 8010 人，解除隔离 7569 人，年底在押戒毒人员 9033 人；2018 年新发现戒毒人员突破 1 万人，新收强制隔离戒毒人员 9068 人。这一系列数字表明湖北省是涉及毒品问题的重要省份，对研究吸毒人群具有较强的代表性。广东、云南等地虽然吸毒人群规模更庞大，但涉外国际因素复杂，毒品形势也更复杂，考虑到研究的可及性、可行性，本研究以湖北省女子强制隔离戒毒所、湖北省未成年强制隔离戒毒所的收集材料为背景，探索青年群体中部分吸毒青年的共性人生经历与社会结构性原因。

第二节　文献综述

在美国等发达国家，毒品往往被称为"药物滥用"（drug abuse），也就是说毒品也是一种药品，只是使用不当才会成为毒品。从药理上讲，毒品就是一种"精神活性物质"的药品。在人类历史长河当中，不同历史阶段、不同阶层、不同人群对"精神活性物质"的理解迥然不同，有的可能强调精神活性物质与神圣接触的可能性和促进宗教经验，有的可能强调其作为应对疾病或身体/心理问题等困扰的方法，还有的是在烹饪中用作香料，当然也有人是纯粹娱乐目的。[①] 根据 Escohodato 在《毒品史》中的描述，"在最近的历史中，毒品主题主要通过宗教来控制，将某些毒品消

---

① 　Telmo Mota Ronzani, *Drugs and Social Context: Social Perspectives on the Use of Alcohol and Other Drugs* (New York: Springer International Publishing AG, 2018).

费与特定罪恶行为联系起来"[1]。本研究主要立足吸毒人口与戒毒这条主线来梳理相关文献。

1. 中国吸毒人口概况

吸毒问题目前已经成为一个世界性难题。据《2014 年世界毒品报告》，2012 年全球范围内，过去一年中至少使用过一次某类毒品的有 2.43 亿人。[2] 据《2016 年世界毒品报告》，2014 年全球范围内，吸毒人口为成年人口的 5%，即 15~64 岁的人中有 2.5 亿人使用过至少一种毒品，逾 2900 万名吸毒者估计患有吸毒疾患。[3] 而中国吸毒人数逐年递增的同时，青少年涉毒比例明显上升，尤其是在新型毒品中，青少年是主流吸食人群。

2016 年，中国查处有吸毒行为的人员 100.6 万名，其中新发现吸毒人员 44.5 万名。[4] 从纵向比较数据来看，我国的禁毒形势严峻：从 1991 年到 2005 年，我国吸毒人数逐年上升，但总体规模水平相对波动较缓；然而从 2006 年到 2014 年，吸毒人数呈迅速上升趋势，《2015 年中国毒品形势报告》中的数据显示，全国累计登记在册吸毒人数达 295.5 万名，吸毒行为更带来国民经济的巨大损失，全国每年因吸毒造成的直接经济损失达数千亿元，间接损失超过万亿元。吸毒人口猛增的同时，吸毒人群结构也在发生变化，青少年涉毒者比例明显上升。国家禁毒委公开的数据显示，2009 年我国登记吸毒人群中，35 岁以下青年占 58.1%。然而到了 2014 年 4 月，这一比例猛增至 75%。这一系列数据表明青少年人群吸毒已经成为一个显著的社会问题。

从图 1-1 可以看到，我国登记在册的吸毒人数从 1997 年至 2014 年整体处于上升阶段。其中，2006 年启动新的禁毒网络系统，

---

① Telmo Mota Ronzani, *Drugs and Social Context: Social Perspectives on the Use of Alcohol and Other Drugs* (New York: Springer International Publishing AG, 2018).

② UNODC, "World Drug Report 2014," http://www.unodc.org/wdr2014/en/press. html, Accessed February 2.

③ UNODC, "World Drug Report 2016," http://www.unodc.org/wdr2016/en/press. html, Accessed February 2.

④ 中国国家禁毒委员会办公室:《2017 中国禁毒报告》，中国禁毒网，http://www.nncc626.com/2017-03/30/c_129521742.htm，最后访问日期：2019 年 2 月 2 日。

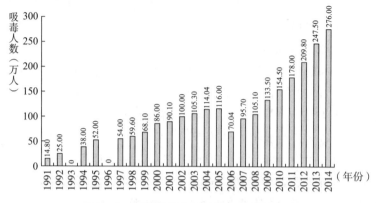

图 1 - 1　中国登记在册吸毒人数规模变化

资料来源：根据历年《中国禁毒报告》整理。

登记程序更为严格，并且由于并网的磨合，数据大幅度减少，至 2009 年数据磨合至恢复正常。2015 年 6 月，我国登记在册吸毒人口已经超过 300 万人。[①]　就毒品类型而言，吸食新型毒品人数上升迅猛，截至 2012 年年底，滥用阿片类毒品者有 127.2 万人、滥用合成毒品者有 79.8 万人，分别占 60.6% 和 38%。

吸毒在医学上也叫"药物滥用"，因为毒品在合理剂量下其实是一种药品。有学者将对药物滥用的分析归纳为四种建构模式——道德模式、补偿模式、开明模式和医疗模式——对于药物滥用成因的不同分析模式对应了不同的康复治疗策略。此外，还有学者从"毒品亚文化"的角度来理解特殊人群的吸毒问题，毒品亚文化本身迎合了青少年崇尚个性张扬、叛逆家庭和社会、追求人生享乐的心理，这也是导致青少年吸毒的一个重要原因。[②]　范志海、李建英[③]在对上海市 100 个吸食合成毒品的青少年个案进行了深入分析后得出的结论也支持了这一观点。

---

① 《走进戒毒所》，央视网，http://tv.cctv.com/2015/11/25/VIDE1448461976065411.shtml，最后访问日期：2019 年 2 月 2 日。

② 夏国美、杨秀石：《社会学视野下的新型毒品》，上海社会科学院出版社，2003。

③ 范志海、李建英：《青少年吸食合成毒品问题与对策研究：基于上海市 100 个吸毒青少年个案的调查》，《青少年犯罪问题》2012 年第 4 期。

　　中国毒品形势令人担忧，其中吸毒人员低龄化趋势明显，青少年已成为吸毒群体的"主力军"。据统计，截至2015年年底，全国现有吸毒人员234.5万名（不含戒断三年未发现复吸人数、死亡人数和离境人数），其中不满18岁的有4.3万名，占1.8%；18岁至35岁的有142.2万名，占60.6%；36岁至59岁的有87万名，占37.1%；60岁及以上的有1.1万名，占0.5%。[①] 伴随青少年吸毒人群的扩大化，因吸毒引发的抢劫盗窃、自伤自残、暴力伤害、驾车肇祸等案件不断增多，青少年吸毒和犯罪问题日益突出，这将严重危害社会治安和公共安全，亟待解决。

　　在中国，学术界对青少年吸毒问题的研究较为薄弱，尤其与青少年吸毒人群规模的扩张速度显然不成正比。本研究以青年人群为主，兼顾整体的吸毒问题讨论。

　　2. 中国戒毒概况

　　《2017中国禁毒报告》显示，截至2016年年底，我国现有吸毒人员累计达250.5万名。2016年全国查处有吸毒行为的人员100.6万名，依法责令强制隔离戒毒35.7万名、社区戒毒24.5万名、社区康复5.9万名。其中不满18岁的吸毒人员有2.2万名，占总数的0.9%；18岁到35岁的吸毒人员有146.4万名，占总数的58.4%，吸毒人员低龄化特征突出。纵观历史，毒品的危害毋庸置疑。吸毒不仅危害个体的生理、心理健康，表现为生理的病理改变、慢性复发性脑部疾病，长期吸食毒品还会使人的情绪产生巨大变化，如冷漠无情、自私自利等。[②] 不仅如此，吸毒更是会危害社会治安、社会稳定。随着个人吸毒带来的往往是家庭的破碎、朋友的远离、积极社会交往的丧失，还会伴随着暴力、偷盗、交通肇事等治安隐患。

　　2008年，《中华人民共和国禁毒法》（以下简称《禁毒法》）正

① 中国国家禁毒委员会办公室：《2015年中国毒品形势报告》，中国禁毒网，http://www.nncc626.com/2016-02/18/c_128731173.htm，最后访问日期：2019年2月2日。
② 李晓凤、张强、马瑞民：《吸毒人员的现状及禁毒社会工作介入探究——以珠江三角洲地区为例》，《社会工作》2014年第6期。

式颁布实施，这是我国禁毒史上的重要里程碑。这一法律建立在多年禁毒实践基础上，是结合当下的禁毒形势所制定。然而，历年的禁毒数据显示，《禁毒法》实施 10 年来，吸毒人员在数量上并未显著减少，传统毒品海洛因的吸食人员数量有所下降，但新型毒品的吸食人员比例大大增加，吸毒引发的治安和刑事案件不断增多，严重危害社会治安和公共安全。

2014 年，中共中央、国务院印发《关于加强禁毒工作的意见》（以下简称《意见》)①，《意见》指出，我国禁毒工作取得了阶段性成果，但受国际毒潮形式和国内多种因素的影响，我国的毒品问题依然严峻复杂。《意见》要求禁毒有关部门和社会各界广泛参与，深入开展毒品预防教育工作，严厉打击毒品违法犯罪活动，创新吸毒人员服务管理模式。在吸毒人员的管理方面，要积极探索科学有效的戒毒模式，大力加强自愿戒毒工作、全面推进社区戒毒工作、规范强制隔离戒毒工作，提高戒毒成效。

我国当前的戒毒措施主要有三种：一是自愿戒毒，由个人或戒毒医疗机构承担，通过提供毒品替代品帮助吸毒人员摆脱毒品依赖，这种形式依赖于吸毒人员自身的决心；二是社区戒毒，由城市街道办事处、乡镇人民政府负责，根据戒毒人员的情况，签订社区戒毒协议，落实社区戒毒措施，期限为三年；三是强制隔离戒毒，由司法、公安部门负责，将符合要求的吸毒成瘾人员送至强制隔离戒毒所，进行有针对性的生理、心理治疗和身体康复训练，戒毒期限一般为两年，可酌情提前解除强制隔离戒毒或延长期限。

以强制隔离戒毒为主，自愿戒毒、社区戒毒为辅的戒毒措施一定程度上实现了戒毒效果，但居高不下的复吸率表明当前戒毒工作还存在一些问题。首先，戒毒人员对强制隔离戒毒方式有所排斥，而戒毒所内工作人员也对戒毒人员存在偏见，因此戒毒效果大打折扣。② 其次，强制隔离戒毒所内戒毒方式单一，单纯的劳

---

① 《关于加强禁毒工作的意见》，《人民日报》2014 年 7 月 7 日，第 1 版。
② 李晓凤、马瑞民：《我国戒毒社会工作的发展历史及实务运作模式初探》，《社会工作与管理》2014 年第 6 期。

动难以深入戒毒者的内心，无法从根本上影响其吸毒的信念。最后，戒毒人员出所后，缺乏监管，很容易在面对困难时再次吸毒。我国的戒毒工作面临着严峻挑战。

在当前形势下，国内专家、学者、有志之士进行了多种前瞻性研究与实践。深圳市 W 社工服务中心的戒毒同伴教育"过来人计划"，探索禁毒社会工作同伴教育实务干预模式。[①] 广州荔湾区海龙街运用禁毒社会工作理念与方法，展开了一系列的社区戒毒与康复服务。[②] 与此同时，湖北省也发展创新，结合当地的高校资源，融合社会学、心理学、医学、教育学等多学科优势，积极探索行之有效的戒毒方法，推进戒毒工作的开展。本研究以湖北省未成年人强制隔离戒毒所为研究点，运用社会工作专业知识、方法、技巧，根据人本治疗模式的指导，为戒毒学员开展沙盘治疗。通过实务研究人本治疗模式下沙盘艺术疗法对戒毒学员有何影响？对于案主的人格完善、自我成长是否有促进作用？该模式的介入有哪些特色和发展空间？这些问题均会在本研究中一一探讨。

自 2008 年我国颁布《禁毒法》以来，强制隔离戒毒取代劳教戒毒，重新划分戒毒模式，形成强制隔离戒毒、自愿戒毒、社区戒毒、戒毒康复、戒毒药物维持治疗的多层次戒毒工作体系。[③] 强制隔离戒毒是国家通过行政手段、法律手段控制吸毒态势，是我国禁毒戒毒工程的重要手段，在戒毒矫治中发挥着重要作用。截至 2015 年，我国司法行政戒毒系统的 300 多个强制隔离戒毒所已累计收治 80 余万名戒毒人员，2015 年女性戒毒人员达 2.5 万人，占比 10%，同比增加 20%。[④]《禁毒法》和《戒毒条例》的实施过程中，屡屡出现戒毒人员管理难题，其中，如何建设戒毒人员的良好人际关系，尤其是隔离期间的同伴关系，是实现顺利矫治的

---

① 徐瑷：《戒毒同伴教育实务干预模式研究》，硕士学位论文，深圳大学，2017。

② 李晓凤、马瑞民：《我国戒毒社会工作的发展历史及实务运作模式初探》，《社会工作与管理》2014 年第 6 期。

③ 高巍：《中国禁毒三十年》，法律出版社，2011。

④ 《走进戒毒所》，央视网，http://tv.cctv.com/2015/11/25/VIDE14484619760654 11.shtml，最后访问日期：2019 年 2 月 2 日。

重点问题之一。本研究从戒毒人员的同伴关系来讨论吸毒预防、戒断毒瘾、防止复吸、帮助成瘾者回归正常生活等。

现有的戒毒政策总体上是在严厉打击贩毒的同时，对普通人群进行戒毒宣传，而且自2015年国家首次公布《中国毒品形势报告》之后，宣传力度大大增强。国家禁毒委员会及其下属各级戒毒管理局采用张贴通告、电视宣传、主题活动宣传等多种形式进行舆论引导。主流媒体对"朝阳大妈"等揭露吸毒事件的报道也更为开放、高调，普通群众对涉毒的相关事件知晓率确实普遍提升。但是从我国舆论宣传的主题逻辑来看，大多是基于吸毒者具备完备的辨别能力与毒品认知以及自我驾驭能力为前提，比如，让普通群众明白吸毒的危害、要求吸毒危险人群尤其是青少年能够自觉抵制"诱惑"。但事实上，笔者经过对戒毒所在押人员的调研发现这一前提假设在经验上是很难成立的。

面对严峻的毒情形势，国务院于2011年6月26日在《禁毒法》的基础上颁布了《戒毒条例》。《戒毒条例》规定"戒毒工作应坚持以人为本、科学戒毒、综合矫治、关怀救助的原则，采取自愿戒毒、社区戒毒、强制隔离戒毒、社区康复等多种措施，建立戒毒治疗、康复指导、救助服务功能兼备的工作体系"。与此同时，每年的"6·26"国际禁毒日，全国各地都在通过报刊、广播、电视等新闻媒介及其他多种形式集中开展禁毒宣传活动。"珍爱生命，拒绝毒品""防毒反毒，人人有责""坚决查禁毒品，维护社会治安"等看似朗朗上口的禁毒标语，对青少年禁毒戒毒的真实效果如何？更有禁毒宣传语："就算没有父母疼爱，为什么要吸毒？你有自己，有朋友。就算没有朋友关心，为什么要吸毒？你有梦想，有未来。就算没有钱财住房，为什么要吸毒？你有双手，可拼搏。""禁毒日里说禁毒，忆起当年国耻辱，虎门销烟人心快，只为振奋我民族。如今青年不识苦，霓虹灯里去摆舞，劝君迷途要知返，努力拼搏为正路。"这些宣传标语均建立在青少年具备较强的自制力、国家使命感和民族光荣感的基础上，但青少年吸毒群体往往并未形成正确的世界观、人生观和价值观，认知层面也难以达至民族和国家层面。这也是近年来我国在禁毒戒毒领域内的投入甚多，但吸毒人数只增不减的原因。国家出台的一系列戒毒条例，包括禁毒宣传标语，都是基于国家层面从上往下制定的，但缺乏对吸毒群体真实情况的了解，效果只会南辕北辙。

3. 关于吸毒人群的理论研究

作为犯罪现象的吸毒在相关领域颇受关注，鉴于不同国家对毒品的法律规定不同及社会文化背景的不同，本研究只回顾相关的理论命题。美国的犯罪学家罗伯特·金·默顿提出了社会反常论（Anomie Theory）[①]，此理论认为流动人口由于社会规范缺乏，个人的需要和欲望无法正常满足，所以采取不恰当的方式来满足自己的需求，于是就产生了犯罪行为。美国犯罪学家埃德温·萨瑟兰提出差别交往理论[②]，认为在现代化社会里，人们的交往对象既有对他人生活起积极作用的人，也有放任自流的人；青少年犯罪的形成，很大程度上是由于青少年具有强烈的模仿欲望，加之他们还受到成年罪犯的教唆与鼓动，更加大了他们犯罪的可能性。索尔斯坦·塞林提出的文化冲突论（Culture Conflict Theory）[③]，认为不同的文化环境形成了独特的社会规范和个人人格，同质文化下形成的社会规范与个人人格是一致的，而异质文化形成的社会规范和个人人格各不相同，当个人遭受异质文化的冲突时，就容易犯罪。由于移民在迁移过程中普遍遭遇文化冲突或文化震惊，移民群体是文化冲突最具代表性的群体，所以，移民群体中出现的自我放弃、堕落，如吸毒的越轨行为也较为典型。

4. 针对青少年吸毒原因的专题研究

青少年吸毒问题不但体现在规模增长上，而且体现在其引发的其他犯罪问题越来越突出。吸毒不但引发越来越多的偷盗案件，而且引发大量的抢劫、绑架，甚至因毒性发作致幻而当街砍杀路人的现象。社会青少年吸毒后冲入学校砍杀学生、杀戮亲友、自

---

① 冯旭：《默顿理论与我国青少年犯罪预防》，《法制与社会》2011年第1期。
② 曾娇艳、李志雄：《差别交往理论与青少年犯罪防治》，《河北青年管理干部学院学报》2006年第1期。
③ 施奈德：《犯罪学》，吴鑫涛、马君玉译，中国人民公安大学出版社，1990。

杀自残，为筹措毒资流窜多省盗窃、抢劫等事件也越来越普遍。由于吸食新型毒品的"兴奋"功能，不少青少年在吸食毒品后往往会集体狂欢，遇到经济困难后就会集体"筹钱"、形成团伙犯罪。更有"富二代"青少年吸食毒品后"毒驾"肇事，造成群死群伤的新闻见诸报端。

现阶段学界对吸毒原因的研究主要可分为两部分，一是初次吸毒的原因，二是复吸的原因。青少年吸毒群体因其年龄的特殊性，关于其原因分析大多集中在首次吸毒上。

根据已有文献研究，社会学视角下青少年吸毒原因大致可分为以下几部分。一是青少年自身的主观因素。好奇心驱使，无知心理误导；社会角色紧张；交友不慎；追求"时髦"和"享乐"。二是家庭因素。家庭结构残缺或家庭破损；家庭教育方式偏差或不当。三是学校因素。学校教育管理存在偏差，以升学率为重的学校教育忽略了学生的心理健康发展。四是社会因素。转型社会不利因素影响导致价值观错位；社会禁毒宣传不够，造成某种"宽容"心理。[1] 此外，邱奥杰在分析湖南省青少年吸毒原因时，提出社会不良风气的影响和青少年毒品违法犯罪的社会防范机制不健全等因素。也有学者指出西方国家青少年滥用毒品的不健康生活方式作为一种地下"亚文化"传播到国内对青少年影响至深。[2]

也有部分学者从医学和心理学视角分析原因。吸毒在医学中被称为"药物滥用"，因为毒品在合理剂量下的使用实际是一种药品。吸毒成瘾是一种慢性复发性脑病，表现为不可控的、不顾后果的、强迫性的觅药和用药行为，以及对毒品持久而强烈的渴求感。有学者从神经生物学角度出发，认为使机体具备"快乐感的积极强化和断毒痛苦的消极强化"这一功能的神经生物学基础上

---

① 王进英：《当前我国青少年吸毒的原因及防治对策》，《云南警官学院学报》2007年第3期；廖龙辉：《当前青少年吸毒行为现状及其成因的社会学分析》，《青年探索》2001年第4期。

② 邱奥杰：《湖南省青少年吸毒现状、原因及对策分析》，《湖南公安高等专科学校学报》2006年第4期。

的"奖赏环路"的存在是吸毒者成瘾的原因之一。① 李雄鹰和杨玲从心理学角度的社会化、社会动机、社会角色和社会刻板印象等方面分别分析了导致青少年吸毒的家庭、学校和社会化原因，此项研究也证明了能力、素养、爱心、尊重、理解已经成为现代教育的理念，必须培养青少年形成健康的心理素质和行为习惯。②

多数研究把青少年首次吸毒的影响因素归为青少年文化素质低、心理发育不成熟好奇心重、家庭教育和学校教育的缺失、交友不慎以及其他社会因素。在社会因素上，有的学者认为是社会的不良文化导致了青少年吸毒，③ 但也有学者认为除了转型期带来的价值观念多元化，禁毒的社会宣传不足实际造成了大众对毒品的"宽容"心理。④

5. 同伴关系与吸毒的专题研究

群体引诱吸毒行为研究以"个人是社会的产物而非起源"为研究视角，认为青少年吸毒并非个人行为。唐斌认为存在吸毒行为的交往群体对青少年有诱导作用，主要体现在毒品的获得与尝试、吸毒的"高峰"体验、吸毒亚文化的习得与传承、社会压力的消解和吸毒行为的认可，以及复吸的发生等方面。⑤ 林丹华等对我国西南某工读学校的193名工读学生采用调查问卷分析得出，同伴吸毒行为和态度可直接预测工读学生的毒品使用行为，良好和不良的自我控制又通过同伴吸毒行为和态度间接地预测工读生的毒品使用行为。⑥ 胡伟等对我国西南、东北、中部四所工读学校初

① 王瑞山：《吸毒的病原学分析及青少年涉毒预防——基于上海市某区吸毒人员初次涉毒成因的调研》，《青少年犯罪问题》2015年第6期。
② 李雄鹰、杨玲：《青少年吸毒的社会心理学透析》，《河西学院学报》2003年第1期。
③ 张玲博、沈杰：《72例16岁以下未成年人吸毒原因调查》，《中国药物依赖性杂志》2008年第2期。
④ 廖龙辉：《当前青少年吸毒行为现状及其成因的社会学分析》，《青年探索》2001年第4期。
⑤ 唐斌：《青少年吸毒的群体诱因及防治对策分析》，《北京青年政治学院学报》2005年第1期。
⑥ 林丹华、范兴华、方晓义、谭卓智、何立群：《自我控制、同伴吸毒行为与态度与工读学校学生毒品使用行为的关系》，《心理科学》2010年第3期。

中部的 264 名学生调查显示，同伴吸毒行为与态度在父母吸毒行为
与态度、亲子互动和工读生吸毒行为毒品使用中起完全中介作用；
同伴吸毒行为和态度的预测力远远高于父母因素，一方面工读生
与父母之间的联结和依恋较为薄弱，很大程度上促进了工读生与
不良同伴的联结和互相影响；另一方面工读生本身处于希望摆脱
外部权威要求和压力的时期，他们渴望寻求独立性和成人感，将
是否拥有同样的态度作为同伴选择的重要标准，而与父母联结的
弱化更有可能加速他们转向同龄人寻求支持，并在同伴的影响下
出现吸毒行为。①

6. 关于流动人口吸毒的研究

在流动青少年吸毒方面，国内学者主要关注心理原因、社会
交往原因及认知行为原因等方面。

首先，心理学界和思想政治教育类刊物及部分医学类研究认
为青少年人群正处于身体发育快、第二性征突现及性冲动较为强
烈的时期，这种身体变化同时孕育着追求刺激、好奇心重、对新
事物具有强烈的敏感度等特征。尤其是敏感而好奇的青少年人群
在社会交往过程中还容易受到诱导、蛊惑从而出现吸毒风险。②

其次，社会学界与人类学等相关领域偏重文化分析，将吸毒
作为一种亚文化进行研究。认为青少年人群吸食毒品的亚文化是
由于这些人具有共同、共享的吸毒认知理念或人生价值观，并将
毒品作为一种特有的群体内文化载体的现象。此人群内部的亚文
化形成一种"内群体"游戏规则，共同分享吸毒感受、相互交流
犯罪经验甚至是逃避打击的技术。③ 因此，他们通过吸毒得到一种
反叛式快感，④ 毒品亚文化在表达年轻人的自我、废弃道德、摒弃

① 胡伟、林丹华、汪婷：《父母、同伴因素与工读生吸毒行为的关系》，《中国特
殊教育》2010 年第 10 期。
② 周立民：《好奇心与青少年吸毒及预防好奇心吸毒的对策》，《中国药物滥用防
治杂志》2016 年第 5 期。
③ 林晓萍：《毒品亚文化与福建省青少年群体性吸毒行为及其预防教育对策》，
《福建论坛》（人文社会科学版）2016 年第 11 期。
④ 张爱华、韩丹：《亚文化视角下的青少年吸毒行为分析及干预》，《青少年犯罪
问题》2015 年第 3 期。

传统甚至是反抗主流文化的影响力方面，不亚于 20 世纪 60 年代席卷欧美的嬉皮士文化。

最后，部分学者从青少年的认知特征入手，着重分析青少年的思维方式对吸毒的影响，如有学者研究发现，有关毒品知识方面的认知偏差导致部分青少年人群具有了吸毒的发生条件，加上吸毒朋友的教唆和毒品的可得性，形成毒品扩散的"过程链"。[①]

上述已有文献为本研究了解流动人口犯罪的现状与分析提供了重要参考，但现有文献着重关注青少年人群吸毒发生的心理内因即个人因素、群体亚文化、文化冲突与变迁等维度，而忽视了青少年人群吸毒风险发生的结构性、社会共性的制约力量。青少年流动人群作为吸毒青少年的重要构成，其流动性在哪些方面对吸毒风险的发生具有诱发作用，是本研究拟突破的重点面向。

7. 角色理论矫正吸毒行为的研究

根据已有研究文献，目前将角色理论用于矫正工作的研究比较少，仅有陈青山从角色定位、角色偏差和角色矫正三个方面展开分析，探讨国家宏观调控过程中政府和利益集团两类角色主体及其角色扮演中分别遇到的问题，并提出角色矫正的思路有利于国家更好地发挥宏观调控职能。[②] 宋雅婷以社会角色理论为视角，分析社区矫正中各参与主体存在的角色问题，并做出归因解释及建议，以推动我国社会矫正工作的更好发展。[③] 曹殿朕将角色理论运用到青少年网络游戏行为匡正的理论指导中，通过对青少年角色的重新定位和角色调适，达到预期效果。[④] 目前更多的是角色理论视角下各个领域、各种现象的研究，将理论研究与实际经验相结合。如刘哈兰将角色理论与高校老师"双挑肩"现象相结合，

---

① 吴先超：《青少年吸食新型毒品成因个案研究》，《中国青年研究》2015 年第 2 期。
② 陈青山：《国家宏观调控过程中的角色定位、偏差及矫正》，《黄冈职业技术学院学报》2014 年第 2 期。
③ 宋雅婷：《社区矫正中的社会角色研究——以 HZ 区社区矫正为例》，硕士学位论文，华中师范大学，2012。
④ 曹殿朕：《社会角色理论对青少年网络游戏行为的解读》，《河南师范大学学报》2007 年第 6 期。

从角色认知、角色行为、角色冲突和角色适应四个方面分析和指导实际工作。[①] 谷高科等人将角色理论分别运用到公众科学素养的分析、师生互动关系及各自角色定位等研究领域中。[②]

吸毒人员的矫正方式主要包括社区矫正及强制隔离矫正，如徐卓超等人从社区层面提出对吸毒人员的矫正治疗，倡导"以人为本"的社区矫正管理模式，以社区为依托，为吸毒人员提供自由、真实和包容的社区环境，培养其人际交往和重新适应社会的能力，真正做到回归社会，将复吸率降到最低。[③] 张昱认为社会工作的介入是对戒毒社区康复制度的完善，以尊重、接纳、平等的态度帮助戒毒人员解决社会认知、人际交往、家庭支持、社会回归等各方面问题，不同于普通的社区矫正工作，意义重大。[④] 呼涛等人对社会工作介入社区戒毒进行初步探索研究，分析社会工作介入的必要性和可行性，从个案、小组和社区出发探索介入的方式、方法。[⑤] 谷湘东等人主要把研究重点放在强制隔离戒毒模式的探索上，提出强制隔离戒毒是对过去劳教戒毒的继承和发展，以隔离教育、心理康复和认知教育为主，通过对强制隔离戒毒所的调查，分析其管理模式存在的问题，提出综合矫治的理念，从认知、行为到再社会化的准备，都对强制隔离戒毒提出更高要求。[⑥]

吸毒人员的矫治方法主要包括心理治疗和家庭矫正。如庞岩、焦志伟主张通过对吸毒人员的心理问题的循证来获得具有针对性

① 刘哈兰：《高校"双肩挑"干部的角色冲突：原因及其消解》，《科学》2010 年第 5 期。
② 谷高科：《社会角色理论视野下的我国公众科学素养状况分析——基于对七个城市 3981 名居民的问卷调查》，硕士学位论文，华中科技大学，2007。
③ 郑璐：《社区化戒毒康复研究——以广东省戒毒康复所的实践为例》，硕士学位论文，华南理工大学，2014。
④ 张昱：《构建吸毒人员的社区康复社会工作体系——对上海市禁毒工作经验的思考》，《禁毒研究》2008 年第 62 期。
⑤ 呼涛：《社会工作介入社区戒毒问题研究——以神木县 J 社区为例》，硕士学位论文，西北大学，2014；范志海、吕伟、余金喜：《社区戒毒康复模式的初步探索——以上海禁毒社会工作为例》，《中国药物依赖性杂志》2009 年第 2 期。
⑥ 谷湘东：《强制隔离戒毒工作模式的探索与研究——以湖南省某劳教所为例》，硕士学位论文，国防科学技术大学，2010。

的矫正方案,从生理、心理、社会和家庭四个方面对吸毒者的心
理成因进行分析,在此基础上有针对性地开展心理干预治疗,改
变吸毒人员的心理障碍,戒除"心瘾"。[①] 史书以强制隔离戒毒人
员生理、心理的症状和成因为切入点,将戒毒心理治疗发展为一
套系统模式,包括个别心理治疗、家庭心理支持、社区心理脱瘾
之间的无缝衔接,运用心理测量和调查的手段对戒毒人员脱瘾程
度做出评估。[②] 普丽春、马敏艾将心理治疗和行为改变相联系,提
出进行个别心理帮教的同时必须对其行为进行矫正,并在此基础
上发展了"两治疗"和"两教育"模式,有层次、分阶段地开展
戒毒工作。[③] 严红英等人提出家庭环境(家庭关系紧张、缺乏沟通、
父母行为偏差)、家庭教养方式、家庭结构异常是造成青少年吸毒的
重要家庭因素,胡婷以"戒毒青年"的家庭为切入点,结合结构家
庭治疗、系统家庭治疗和萨提亚家庭疗法开展矫正工作。[④]

8. 关于劳动教育与戒毒康复关系研究

经典马克思主义理论认为是劳动创造了人类自身,劳动影响
着人们认识的立场、观点和方法,影响着人的道德品质和生活技
能。[⑤] 要使服刑人员改变其头脑中的"错误的思想",形成"正确
的思想",选择劳动这一社会实践方式作为一种有效改造罪犯的手
段就成为必然。[⑥] 我国的劳动教养最初源于 1955 年的内部肃反运
动,中共中央发布《中共中央关于彻底肃清暗藏的反革命分子的
指示》,首次明确提出了创立劳动教养制度的构想。1957 年《国务
院关于劳动教养问题的决定》(以下简称《决定》)的颁布,标志

---

① 庞岩、焦志伟:《从循证矫正角度解析吸毒人员心理成因问题》,《法制与社
　会》2014 年第 17 期。
② 史书:《强制隔离戒毒所戒毒人员个别心理治疗研究》,硕士学位论文,湘潭大
　学,2009。
③ 普丽春、马敏艾:《浅谈戒毒人员心理和行为的治疗及矫正模式》,《云南公安
　高等专科学校学报》1998 年第 4 期。
④ 严红英、陶志阳:《吸毒者家庭环境因素分析》,《青年研究》2005 年第 10 期;
　胡婷:《青少年吸毒及其家庭治疗》,硕士学位论文,中南民族大学,2011。
⑤ 辛国恩:《毛泽东改造罪犯理论研究》,人民出版社,2006。
⑥ 刘柳:《论我国监狱制度中的劳动改造手段》,《江苏社会科学》2011 年第 3 期。

着劳动教养制度的正式创立，该《决定》将劳动教养的性质定性为对被劳动教养的人实行强制性教育改造的一种措施，同时规定对被劳动教养的人应当采用劳动生产和政治教育相结合的方针。1982年，《劳动教养试行办法》明确指出，要实行"教育、挽救、改造"的方针，"教育感化第一，生产劳动第二"。2007年的《劳动教养人员教育矫治纲要》为劳动教养制度的教育矫正做出了明确的指示，明确了对劳教人员进行"入所教育、法制教育、思想道德教育、心理健康教育、职业技能教育、文化素质教育和出所教育"七个方面的教育内容。随着社会的发展和法制的完善，劳动教养制度不再适用，2013年12月全国人大常委会通过了关于废止有关劳动教养法律规定的决定。但是通过一系列的法律政策可以看出，劳教制度所采取的强制劳动，其原本的目的即为"教育改造"，也就是说劳动仅为教育矫正的方式。①

在我国，"矫正"这个词语是近十几年来才出现的一个新概念，它是伴随着2003年我国实行的"社区矫正"试点才出现的。②2003年，我国开始在北京、天津、上海、浙江、山东和江苏六省市开展社区矫正试点工作，社区矫正随之进入人们的视野。矫正的概念在国外历史较为悠久，我们所使用的矫正一词也正是从国外correction翻译而来的。③早在1824年，在纽约市就建立了第一个少年矫正所，强调为未成年人创造一个较少惩罚性的、更多恢复性的环境。在美国，矫正不仅仅是刑罚的代名词，更是强调对社会诸多问题的改正。④矫正意味着"纠正"与"恢复"，是一个动态的、发展的体系，是一个宽广的领域，并且包含有各种不同的活动、目标和方向。⑤尤其值得注意的是，矫正具有强制性，但

---

① 高浩：《论我国劳动教养制度的改革与完善》，硕士学位论文，华南理工大学，2016。
② 黄延峰：《未成年偏差行为者社会化矫正研究》，博士学位论文，西南政法大学，2016。
③ 黄延峰：《未成年偏差行为者社会化矫正研究》，博士学位论文，西南政法大学，2016。
④ 史景轩：《外国矫正制度》，法律出版社，2012。
⑤ 史景轩：《外国矫正制度》，法律出版社，2012。

并不意味着矫正只具有强制性，也不能将矫正在监禁（控）、管理方面所具有的强制性理解为国家对犯罪者通过外力强迫他们思想转化的过程。[①] 矫正需要教育改造和帮扶，是为了使对象改造成守法公民而重新返回社会，最终是为了实现维护社会公正、安宁与安全的目的。[②]

关于强制隔离戒毒所管治成效的研究中，目前学界已经对戒毒学员违法者、受害者、病人的角色定位达成共识，在"如何对待吸毒者"的问题上已经认识到需要从最初强调惩罚转变为以治疗为主要导向。[③] 但是李向阳等人通过调查发现，强制隔离戒毒工作在实际执行中普遍存在"重安全、轻戒毒"的问题，在实践中更强调戒毒人员违法者的身份，基本沿用劳教戒毒"干戒带劳动"的老办法；部分戒毒机构场所甚至奉行经济效益至上的实用主义原则。[④]

学者们通过调查发现戒毒人员复吸的原因多来自生理、心理和社会因素，导致吸毒者不能成功戒毒的主要原因有"心瘾"、情绪问题、生活环境糟糕、难以找到工作、缺乏家庭支持和缺乏毒品知识等。[⑤] 也有学者发现在众多因素中，心理因素的作用最为突出，[⑥] 心瘾根植于吸毒者的主观意识之中，是将吸毒者推进"吸毒—戒毒—复吸—复戒"的恶性循环中的一只手。[⑦] 如果强制隔离戒毒期间不能针对学员的心理和社会等因素进行矫正，那么强制

[①] 谢邦宇：《行为法学》，法律出版社，1993。

[②] 王敏：《矫正基本原理研究》，博士学位论文，西南政法大学，2010。

[③] 余功才：《强制隔离戒毒中的教育矫治方法研究》，《上海政法学院学报》2011年第1期。

[④] 李向阳、孙亚杰：《强制隔离戒毒工作转型分析》，《中国药物依赖性杂志》2015年第2期。

[⑤] 罗健、李建华、施怀海：《云南省2207例吸毒者药物滥用状况调查》，《中国药物滥用防治杂志》2003年第6期；高志勤、余海鹰、赵汉清、陈洪生：《海洛因依赖者复吸的社会心理因素及预防复吸的综合性干预研究》，《中国健康心理学杂志》2010年第10期。

[⑥] 曲如杰、林霖、王文忠：《吸毒者心理健康状况及与复吸原因的关系》，《中国临床心理学杂志》2006年第1期。

[⑦] 北京市女子强制隔离戒毒所：《戒毒人员"心瘾"戒治初探》，《中国司法》2014年第11期。

隔离戒毒学员在解除强戒后极易走向复吸的道路。

综合以上三方面的文献回顾可以发现,劳动作为矫正的辅助手段在矫正违法行为中确实存在必要性与合法性,司法部分的规章制度与实践操作机构也确实是将劳动作为主要管理手段进行操练。但从强制隔离戒毒的效果来看,吸毒人员似乎只得到了对违法的惩罚,在对吸毒人员心瘾、亚文化圈的认知偏误及社会网络等问题上缺少足够的治疗与矫正。禁毒法明确指出"根据戒毒的需要,强制隔离戒毒场所可以组织戒毒人员参加必要的生产劳动",劳动原本是强制隔离戒毒的一种辅助手段,然而在强制隔离戒毒中,劳动的手段并没有发挥出理想的效果。本研究拟对这种劳动管理的操作技术、社会属性及其与组织目标的关系进行分析与解释。

9. 教唆犯罪行为研究

目前国内外关于教唆犯罪的研究主要集中在法学和犯罪学领域,禁毒戒毒领域类的研究尚为少见。研究内容大致分为教唆犯罪构成要件、处罚原则和教唆犯等方面。目前关于教唆犯的定义、性质、范围和定罪等研究较为广泛,本书主要就已有的教唆犯研究进行一定的梳理。首先,教唆犯的定义都离不开"故意、犯罪、引诱"等关键词。综合国内外有关专著有几种典型解释:教唆犯是以授意、请求、煽动、劝说、收买、怂恿、强迫以及其他方法,使不具有犯罪思想的人具有犯罪的思想,或者使犯罪思想不够坚定的人坚定其犯罪思想的罪犯;[1] 教唆犯是指故意地使用劝说、诱导、威逼或者其他方法教唆他人去实施犯罪的人;[2] 教唆犯是指故意地引起他人实行犯罪意图的人;教唆犯是指故意地教唆他人犯罪,致使或者没能致使他人犯罪的人。[3] 其次,教唆犯的构成要件。魏智彬结合教唆犯的性质、概念以及具体的法律规定,认为

---

① 魏家克:《略论教唆犯》,《中国政法大学学报》1983年第2期。
② 林文肯、茅彭年:《共同犯罪理论与司法实践》,中国政法大学出版社,1987。
③ 李希慧:《论教唆犯的概念及其成立要件》,《中南政法学院院报》1986年第3期。

教唆犯的成立要件主要有两个：一是主观方面必须有教唆他人犯罪的故意；二是客观方面必须有教唆他人犯罪的行为，且被教唆者须有刑事责任能力，并且原无特定的犯罪意思或决心。[①] 最后，教唆犯的性质和范围研究。教唆犯的性质问题在于教唆犯不同于单独正犯也不同于共同正犯，对于教唆犯的共犯性质目前主要有共犯独立说、从属说和二重说等解释。教唆犯的范围包括本体范围和适用范围，本体范围包括概念、构成和结果，适用范围包括存在和阶段两个方面。

10. 戒毒动机及其治疗方法的研究

国内外研究表明，有无戒毒动机及动机的强度是影响吸毒人员成功戒毒与否的关键因素之一。已有研究表明戒毒人员的认知能够对其戒毒动机产生影响。[②] 理性情绪疗法（简称 RET）又称认知行为疗法，该理论的主要观点是信念改变带来行为的转变。比如，美国医疗协会对缺乏放弃吸烟动机的吸烟者的治疗、纽约州对于药物滥用者的远离计划。Fiore 认为，"不愿意尝试放弃吸烟的病人，应该被提供一个专门增强这类积极性的简易干预"[③]。

目前的介入治疗倾向于将男性戒毒者和女性戒毒者分开干预，有研究证明对强戒所内男性戒毒者运用认知行为团体疗法，实施行为矫治和心理综合干预能改善戒毒者的负性情绪，显著地增进戒毒者的理性信念与内在持续力，尤其是在改善认知扭曲、消极逃避、心理成瘾等非理性信念上及对于增进自我控制、自律、道德观等有显著的治疗效果，对预防复吸和操守保持有一定

① 魏智彬：《教唆犯的概念与成立要件问题研究》，《社会科学研究》2000 年第 3 期。
② 郭国祯、骆芳美：《希望咨商团体对女性药物滥用者戒瘾希望感、认知与行为改变与自我尊重之影响》，《辅导与咨商学报》2013 年第 35 期；张刃、新华：《音乐心理剧对海洛因依赖者戒毒动机的干预》，《中国药物依赖性杂志》2008 年第 1 期。
③ MC Fiore, "A Clinical Practice Guideline for Treating Tobacco Use and Dependence: A US Public Health Service Report," *Journal of the American Medical Association* 24 (2000): 3244–3254.

作用。[①] 认知行为理论同样适用于吸毒青少年，Hawkins、Jeason 和 Catalano 运用认知行为技巧训练，对 141 名 11～18 岁拘禁的青少年进行干预，研究结果显示，实验组在避免药物使用、自我控制、社会互动、人际问题解决的后测分数高于控制组。[②] Irvin 等人的研究也发现，认知在戒除青少年药物成瘾中能起到重要作用。[③]

前人有关理性情绪疗法在实务中的应用研究，为本研究第八章的干预提供了有益的启发和思路。但是上述文献在毒品类型和戒毒场所两个方面也存在一定的不足。一是现阶段的社会工作介入研究对吸食新型毒品的戒毒者关注不足；二是社会工作在所内戒毒的实务研究有待完善，尤其是国内直接运用理性情绪疗法介入强戒期青少年的研究寥寥无几。据此，本研究第八章以理性情绪疗法为指导理论设计个案访谈，探讨这一方法在促进所内戒毒青少年形成理性的戒毒认知、建立积极戒毒心理中的作用。

11. 关于沙盘疗法的研究

沙盘游戏被认为起源于 1911 年英国威尔斯的"地板游戏"，经洛文菲尔德的"世界技法"发展，到 1962 年卡尔夫正式提出"沙盘疗法"[④]，历经了三代学者的探索。20 世纪末，我国开始引进沙盘疗法，张日昇教授和申荷永教授是我国沙盘治疗的主要带领人，至此打开了我国沙盘研究的局面。

沙盘疗法理论基础源于荣格的分析心理学和东方的哲学思想。荣格的分析心理学提出了自性、集体无意识、原型等概念，认为来访者以沙盘、玩具为载体，能够呈现自己的无意识，实现与意

---

① 张国仁：《甘肃省戒毒人员心理康复系统建构》，硕士学位论文，西北师范大学，2010；李遵清、张仲荣、李四劝：《认知行为综合干预对戒毒者不良心理的作用》，《中华护理杂志》2006 年第 11 期；江振亨、林瑞钦：《认知行为团体疗法对滥用药物者辅导成效之研究》，《犯罪学期刊》2000 年第 5 期。

② Hawkins, J. D. et al. , "Effects of a Skills Training Intervention with Juvenile Delinquents," *Research on Social Work Practice* 2 (1991): 107 – 121.

③ Hawkins, J. D. et al. , "Effects of a Skills Training Intervention with Juvenile Delinquents," *Research on Social Work Practice* 2 (1991): 107 – 121.

④ 王爱莉：《沙盘疗法对女性暴食症及非典型性暴食症患者的疗效研究》，硕士学位论文，华东师范大学，2011。

识互动，推进自性实现，从而发挥个体的自我治愈功能。东方哲学中的太极、阴阳五行也给予卡尔夫思想上的启迪，蕴藏互动、转化等含义。

沙盘疗法的治疗机制在于个体无意识层面的活动、心理投射及象征性的分析。治疗师相信个体的无意识一直潜藏着，不能被人们所察觉，但是会对个体的情绪和行为产生影响。在治疗过程中，来访者的无意识会投射到沙盘玩具上，也许来访者都没有意识到玩具代表的原型意义，但咨询师根据这些玩具象征的原型意义，帮助来访者了解其自身，达到无意识与意识的互动，实现个体化过程。

沙盘疗法的优势是非语言的表达、真实感受性。非语言的表达可以减轻来访者的自我防御性，有利于真实自我的显现，还会使来访者从被动询问转化为主动创作，有利于暴露出最深层次的问题。来访者创作的沙盘看得见、摸得着，它就像一个媒介，联结咨询师和来访者，帮助咨询师理解来访者，同时来访者可以更加具体、清晰地感受内心。沙盘可以被拍照、可以记录下来，来访者以后再看到或想起自己创作的沙盘，又会有新的感悟。

沙盘是心理学治疗中非常基础的一种治疗方法，在我国的普及程度较高，高校、矫治机构等的心理咨询室都配备有沙盘，用沙盘进行心理辅导的实务研究也层出不穷。

根据服务对象，当前的研究主要集中在儿童和高校学生群体上。沙盘起源就是运用于儿童，由于儿童的自我表达能力还不够完善，同时基于对游戏的热爱，通过沙盘游戏能够很好地帮助儿童表达，展现内心的世界。[①] 随着沙盘疗法的发展，该疗法逐渐应用于不同的群体中。在我国，基于高校心理咨询室配置沙盘器材的便利性，对大学生开展沙盘治疗的研究占很大比重。

根据治疗问题，众多临床研究显示沙盘疗法在缓解情绪、社交关系、心理健康等方面有积极效果。学者邓巍利用沙盘疗法对

---

① 张钘铭、徐光兴、林榕发：《沙盘疗法在儿童心理咨询中的应用研究述评》，《西北师大学报》（社会科学版）2011 年第 1 期。

出监服刑人员进行实务干预,有效降低了其焦虑程度。① 张日昇教授用沙盘疗法对一名患有社交恐怖症的青少年开展了 14 次治疗,有效缓解了其在公共场合的焦虑,改善了其交流行为。② 还有众多学者对大学生人际交往的干预,也显示出沙盘疗法的有效性,肯定了沙盘疗法对案主心理健康有着积极的影响。

此外,还有众多学者将沙盘疗法与其他方法相结合,创新治疗方法。姜添运用音乐沙盘疗法对高三考试焦虑的学生进行干预,研究表明音乐沙盘综合疗法比单独音乐治疗或单独沙盘治疗的治疗效果和保持性效果都更优。③ 除此之外,还有绘画沙盘、数字沙盘等形式。沙盘疗法也不再限于个别咨询,越来越多地与家庭疗法、团体疗法相结合,展现出沙盘治疗的多样化。

12. 国外戒毒及矫治模式的借鉴研究

"毒品",在近现代,没有哪个国家对这个词能像美国一样忧虑。20 世纪 60 年代,毒品在美国城市爆发,如今已蔓延到郊区、高中乃至大学校园,影响到各个种族和社会各个阶层。④ 美国采取了一系列措施与毒品问题做斗争,对毒品使用的减少产生了良好的促进作用,社会工作在其中扮演了至关重要的角色。

社会工作参与戒毒的方案分为三大类⑤:预防吸毒、治疗吸毒者及其家庭、减少滋生吸毒的社会条件。在毒品预防和教育中,社会工作者的参与有以下几方面:在课堂上进行有关毒品危害的教育;组织开展有效的演讲;开办成人教育课程;帮助公司或工厂利用相关教育;向大众提供基础的相关信息;制订家庭生活教

---

① 邓巍:《一例出监焦虑服刑人员沙盘治疗过程及效果》,《心理技术与应用》2014 年第 7 期。
② 张雯、张日昇:《对一名社交恐怖症青少年的箱庭治疗个案研究》,《心理与行为研究》2013 年第 6 期。
③ 姜添:《音乐沙盘疗法对高中生考试焦虑干预效果的研究》,硕士学位论文,四川师范大学,2014。
④ 法利、史密斯、博伊尔:《社会工作概论》,隋玉杰等译,中国人民大学出版社,2010。
⑤ 法利、史密斯、博伊尔:《社会工作概论》,隋玉杰等译,中国人民大学出版社,2010。

育计划；等等。在治疗服务中，有心理治疗、家庭治疗、药物和化学治疗及个人和小组辅导等治疗手段，治疗形式包括紧急看护、住院治疗、门诊服务、美沙酮治疗、自助性治疗社区等。不同的毒品治疗有差异，而且每个人的需求和条件都不同，因此在为吸毒者制订治疗方案时，需对其个人、家庭、社会关系、工作机构进行评估，再决定哪种方法更适合其需求。戒毒康复费用很高，最终是否成功也无法预测，因此，还是优先考虑开展控制毒品滥用的工作。关于减少使用毒品的条件，社会工作者能做的是加强家庭、社会关系，强化父母在家庭中的积极作用；使青少年从学校中得到交往和情感上的支持；号召所有社会组织致力于青少年的健康成长。

美国的矫治与我国的强制隔离有着相似的意义，可以为本研究提供参考。在美国惩教机构中，社会工作者扮演非常重要的角色，通常要负责几个犯人，与他们面对面、个人化地开展工作。正常情况下，社会工作者会每周见他们，让他们有机会谈论与社会和个人生活有关的问题，特别是与家庭有关的问题。社会工作者在对罪犯开展工作时，要铭记六个原则[1]：运用同当事人的关系帮助当事人；接纳当事人，不论当事人过去如何，都不要指责当事人或对当事人进行说教；尊重当事人的自决权，协助当事人思考自己的问题和处境，使他们能够直面自己的问题，找到合适的解决办法；社会工作者要了解正常行为和反社会行为，以理解犯罪的原因；营造一个安全放松的工作氛围；用积极的方式帮助犯人解决问题。

社会工作者在青少年越轨犯罪中发挥着特殊的作用。①增强动力。对一个人来说，知道有人接受他、理解他、帮助他，会让他产生巨大的动力，让他感受到支持。②疏导情感。少年人和成人都有感情要宣泄，社工为其营造安全的氛围，他们可以诉说自己内心的感受，表达和宣泄自己的情绪。③厘清情况。社工帮助罪犯思考自己和自己的行为，体会感受，对自己产生新的了解和

---

[1] 法利、史密斯、博伊尔：《社会工作概论》，隋玉杰等译，中国人民大学出版社，2010。

领悟。④提供信息。社工帮助矫治者了解自己、了解所处的社会，洞察适合他们的角色。⑤协助改变环境。社工帮助个人和家庭调动各种经济和社会资源来满足自己的需求。

13. 我国戒毒社工模式的专题研究

我国的戒毒社会工作起始于 21 世纪初期，中美戴托普药物依赖治疗康复中心在云南昆明成立，云南大学社会工作系与中心合作，为中心的工作人员开展培训，将社会工作的理念与方法运用到戒毒工作中；虽然当时戒毒社会工作的名词还没有出现，但这标志着我国的社会工作人员已经开始介入戒毒工作中。① 随后的近十年间，由于我国社会工作发展的缓慢，戒毒社会工作领域也无可圈可点之处。直至 2007 年，我国重新修订了《禁毒法》，增加了社区戒毒模式，取消了劳教形式，为戒毒社会工作提供了服务环境；与此同时，广州、深圳大力推进社会工作的发展，加强人才队伍建设，为戒毒社会工作提供了服务人才。② 在这个环境背景下，我国的戒毒社会工作开始快速发展，关于戒毒社会工作的研究如雨后春笋，层出不穷。

目前，社会工作领域对戒毒者干预主要遵循 BPS 模式，即综合考虑戒毒者生理（biophysical）、心理（psychological）、社会（social）特征。孟明娟对"生理－心理－社会"戒毒模式进行主要描述，③ 她认为解决毒瘾问题要从生理、心理和社会三方面入手，生理方面要解决吸毒者的生理依赖，结合药物进行医学治疗，减少对毒品的需求；心理方面要强化心理疏导，运用团体干预的方法，结合戒毒者的心理特征进行有针对性的疏导，促使他们戒除"心瘾"；社会方面，要注重社区戒毒，解决戒毒人员回归社会问题，对戒毒人员进行管理、教育和行为矫治，通过技能培训和

① 李晓凤、马瑞民：《我国戒毒社会工作的发展历史及实务运作模式初探》，《社会工作与管理》2014 年第 6 期。
② 李晓凤、马瑞民：《我国戒毒社会工作的发展历史及实务运作模式初探》，《社会工作与管理》2014 年第 6 期。
③ 孟明娟：《禁毒社会工作者介入社区戒毒研究》，硕士学位论文，苏州大学，2012。

教育，增强融入社会的能力。

在戒毒模式实践方面，我国各地积极探索适合本土的戒毒实务模式。四川建立以家庭为本的社会工作戒毒模式，该模式注重发挥亲情这根血缘纽带的作用，通过家人的支持和监管，增强戒毒者戒毒的信心和意志，巩固戒毒效果，将此模式运用在强制戒毒所和社区戒毒中。[①] 柳阳以某强制隔离戒毒所为例，通过前期、中期和后期三个阶段的实务开展，初步探索社会工作在强制隔离戒毒所内的工作模式。[②]

关于戒毒社会工作的实务方法，仍然遵循社会工作的三大实务方法：个案工作、小组工作和社区工作。张县城探索个案工作方法在社区戒毒工作中的实务运用，对禁毒社工个案工作的主要方法和技巧进行总结，为社工介入社区戒毒提供借鉴。[③] 曹霞开展"亲子平行小组"，从家庭关系方面入手，通过子女和父母问题的双重推进，促使家庭成员之间产生良性的互动，从而强化子女的戒毒动机，降低毒品复吸率。[④] 赵婧深入了解同伴教育在社区戒毒工作中的应用，注重同伴的力量，以上海禁毒同伴教育为例，探析如何将同伴教育理念贯彻于社区戒毒服务中，并将其切实运用于具体实践中。[⑤] 虽然三大方法在戒毒工作中均有实践，但这些都是个例，在全国范围，实践服务依旧非常匮乏。

强制隔离戒毒社会工作模式。强制隔离戒毒是我国三大戒毒模式之一，也是我国特有的一种戒毒形式，对于吸毒问题严重的人员，通过监禁，强制使其达到戒毒的目的。我国的强制隔离戒

---

① 李晓凤、马瑞民：《我国戒毒社会工作的发展历史及实务运作模式初探》，《社会工作与管理》2014年第6期。
② 柳阳：《社工介入强制隔离戒毒中的工作模式探究》，硕士学位论文，南京大学，2014。
③ 张县城：《心理社会治疗模式下社工介入社区戒毒过程的实务探究》，硕士学位论文，郑州大学，2017。
④ 曹霞：《"小组社会工作"方法在本土禁毒社会工作中的应用——嘉定"亲子平行小组"的例子》，《中国药物依赖性杂志》2007年第5期。
⑤ 赵婧：《同伴教育在社区戒毒中的应用模式探析》，硕士学位论文，复旦大学，2009。

毒与矫正有着相似的意义，矫正是通过监禁、假释、缓刑，理想情况下通过教育方案和社会服务，来改变和修正犯罪人的行为，两者都是帮助监禁者改正行为、获得新生的过程。上文中提到的美国的矫治社会工作可以为我国的强制隔离戒毒社会工作提供参考。

关于我国社会工作进入强制隔离戒毒所、实践本土化服务，张泽涛、高巍、许书萍等学者都探讨了其必要性及可行性。学者们认为，当前强制隔离戒毒所内的戒毒方法单一，仅保证了学员生理上的脱毒，难以使学员真正摆脱毒品心瘾，导致复吸率居高不下。社会工作专业"助人自助"的理念、丰富的工作方法，能够有效地化解上述问题，帮助学员摆脱心瘾。而且社会工作的介入可以创新强制隔离戒毒管理模式，有利于纠正强制隔离戒毒所警官管理理念，增强戒毒人员自身的主体性，实现治理主体的多元化。[①]

在强制隔离戒毒所中，由于场所的限制，社会工作者主要从戒毒者的戒毒信念和戒毒学员同伴关系方面进行干预。孙飞飞通过重构戒毒青少年和"关键他人"的安全型依恋关系，帮助戒毒青少年实现情感的诉求，促进自身认知的改变，以增强青少年的戒毒信心。[②] 卢晓丹以江苏某强制隔离戒毒所为例，在个案和小组工作中开展正念训练，改善戒毒人员人际关系，增强其人际交往能力，为顺利回归社会做准备。[③] 在深圳南山区的戒毒所中，某社工机构派驻一线社工进驻，为戒毒学员提供心理治疗、认知改变、资源支持等一系列服务，该机构重视戒毒学员本身的"增能"、"优势资源的链接"及"抗逆力"等主体价值，呼吁保护戒毒学员的权利，强调道德关怀对戒毒学员的重要作用，注重培养戒毒学

[①] 许书萍：《强制隔离戒毒的治理理念纠偏及创新——基于社会工作与强制隔离戒毒相融入的视角》，《政法学刊》2014 年第 3 期。

[②] 孙飞飞：《戒毒社会工作中的依恋关系研究》，硕士学位论文，华东师范大学，2012。

[③] 卢晓丹：《正念干预对戒毒人员人际关系的促进性研究》，硕士学位论文，南京大学，2014。

员的权利意识和自信心。①

通过对以上文献的分析表明：首先，青少年吸毒的原因、分类、矫正治疗研究文献已经相当丰富。现有研究普遍从社会学、心理学和医学角度出发，原因分类从微观至宏观均有涉及。但关于青少年是主动吸毒还是被动吸毒缺乏明确分类，戒毒主体依然是青少年本身，主动和被动的出发动机不同，产生的后果及矫治路径也有所区别。其次，同伴关系与吸毒行为的研究主要集中在同伴群体对吸毒行为的影响，至于这个过程是如何构建的，引诱机制尚缺乏研究。最后，青少年群体引诱吸毒也属于教唆犯罪中的一部分，但目前缺乏对吸毒领域的教唆犯罪研究。所以，本研究拟探讨同伴关系与被动吸毒之间的关系，以湖北省女子强制隔离戒毒所为背景，以访谈记录为材料，拟探讨同伴关系引诱青少年产生吸毒体验的过程，即被动吸毒行为的构建过程，总结归纳被动吸毒者的主体特征，在此基础上提出如何有效预防被动吸毒行为的产生以及如何有效引导被动吸毒者回归社会，为我国戒毒事业提供借鉴。

第三节　研究方法

本研究主要采用实地调查法。

从研究性质上讲，本研究属于一项探索性研究。

从研究方法上讲，本研究主要采用实地访谈方式进行，重点是调查湖北省未成年强制隔离戒毒所与湖北省女子强制隔离戒毒所。

第二章中调查时间为 2014 年 9 月至 2015 年 5 月。具体调查分为两类场所、三类相关人员。两类场所是强制隔离戒毒所与社区，三类相关人员分别是吸毒学员（笔者更倾向于称其为患者）、吸毒学员的帮教警官和戒毒警察、吸毒学员的矫治管理者——戒毒社

---

① 李晓凤、马瑞民：《我国戒毒社会工作的发展历史及实务运作模式初探》，《社会工作与管理》2014 年第 6 期。

工、社区义工等非公职人员。在调查场所的选择上，笔者首先关注湖北省未成年人强制隔离戒毒所，带领调查人员深入戒毒所进行观察、访谈、做个案、查档案，同时对其他强制隔离戒毒所进行概况了解，但暂未访谈戒毒学员。应当说明的是，强制隔离戒毒机构是男、女分别隔离的，该未成年人强制隔离戒毒所只收治男性戒毒人员。其次关注社区的戒毒学员及其帮教情况，分别选择武口市的硚区和青区，其中硚区是商业区的典型代表，青区是工业区的典型代表。在调查对象的选择上，主要是警察、社区工作者和吸毒者。笔者对这三类人员分别进行访谈，并在三个月的调查中进行了 4 次集体座谈：第一次是与强制隔离戒毒所的警官座谈，以了解吸毒人员的特征与他们的管教方法为主；第二次是与吸毒人员的集体座谈；第三次、第四次均是与社区管理帮教人员即社区戒毒社工、社区民警、戒毒刑警等人员的座谈。

第三章与第七章均采用个案调查法。依据社会学与社会工作的相关理论理念对调研个案的材料进行分析、归纳、提炼，揭示个案事件发生过程中的社会建构逻辑。第三章的案主 L 在接受访谈和干预之时是 19 岁，吸毒史 4 年，湖北襄阳人。母亲在他 3 岁时走失，家里还有爸爸和姐姐两人，从小父亲对他很严，管教方式基本是打骂式。小学期间因当地小学撤并转学三次，一直和学校老师关系紧张，六年级和同学打架把对方砍伤并开始逃学，初一下学期退学。在襄阳老家工作两个多月后去了深圳并染上了毒瘾，他第一次吸毒是 14 岁，后因在深圳和人打架回到了襄阳。2013 年 10 月 31 日因和人打架被警察逮捕并进行了尿检，结果呈阳性。生理脱毒期在襄阳，2014 年 1 月才转入现在的戒毒所。

第七章则主要采用交互日记的方式。所谓的交互日记是指由戒毒所社工担任"爱心妈妈"与学员 JH 建立关系，并要求戒毒青年每天写日记与其交流。每天的日记在第二天都由社工阅读、修改并写评语。交互的主要目的是让戒毒青少年有明确的认知、明确的预期，并逐步调动其生活态度中积极阳光的一面，以达到角色塑造的目标。在戒毒专业机构中，教育科室的主要工作之一就是由警官或社工咨询师、心理咨询师等专业人员对戒毒学员进行一对一的帮扶、教育。本研究选择 JH 学员 2013 年 6 月进入戒毒所至 2013 年 8 月总计三个月的适应教育的日记为依据，观察、分析戒毒学员与戒毒社工之间的互动过程。

第七章中的吸毒学员 JH 是一名农村孩子，1995 年 12 月生，于 2009 年春季辍学。在辍学后没有正当职业，在待业与"混日子"的过程中逐步学会了抽烟、喝酒等。2010 年，在一次朋友聚会中接触了 K 粉，刚开始也害怕、担心过，但随着在毒友圈里熟悉、习惯，毒瘾越陷越深。于 2011 年被公安机关在例行检查中首次发现并被处以经济处罚，于 2012 年第二次被公安机关抓获吸毒并处以经济处罚。2013 年 4 月第三次被抓即被送往省未成年强制隔离戒毒所。社工 SG 担任 JH 的爱心妈妈进行矫正帮扶是从 2013 年 6 月 1 号开始的。前几次都是日常谈话、交流，4 号开始引导 JH 正式记录日记。

第四章、第五章、第六章均采用实地访谈的方法收集湖北省女子强制隔离戒毒所的相关资料。关于第四章，笔者于 2015 年 10 月至 2016 年 1 月在湖北省女子强制隔离戒毒所先后一对一地深入访谈 11 个个案，主要收集被访谈对象的个人成长史、家庭背景及家庭关系、教育经历、吸毒史及吸毒原因、吸毒前后的变化、所内同伴关系等资料。这 11 位女性吸毒者年龄均在 35 岁以下，吸毒史最短为 1 年，最长为 10 多年。其中吸食 K 粉等新型毒品的有 10 人，占 90.9%，仅一人吸食传统毒品海洛因。发现其中有 6 人是被亲密朋辈或普通朋友等同伴群体引诱教唆吸毒，占比超过 50%。

在调查场所的选择上，笔者选取湖北省女子强制隔离戒毒所的三大队进行调研。湖北省女子强制隔离戒毒所在所学员（戒毒所民警对戒毒人员的称呼，代表平等和矫正的含义）为湖北省除了省会之外其他地级市吸毒人员，省内基本覆盖代表性较强，该戒毒所分三个大队，一队和二队均为生产大队，三队为入所教育大队。考虑到访谈需要入队和戒毒人员面对面地进行非结构式访谈，三大队学员不用出工（参与生产）时间相对充裕，便于配合我们的调研。

第八章是以本团队成员季小天实习所在的湖北省未成年强制

隔离戒毒所一大队的调研材料为基础进行的研究。H 未成年强制隔离戒毒中心的学员常年维持在 300 名左右，所内历年统计数据显示其复吸率在 90% 以上。笔者调研所在的一大队共有 124 人，年龄集中在 14～26 岁，以吸食新型毒品为主。笔者经过访谈发现，对吸毒行为的非理性认知普遍存在于青少年吸毒人群中。

第九章则采用实验法。以人本治疗模式为指导，运用沙盘艺术疗法，为 H 戒毒所的青少年个案开展服务，服务目的是促进个人的成长。服务干预分为三个阶段：第一阶段是接案，主要任务是咨询师与案主建立信任的关系，消除案主的防备心理，使案主能够自由、开放地表达自己的感受。第二阶段是服务的干预阶段，根据人本治疗模式的服务过程，笔者将沙盘治疗分为三次，递进式地呈现消极的感受、积极的感受、感受变化的强化；沙盘主题分别设定为回忆、悠闲的一天、出航，每次服务结束，笔者根据沙盘及谈话内容，总结案主对沙盘的解读和感受，咨询师对案主和沙盘的分析，社工对服务和案主的评估。第三阶段是结案，肯定案主发生的积极改变，增强案主对自己的信心，促进人格完善，同时对服务的过程和效果进行评估。通过结构式访谈法和非参与式观察法获取案主的基本情况、对毒品的认知、所内生活适应程度等信息。采用个案工作的方式，运用理性情绪疗法介入案主非理性认知，通过诊断、驳斥和强化三个阶段促使其接纳戒毒行为，为其重塑戒毒信心，强化戒毒观念。

第四节　相关概念

青少年：关于青少年的具体年龄暂无统一定论，本书按照我国统计吸毒人数时的划分标准，将青少年界定在 35 岁以下。

戒毒青少年：年龄界定，我国统计吸毒人数时对青少年的划分标准是 35 岁，考虑到戒除毒瘾是一个长期的过程，很多人也许终身无法戒除。因此，本书按初次吸毒的年龄划分，认为初次吸毒时年龄在 18 岁以下且在调查时年龄未超过 35 岁的戒毒者都属于青少年吸毒者。为表达矫治的目标，在本书中称为"戒毒学员"。

本研究的实务干预对象是第一次吸毒且年龄低于 18 岁的青少年。

吸毒：吸毒就是非法吸食、注射毒品的行为，为我国的习惯讲法，国际上一般依据医学界定称为药物滥用或药物依赖（Drug Abuse），本书中依据访谈对象和分析需要主要使用吸毒体验概念，以此突出青少年吸毒其实是一种"心理体验"的建构。

心瘾：心瘾的实质是一种慢性脑疾病，是一种非常规性心理依赖，在本书特指吸毒者对毒品的心理依赖，戒毒实务工作中认为其是引起复吸的主要原因。

心理脱毒：心理脱毒治疗是通过心理治疗和心理咨询使吸毒者能够配合和增强戒断的信心，保持操守的治疗。心理依赖是复吸的主要原因，也是戒毒工作中最难的部分，对吸毒者采取心理戒毒的治疗十分重要。本研究中的对象主要是心理脱毒。

戒毒认知：认知是指一个人对某一事件的认识和看法，它包括对过去事件的评价、对当前事件的解释及对未来发生事件的预测。书中提到的戒毒认知即指戒毒学员对吸毒、戒毒的认识和看法。

角色矫正：矫正又称矫治，原是医学用语，当其概念被引入社会领域，成为司法方面的专门用语，意指国家司法机关和工作人员通过各种措施和手段，使犯罪者或具有犯罪倾向的违法人员得到思想上、心理上和行为上的矫正治疗，从而重新融入社会，成为其中正常成员的过程。本研究中"角色矫正"主要指针对"戒毒青年"的社会角色失败开展矫正工作，通过角色适应、角色体验、角色期待形成一套角色矫正机制，并试图运用社会工作专业技巧和方法开展实务矫正，矫正错误的心理认知和行为偏差，树立正确的角色观，学习符合自身角色的社会规范，最终实现角色的回归。

矫正机制：从社会化的过程来讲，"戒毒青年"面临的是一种社会化进程中的角色失败——偏离了正常的社会角色塑造路径。角色失败是角色扮演过程中发生的一种极为严重的失调现象。它是指由于多种原因角色扮演者无法进行成功的表演，最后不得不半途终止表演，或者虽然还没有退出角色，但已困难重重，每前进一步都将遇到更多的矛盾。"戒毒青年"出现的吸毒、打架斗殴、学业中断、违法犯罪等行为偏差使他们偏离了正常的社会生活轨迹，尤其在进入强制隔离戒毒所后，无法继续承担应有的社会角色，在角色扮演的过程中面临角色失败的问题。角色失败通常是件坏事，但是，如果处理得当也不是不能把它转化为好事。通过吸取角色失败的教训，认真总结经验，重新振作精神，以崭新的面貌出现在人们面前。

隔离矫正：矫正这一概念在司法体系演变过程中被人们提出的本意是强调对越轨主体的恢复性而非惩罚性。[①] 隔离把越轨者从普通人的生活世界转向一个独立而隔绝的空间，以建成一个使人恢复已经丧失的主体地位的个人改造场所，即隔离的矫正与治疗机构。由此可见，身心矫正应当是隔离矫正机构的核心目标。在讨论戒毒矫正方面，我们应当扣住"毒品成瘾"这一核心问题，寻求导致吸毒者"成瘾"的心理认知、生活习惯、群体网络、文化传播等因素，从社会层面分析其行为偏离正常社会轨道的诱因与逻辑，由此分析其吸毒成瘾而不可自拔的前因后果，并且倒推吸毒人员隔离矫正的路径与措施。但自 2008 年以来隔离戒毒机构的实践操作大多仍然停留在传统的"劳动教养"的运行模式上。

人本治疗模式：人本治疗模式（Person-centered Therapy）也称为非指导性疗法（Non-erective Therapy）或案主中心疗法（Client-centered Therapy），是个案社会工作的一种指导模式。它强调以求助者为中心，重视发挥求助者的主动性和创造性，相信人的本质是善良的，每个人都有实现自我的倾向和潜能，一切为了人的成长与价值实现。求助者在专业人员的帮助下，探索自我及个人存在的意义，进行自我整理以形成积极的感受，充分实现个人潜能。[②] 这种"助人自助"式的帮助，有助于人们增强自身能力的发展，尊重人、相信人、依靠人自身获得改变，使患者自己能解决他所面对的问题。

---

① 史景轩：《外国矫正制度》，法律出版社，2012；王志亮：《美国矫正制度概要》，苏州大学出版社，2014。

② 文军：《社会工作模式：理论与应用》，高等教育出版社，2010。

第二章　青少年吸毒人群的基本特征

本研究中的青少年特指首次吸毒时年龄为 35 岁及以下的吸毒人员。因此，在笔者调查时其年龄不一定还在 35 岁以下，特别是在社区调查中，中年吸毒人群大多具有 10 年以上的吸毒史，但本研究的目的在于梳理其吸毒前的社会特征与吸毒后发生的社会变化或影响。

第一节　青少年吸毒人群的社会背景特征

1. 问题家庭多、富裕家庭多

调查中有两个角度的信息证实吸毒人员的家庭特征，一是吸毒管教人员的访谈材料，二是吸毒个案的访谈材料。调查发现，强制隔离戒毒所的警官教员和砺区、青区的戒毒社工及社区志愿者对吸毒人群家庭特征的归纳主要包括两类：一类是问题家庭（离婚等），另一类是富裕家庭。其中，未成年人吸毒群体在问题家庭方面表现更为明显。

> 我们这儿未成年吸毒者，即 18 岁之前吸毒的学员（警察对吸毒人员的约定称呼）有 100 多个。这些孩子吸毒跟他们的家庭有很大关系，比如父母离婚、父母一方甚至双方死亡；有的父母常年忙于工作没有时间照顾孩子，尤其是有几个孩子的家长常年在外做运输生意，平时相聚机会少，回家见面的时候只知道给孩子钱。还有一种是家庭暴力情况，有20 多个孩子谈到过家庭暴力遭遇和他们对父母的不满甚至仇恨。（南某，未成年人强制隔离戒毒所警官，38 岁，教育

科科长）

　　问题家庭的核心特征在于家庭"失范"而导致其功能不正常。无论是父母离婚还是父母一方或双方意外死亡，最后都导致家庭功能的"失常"；无论是缺乏管教还是暴力式管教也都导致青少年不正常的社会化过程。正常家庭功能的丧失导致"问题家庭"的"问题青少年"常常混于游戏厅、娱乐场所或所谓的"朋友"家里过夜而不愿意回家。长期混迹于社会而不回家的结果是这些问题青少年越来越缺少家庭的关爱，也越来越叛逆，更倾向于与社会不良人群混在一起，其中毒品是"不良"人群同化"新人"入伙的重要渠道。

　　富裕家庭多是被访者从经济条件方面对吸毒人员家庭特征进行的归纳。以硚区为例，吸毒人员的早期经济条件都是"拔尖"的。下面是笔者与硚区一线戒毒民警万某及戒毒社工宋某的座谈记录。

　　　万某：2000年前后吸食传统毒品较多，新型毒品在2006年之后开始。总体吸毒增多的情况是在1997年之后。这些吸毒人员之前都是家庭条件很好、事业有成的人。
　　　笔者：你怎么看这些当年的富人吸毒的原因？
　　　宋某：可能他们都喜欢尝试新鲜的事物，而且不相信自己会上瘾。当时对毒品的管控不严格，获取比较容易。同时，他们也买得起，即使罚款，也不在乎那点钱，甚至有学员盖好房子后用毒品庆祝。
　　　笔者：他们为什么会选择用毒品庆祝？
　　　宋某：第一，虽然他们很有钱，但是素质很低。第二，受广东经商氛围的影响，他们和广东商人打交道，跟风严重（从众心理），这些都是老板请客招待的常用方式。在他们（交往圈内部）看来，这就是有身份、有地位、有面子。第三，是年代、历史原因。

笔者通过调查发现，他们虽然经济上有钱，但并不拥有与经济条件相称的知识技术和社会声望，导致了其精神上贫困，缺乏心理支撑。总之，短期积累财富甚至是一夜暴富、缺乏与其经济水平相称的知识技术与精神修养是他们的共同特征。

2. 吸毒主体越来越年轻化

调查发现，35 岁以下的青少年越来越成为吸毒人群的主体；更重要的是，近些年来未成年人吸毒人数也呈现上升趋势。根据砺区汉杨街街道专职戒毒社工的反映，600 多名在册吸毒人员中，35 岁以下者约占 60%；而青区的 3000 多名吸毒人员中以第一次被抓获时为初次吸毒年龄，35 岁以下者约占 80%；在狮子山强制隔离戒毒所中，35 岁以下者约占 50%。经过与强制隔离戒毒所的警官、砺区与青区的戒毒警察交流，笔者认为强制隔离戒毒所中青年人群的比例低于社区和缉毒民警掌握的社会人群中青年吸毒比例是符合逻辑的：青年特别是青少年吸毒者，其家庭成员尤其是父母绝大多数还是不愿意将孩子直接交送戒毒所，而是尽可能"以罚款代替强戒"。父母首先是出于孩子的前程考虑——孩子进入强制隔离戒毒所是有"污点"记录的，将来无论是找工作，还是其他的事情，只要查验身份证信息，立即会看到其吸毒记录，俗称"污点""案底"；其次是出于在亲戚、邻居面前的面子问题考虑，特别是未婚青少年吸毒给家人的冲击是孩子将来找对象怎么办。在爱孩子顾虑孩子前程与爱面子顾虑社会影响的双重考虑下，吸毒青少年的父母大多会选择私自处理孩子的吸毒问题。

《2014 中国禁毒报告》数据显示，2009 年我国登记吸毒人群中，35 岁以下青少年占 58.1%；然而到了 2014 年 4 月，这一比例猛增至 75%。[1]

调查还发现，吸毒主体年轻化往往会把毒品连累圈扩大。原因是中年人或者已经成家立业的成年人，其自身的经济能力比较强，即使会借或强制索要父母的钱，但由于大多已经分家，吸毒

---

[1]　向楠：《"娱乐糖衣"遮掩合成毒品，青少年成最大受害人群》，《中国青年报》2015 年 1 月 12 日，第 5 版。

者并不一定都能够索要到钱财，甚至有的父母与其断绝亲子关系来割断经济的连锁反应。但很多吸毒的青少年处于未婚，没有独立的经济来源，其父母出于爱子女、为了子女前程等各种考虑往往不可能与孩子割裂、断绝亲子关系；无论是被孩子索要钱财，还是孩子主动变卖家里资产，或者父母为孩子一次次缴纳罚款，其结果是青少年的吸毒会导致全家人卷入毒品旋涡。

3. 畸形的交往观与朋友圈

吸毒人群尤其是青少年往往并不认为自己是"吸毒"，而是把毒品"去污名"化，并且会应用各种不正常的"标签"把毒品上升成一个"高、大、上"的象征。综合笔者的调查，主要有以下五类"去污名"方法。

第一，吸毒是家庭经济条件好的象征。很多人尤其是涉世未深的青少年很喜欢夸富、炫富，前面讲到富裕家庭多是吸毒人群的一个背景性特征，这些人群的经济条件在吸毒前确实在本地较好，属于上等或中上等，他们在生日宴会等各种场合炫富的方式还包括带女朋友，最好是频繁地更换女朋友，给大家带各种新奇的"玩意儿"，都是最流行的炫富手段。

第二，吸毒者的面子与权威。由于吸毒象征经济条件好，很多想当高富帅的人会拿毒品来显示自己的经济地位，进而博取朋友圈的地位认可，"谁给大家发东西，谁就是有钱，大家就认谁"是他们群体内部树立权威的办法，特别是理发店等个体户的小老板，想在"兄弟"们面前立住"大哥"的地位，靠发毒品"立威""撑面"是他们公认的一种方式。

第三，为了吸引异性，或者被异性、朋友的激将法"降住"。有相当一部分未成年吸毒者在提到自己的初次吸毒经历时，都归因于自己追求的对象要求自己吸毒，否则就拒绝"交往"。"交友要谨慎"是笔者在访谈吸毒对象的朋友圈问题时反复听到的一句台词，因为访谈的吸毒对象都是强制隔离戒毒所或者是社区戒毒社工的监控对象，他们都被"教育"过，而且为了换取管教人员的各种帮助、提高管教人员的评估分值，他们都表现得特别"悔悟"，在"回首往事"的时候，很能够说一些"大彻大悟"的警示语句，"交友要谨慎"是其中一句。但这句话也确实反映了不正常的朋友会把自己"拉下水"这一事实。

第四，治疗尤其是止痛。还有一部分吸毒患者被他人劝说以治病、止痛为由踏上吸毒之路。

第五，从众。特别是在男女混杂的场合，青少年特别容易受其他伙伴的影响，用他们的话说，"大家都很嗨，你一个人不吸，别人就会说你鹤立鸡群，也就是赶你走"。这种不吸就不合群的压力迫使"新入场"的人不得不跟随大家一块"嗨"。一起"嗨"的从众是青少年缺乏自主意识、没有独立判断意识的体现。

第二节　吸毒人群的行为特征

1. 毒品易得，案发时间长

毒品的易得性首先体现在吸毒人员获得毒品的场所相当多元化，不但在公共场所容易获得，很多私人场合也很容易获得。通过对吸毒青少年的访谈发现，他们不单是从 KTV、舞厅等娱乐场所可以比较容易得到毒品，而且在网吧、麻将室、烟酒店、火锅店等都有过获得毒品的经历。在青少年吸毒人群中，朋友的生日宴会等私人场所也成为毒品扩散的主要渠道之一。在笔者访谈的30 位未成年吸毒患者中，有 14 人谈到他们的首次吸毒经历是在私人场所。

毒品的易得性还体现在他们被发现之前可获得毒品的渠道数，即有几条渠道可以获得毒品。笔者访谈的 30 个未成年吸毒患者中，渠道数有 1～2 条的为 12 人，有 3 条及以上的为 18 人。这说明了获得毒品渠道的多元化。

那是在 2010 年的 5 月 12 日，我同学在嗨吧里过生日，我是出于讲义气才吸食 K 粉的。当时有十几个人，心里想"怕什么"，这么多人，大家都不担心，"K 粉"不上瘾……从此，我身边都是些吸毒的人。他们手上都有毒品，到谁家都可以吸食，好多还不止一种，有 K 粉、冰毒、摇头丸等。（鲍某，

19 岁，初次吸毒是 15 岁）

毒品易得性使得毒品的传播泛滥。在私人场合的毒品可得性强，不仅导致公安机关查处难度加大，也导致吸毒人员被发现的周期变长。根据硚区与青区戒毒社工反映的情况，大多数吸毒人员在 2~3 年才会被发现。戒毒所反映的情况也显示，吸毒人员被发现也大多在 2 年以上。

笔者在调查中还发现，公安机关抓获难与吸毒青少年的家庭成员尤其是父母的态度也有关系。例如吸毒学员熊某，由于他在2006 年吸毒后经常去迪吧、KTV 等聚会"嗨"，父亲在他吸毒一个月左右就发现了，母亲是 2005 年去世的，所以，一方面他父亲不敢对外人讲，而是私自把他关在家里，苦苦相劝或者逼迫、威胁他；另一方面他父亲外出做生意养家，家里根本没有人管，他一个人在家里吸毒就"无拘无束"了。直到 2009 年年底，他在一次公安部门的严打行动中才被首次"抓住"。类似的案例表明，吸毒者的家庭成员大多会认为吸毒是一个"家丑"，是不可外扬的，所以家人大多会尽量隐瞒、掩盖其吸毒行为，尤其是青少年吸毒者的家长考虑到面子、孩子前程等更容易做出错误的选择与处理。在笔者访谈的 30 名未成年人吸毒患者中，在吸毒第一年被公安机关抓获的有 4 人，在第二年被抓获的有 11 人，而在 3 年及以上被抓获的有 15 人。

无论是吸毒者个人的主观掩盖、隐瞒，还是家人碍于面子而进行的合作掩盖、隐瞒，这些都共同导致吸毒人员"早发现、早治疗、早戒断"成为一个难题。等到公安部门抓获的时候，其吸毒已经"上瘾"，而且在经济条件、认知能力等方面都形成了难以挽回的既成事实。吸毒期过长导致"成瘾"依赖程度高、戒除难是一个普遍现象。同时，也必须指出，公安部门在抓获这些吸毒青少年的过程中，首次抓获时往往给予经济处罚而不让吸毒者留下"案底"，具体执行警察的目的可能是出于对青少年的保护、给予改过机会等人道主义情怀，不否认也有个别警察是出于创收动机，但这也导致青少年真正案发时间过长、毒瘾较深进而无法实现"早发现、早治疗、早戒断"。

2. 吸毒类型以新型毒品居多

综合社区调查与强制隔离戒毒所的总结发现，年龄偏大、案发于 20 世纪 90 年代末、吸毒史较长的第一批吸毒人员以吸食传统毒品为主，而青少年、案发时间处于最近五六年之内、吸毒史相对较短的人群大多是吸食新型毒品。

> 笔者：2008 年新型毒品怎么增多的？
>
> 万某：首先是贩毒的渠道基本相同，新型毒品大多来自台湾、香港，而且它的加工非常容易。其实新型毒品的危害更大，因为它隐蔽性很强，很多年轻人吸了很难发现，并且容易制作和贩卖。

新型毒品主要是指通过化学技术合成、以刺激脑神经为主要功能的毒品。主要包括 K 粉、摇头丸、麻古和甲基苯丙胺（冰毒）等。调查发现，新型毒品以 20 岁左右的年轻人为主，而且以集体"聚众"群吸居多，以达到群"嗨"的氛围效果。

> 宋某：吸食新型毒品的人会集中找一个地方群体吸毒，汉杨街娱乐场所少，大多数是到附近玩。他们被发现三次才送进戒毒所，家里人很可能不知道。
>
> 万某：现在有扩大趋势，有的麻将室如果需要也会提供，有的赌场里甚至是免费的。

新型毒品在中国的流行时间并不长，从笔者调查地区的情况来看，新型毒品主要是 2005 年之后才开始流行。新型毒品在青少年人群中存在"三不"的误解。一是不算毒品，无论是摇头丸，还是 K 粉，甚至是冰毒（甲基苯丙胺），他们都不认为是毒品，而只认为是兴奋剂。由于其化学合成的"药物"性，很多人认为是可逆的，所以，误认为新型毒品不算毒品。二是"不上瘾"，多数吸食新型毒品的人只知道海洛因是毒品，而 K 粉、冰毒、麻古等不是毒品，只是新奇的"玩意儿"，属于为调节群体活动的氛围和提高大家"嗨劲儿"的兴奋剂而已，所以他们认为"不会对其产生依赖"。三是"不违法不犯罪"，认为"新玩意儿"属于大家调节氛围的兴奋剂，不是国家法律禁止的，所以吸食"新玩意儿"不算犯罪。

> 我的朋友中吸毒的很多，但大家并不认为那就是毒品。我第一次吸食毒品是在 2006 年，那时候我在一家理发店学习理发手艺；有天晚上老板请我们去唱歌，中途拿来了几袋 K 粉，因为大家都很嗨，我也跟着吸了；当时的感觉是那玩意儿能让人飘起来的，这种感觉让我知道这是毒品，但大家都不说，我也不好说破，不然就没法在一起玩了。老板和我们几个兄弟跟家里人说的时候都是"唱歌"去了。但到后来，其实我家里人知道了，也没有什么特别的反应，认为这种东西是普及的新型玩意儿，大家见怪不怪。（李某，首次吸毒 17 岁）

从强制隔离戒毒所的情况来看，正在强制隔离的吸毒人员中吸食传统毒品的总体上约占 1/3，吸食新型毒品的约占 2/3；从硚区的情况来看，汉杨街道是硚区最繁华的商业区，总计有 600 多名在册吸毒人员，吸食海洛因的占总体的一半左右，吸食新型毒品的占一半左右；青区的统计则表明，在 3000 多名吸毒人员中，新型毒品吸食者占到 70% 以上。根据武口市戒毒管理局戒毒警官周某的估计，年龄处于 15~35 岁年龄段的吸毒人口中，吸食新型毒品的占到 90% 左右。

3. 心瘾特征明显而难以自拔

在调查过程中，戒毒警官与戒毒社工反复提到吸毒青少年生理脱毒容易，但心瘾难除。根据对吸毒青少年的访谈，其吸毒后形成毒瘾的"心理机制"大致归纳为以下几条特征。

（1）将吸毒的体验概念化为一种无法向他人解释清楚也无法准确传递的"神秘而诡异"（uncanny）型快感。调查发现，有一部分吸毒患者确实是感觉到自己的生活乏味、无聊或空虚，如果去

KTV 等娱乐场所，经常会看到别人"嗨"得不行，于是很想体验一把。

> 我第一次吸毒是 1994 年夏天，当时一个朋友从外地打工回来，吃完饭后他拿出海洛因吸起来，我觉得太好奇了，也要了一点体验一下，但吸食后头非常晕，而且一直吐，结果朋友说要再吸几次才有感觉，我后来抱着好奇心就又吸了几次。等到有"嗨"的感觉的时候发现已经上瘾，想不吸也不行了。（王某，38 岁，首次吸毒 18 岁）

（2）这种诡异的精神快感（euphoria）维持时间越来越短，吸毒间隔也越来越短。

（3）自我抑制不住再吸毒的欲望，没有外力强制已经无法自制，而且逐步加大剂量，尤其是烫吸型吸毒剂量需求明显。

> 那是 2009 年的春天，我接到好友小勇的电话，喊我到他家玩，我到之后发现他们正在吸"麻古"（当时并不知道），他们很热情地叫我尝尝，说这玩意儿可以让人精力充沛，在他们劝说下，我吸食了毒品，确实感觉很奇妙。刚开始还可以控制节奏，后来就吸得越来越勤了，而且慢慢加量，不然感觉不够爽。（马某，26 岁，首次吸毒 20 岁）

（4）除了短暂的幻想快感外，头脑清醒时已经能够意识到自己"上瘾"，个人已经表现出毒品依赖与内心挣扎的苦恼。

> 上瘾之后想不吸是不可能的，除了吸毒的时候状态是兴奋的外，其他时间其实自己根本管不住自己，虽然也知道这个东西不好，但根本摆脱不了。心理上其实我也很痛苦，但外人理解不了，我也曾经下决心戒过，让家人把自己锁起来，关在屋子里，但最后都没有用。那最难受的时候，真的是不死就解脱不了，可以说生不如死。（王某，30 岁，首次吸毒

18 岁）

（5）对自己的正当劳动（职业）、家庭义务等现实问题更倾向于采取回避、逃脱的态度。

> 我吸毒后除了玩就是在家睡觉，不愿意动。上班也不想去，一般的亲戚啥的也不想见。反正吸毒把自己弄得不愿意出门，为了追求快感而没有正当收入，就只能骗家人、骗亲戚，最后就去偷了。我就是到人家家里偷东西时被公安抓住的。（王某，30 岁，首次吸毒 18 岁）

第三节　吸毒人群强制隔离释放后的特征

1. 吸毒人员戒断难，复吸率高

调查发现，吸毒人员生理戒除毒瘾比较容易，但心理戒除毒瘾是一个公认的难题：一方面是吸毒学员自己觉得心理上吸毒的愿望其实一直会有，不可能完全戒除掉；另一方面是警官和医生也认为这是一个生理上难以完全解释清楚的心理依赖，"心瘾难除"确实存在。但笔者调查后发现，吸毒人员心瘾难除的根源是吸毒者自己认为"我是一个患者"，在戒除生理毒瘾要回归社会时，社会出现的是各种各样的"排斥"与"拒绝"，使其难以回归社会，几乎不可能重建正常的人生节奏，故而复吸率高。具体来说，包括以下三点。

一是戒毒后再就业难，经济来源成为突出问题。因为强制隔离戒毒人员的"身份"符号在身份证管理系统中是有记录的，用人单位只要一查"有吸毒史"，基本立即就会拒绝。一方面用人单位是担心这些人的"人品"，"吸毒的没有几个是好人或者是正常人"是普遍的反应；另一方面用人单位更担心录用这一个吸毒人员会带坏一批人。基于这些考虑，用人单位"排斥"有吸毒史的人员是很正常的社会反应。

二是戒毒后会遭受亲戚、邻里、正常朋友的歧视。无论是吸毒人员，还是一线的帮教警官、社区戒毒社工都反映了这一问题。有些人对社区邻里、熟人的歧视特别敏感，因为这些人吸毒后本身大多就很自卑，有人进行嘲笑，他们很容易产生过激反应，逃避正常的社会交往而回到毒友"圈子"里面去。还有相当一部分吸毒人员已经把家人伤害了无数次，家人不愿意接受其回归，特别是成年人吸毒后，这种情况很普遍；家人的歧视是伤害最深、最痛的，这些人被家人歧视或抛弃后，"破罐子破摔"的现象相当普遍。

三是没有社会支持，吸毒人员的心理健康难以康复。无论是其自卑还是吸毒经历导致其他心理阴影、对歧视过度敏感等问题，单独靠吸毒人员自己几乎不可能解决，而目前实际情况是对吸毒人员的帮教投入力度严重滞后于吸毒人群的发展速度与形势要求。

根据《禁毒法》，我们应该是 20 名吸毒人员配备一名专职社工进行帮教，但实际上我们 600 多名吸毒人员，只有一名专职的社工和其他十多名义工。这样开展帮教的工作效果可以想象，我们自己也很不满意，但没办法。（刘某，硚区汉杨街道戒毒社工）

青区的吸毒人员同样呈现复吸率较高的问题。

2001 年我开始做吸毒人员的统计工作，那个时候统计了青区的新增吸毒人员，原来是每年 1% 的增长率，后来到 10%，20%。现在每年发展到 100% 的增长，尤其是新型毒品。在我退休之前我就要了了这个愿望，让曾经吸毒的人有尊严地谋生。减少社会给他的负面影响。我觉得作为一个缉毒刑警，禁毒比缉毒更重要，阻止吸毒比缉毒更重要，等他沾染了就晚了，沾染之后，几乎不可能戒断。我了解的情况是复吸率在 90% 以上，成功戒除的只是个案。（周某，青区缉毒刑警）

为了解决吸毒人员再就业难题，青区司法局、民政局等八大部门合作，建立了一个试验田：吸毒人员再就业康复工程。理论设计上的合作模式是八大部门通力合作。司法局主要是"依据《法律援助条例》为戒毒人员提供各种形式法律帮助，为一些没有生活经济条件的戒毒人员提供免费法律服务，维护戒毒人员合法权益"。区卫生局主要对戒毒人员开展艾滋病等传染病的防控知识教育，不断提高人群防病能力，督促社区卫生服务机构对戒毒人员实行"五病六免"优惠政策。区社会保险管理处对戒毒人员及其他流动人员办理养老、医疗保险中的参保、缴费。区公安分局主要对戒毒人员定期进行检测，对吸毒人员进行登记并依法实行动态管控。区教育局主要对戒毒人员及其子女或亲属在入学方面提供指导和帮助。区人力资源局主要为戒毒成功人员提供岗位供求信息，开展就业咨询、职业介绍、职业指导等就业服务；为戒毒成功人员开展计算机、电工、电焊、中医推拿、足疗、中式烹调、美容、美发、家政服务、工艺编织、市场营销、插花、汽车修理、钳工、冷作业、起重机械、SYB 创业培训服务。区药监局主要是对戒毒药品进行监管，每年对戒毒药品进行一次监督性抽查，加强对矫治康复中心药品不良反应监测工作人员的培训，并进行药品不良反应监测与上报。区民政局主要是对戒毒人员（尿检阴性）中的生活贫困、符合低保条件的人员，及时纳入低保范围，办理城乡最低生活保障。

这种努力尝试首先值得肯定，它为吸毒人员回归社会提供了过渡平台，确实达到了一定的矫治康复效果，但目前操作实践是操作起来投入困难、经济效率低、工作人员难保障，要想推广这种对吸毒人员有利的过渡性矫治模式难度较大。

政府和企业都是亏损的，大量地亏，政府每月拿出将近八千元补贴。实际上五十人的成本高于一百人的成本，这是我做了两年体会到的，扩大后就不亏了。但是现在不能扩大，场地有关系，谁来投资？谁来办厂？我只能说种一块试验田。

为什么说叫试验田哪？第一，没有哪个企业老板愿意投资亏本。第二，政府对这种爱心企业没有相应的扶持和补贴政策。第三，这些人到这之后，他们本身是不属于应该被社会照顾和免税的对象，这种观念还没形成。原来没来时还有低保，来了之后有工作，低保就没了。这是低保政策，也是社会矛盾，社会在发展，形势在发展，配套的政策也需要发展。民政和税务说按规矩办，没有形成这种制度，只是说国家要禁毒，没说怎样对戒毒人群帮教、戒毒，还有这些管理人员、社会义工，他们每月工资只有1008元，还不如工人的工资。政府给义工补贴300元，（戒毒）中心补贴200或300元，你说这两三百元从审计上说，这个账目算是谁的？怎么报销？有什么手续？合法吗？我们警察自己办的慈善企业、创新企业还是违法的，谁愿意办？没人愿意办！（周某，青区缉毒刑警）

无论是就业与享受低保的矛盾，还是这种救助性企业运转自身的经费困难，或是经济收入低导致帮教工作人员的不稳定，都证明大范围地推广吸毒人员再就业工程是个难题。

2. 吸毒引发其他犯罪突出

吸毒引发的犯罪有两种情形：一种是吸食传统毒品，因为这类毒品戒断反应大，毒瘾一旦发作难以控制，吸毒患者犯罪多是为了筹钱去吸食毒品，但是在吸食后则会全身无力，精神萎靡；另一种是吸食新型毒品，这种类型的毒品多使用化学药剂合成，可以直接作用于人的神经，多为致幻剂和兴奋剂，服用后容易出现幻觉，人处于极度兴奋状态，可能会做出一些平时不可能做、完全不符合常人思维逻辑的事情。所以，两者的根本区别在于：传统毒品是为吸毒而去犯罪，新型毒品则是吸毒后再去犯罪。

在硚区的调查中发现，吸食传统毒品的中年患者甚至是老年患者，在戒毒过程中使用替代药物美沙酮的10元"自费"也会导致他们去犯罪：吸食海洛因的人为了吸毒或者是喝药（美沙酮）往往需要偷盗，他们其实大都没有经济来源，有的时候毒瘾犯了，就直接去偷盗或抢劫；替代药物（美沙酮）虽然不贵，但他们也要有 10 块钱才能到这里来。这就导致他们还是会偷盗。但偷盗的结果往往不止 10 元钱，而钱多了能够在 50 元钱以上他们就又会去找"朋友""还愿"：吸毒患者如果隔一段时间不吸毒，心里会一直有这个吸毒的愿望，但戒毒过程中没钱或被强制等各种原因导致这个愿望不能实现，一旦有条件吸毒就会"还愿"。下面是硚区戒毒民警的访谈：

> 吸食传统毒品的人都需要美沙酮的。刚开始一天两支，逐渐减少。他们如果想喝就要来社区这边登记，再去拿药喝，需要自费十元。他们之间流行的话：有钱吸毒，没钱喝药。他们现在所谓的戒毒也不是指完全戒掉，包括替代药物，完全戒掉几乎不可能，只能说减少吸毒的次数。如果只喝美沙酮不去"还愿"的人就属于基本戒掉了。这种基本戒掉的情况，目前社区主要有三个戒毒人员比较符合。如果他们自身的戒毒主观性比较强，家人也支持，社区就会尽力帮扶，不断地进行教育，还帮助他们申请免费的美沙酮。他们几乎每天都喝，也会定期尿检，基本都是阴性，他们也会偶尔给社区反映情况，我们现在能做的也只是树立一些典型，力量根本不够，其他的人员顾不过来。

根据硚区与青区的调查发现，吸毒人员犯罪有个人作案，但越来越倾向于集体性的团伙作案。吸毒前盗窃、抢劫是团伙犯罪，并有组织地合作犯罪，吸食新型毒品的年轻团伙在吸毒后往往会集体性交，轮流强奸也时有发生。这种团伙犯罪的"人群是怎么形成"的？根据调查的情况来看，他们大多是在毒品买卖的过程中形成的。卖毒品的人本身大多是在内部朋友圈子里交易，或者朋友介绍的朋友、熟人，一般外面冷不丁来的人，他们都很警惕，只有他们熟人拉熟人、朋友拉朋友才慢慢扩大"圈子"。圈子不够的时候他们为了贩毒，会骗身边关系比较好的人吸毒，以此扩大自己的生意。只要这些人一沾上，就甩不掉了，只能在圈子内部参与分工与合作。无论是偷盗还是抢劫，他们越来越多地进行团伙合作，比如入室偷盗，有在楼下站岗放哨的，有在里面把门的，还有进去直接偷盗的；包括他们在公交车上都是合伙作案，偷的人随手就把钱包转给同伙了，一眨眼的工夫，受害者即使看到他偷了也在他身上找不到证据。年轻人的合作意识更强，特别是职校的一些学生，都是团伙作案，不单单是偷盗、抢劫，还有集体淫乱，有的还强迫其他学生"入伙"，职校等"校园暴力"也随之增多。

第四节　本章小结

2015 年 6 月 24 日，中国政府首次对外发布毒品形势报告《2014 年中国毒品形势报告》。该报告指出，受国际毒潮持续泛滥、加速扩散和国内多种因素影响，国内登记在册吸毒人员数量持续增长。截至 2014 年年底，全国累计发现、登记吸毒人员 295.5 万名，实际吸毒人数超过 1400 万人。而笔者在 2005 年前后开始农民工流动及其犯罪问题的研究，在调查中时有发现农民工吸毒的个案；随后在 2008 年前后由农民工"劳资关系"转入区域经济发展研究的过程中，发现不少企业家和富裕人群存在吸毒的现象。同时，笔者发现吸毒问题往往具有"连锁"反应，即一个社会成员吸毒往往会导致其整个家庭陷入悲剧，从夫妻关系到亲子关系，再到邻里关系、同事关系，一连串的人群将受到直接或间接的危害。从国家统计的情况来看，全国吸毒人数逐年递增，而且涉毒人群遍及各年龄层、各阶层，尤其是青少年吸毒比例逐渐上升，吸毒人群的平均年龄呈现更年轻化的趋势。

从本章的内容可以看出，青少年吸毒问题的演变愈来愈复杂化、多样化、早期化，而且在矫正后具有反复性、易复发。特别是随着人们生活水平提高、物质越来越丰富等，个人主义甚至个性主义越发突出，从夫妻之间到家庭成员之间的团结程度逐步下降，人们追求个性、自由的生活方式之观念逐步普及并强烈。而在这些家庭变故的影响中，子女尤其是未成年子女受到从经济到观念一整套生活方式的改变。所以，中国在离婚率居高不下的背景下，青少年吸毒及其他类似的越轨行为似乎还会增加。

再看网络等社会技术变化，导致青少年人群获得毒品越来越容易，同时，研发的新型毒品的隐蔽性也越来越强，特别是在一些娱乐场所检查力度加大的情况下，一些青少年利用网络、手机等信息手段小规模聚集在家庭场所进行交易、吸毒，这使得查获难度大大增加。

从社会文化层面来看，主流价值观在成年人群、正式社交场合（比如工作）占据制高点，但在日常生活特别是青少年的日常生活中，他们的文化生活方式往往呈现空虚、无聊、人生意义不明、价值观模糊等问题，这使得部分人群由于盲目或好奇等心理驱使吸毒变得顺理成章。

从康复系统来看，中国针对青少年吸毒后的矫正与治疗系统还处于探索阶段，需要加强专业化、系统性等建设，特别亟须增强医学、心理学、社会学等非司法领域的系统性建设。

第三章　青少年吸毒倾向的社会建构及其治理

本章采用个案分析方法。据个案 L 所羁押单位湖北省未成年人强制隔离戒毒所的警官反映，高复吸率、难戒断是青少年人群戒毒的核心难题，而这一难题的根源并不在于生理依赖，而在于心瘾难除。中国吸毒人群规模的快速扩张除了新增人员外，复吸率高甚至不少地区"只增不减"也是重要原因。强制戒毒的学员在去强制戒毒所之前，会在看守所进行三个月的生理脱毒，其间配合医生的治疗就可完全生理脱毒。在强制隔离戒毒所长达一年半以上的隔离戒毒主要是心理调适与矫治，也就是"心理脱毒期"，学员们在戒毒所中都可以保持良好的操守，但释放后由于各种原因 90% 以上的人会选择复吸，然后陷入再次被抓、生理脱毒、进入强戒所、释放、再复吸的一个无限死循环中去。为什么戒毒人员一到社会就难以保持操守了呢？"心瘾"究竟如何形成是一个值得探究的问题。

第一节　吸毒体验的建构过程

从案主第一次接触毒品到染上毒瘾，这个过程并不是偶发性的，可以说是案主从小的成长经历一步步把案主推向了毒品的深渊。通过笔者和案主的几次访谈，我们认为主要有以下四个方面的影响。

1. 家庭情感体验

人从出生到死亡，大部分时间都生活在家庭中，家庭对个体成长的功能主要表现在：提供感情支持、满足性爱、生育和社会化、家庭保障和生活保障。当某个青少年出现问题时，要理解问题产生的原因就不能脱离家庭系统，它或许是家庭对个体功能的一种缺失，因此恢复家庭的某种功能对于解决案主的问题意义重大。

案主L的家庭结构是不完整的，母亲在他3岁时走失，他从小就经常遭受父亲的家庭暴力。

> 案主：我3岁时母亲就走了，离开家了，现在也没有回来，我还有个姐姐，今年21岁，家里现在只有父亲一个人，我父亲的脾气不好经常打我，从小犯了错就要跪在凳子上。

父亲在他的成长过程中参与度很低，大部分时间把他委托给了三叔照顾，和父亲相比他更信任三叔。

> 案主：被关进看守所最先来看我的是父亲和三叔。三叔就隔着栏杆打我，就是看守所里面那种隔开的栏杆，还让我爸爸去给我买点吃的之类的，后面就一直跟我说他们去找关系把我弄出来……
>
> 笔者：那爸爸呢，爸爸没有说什么吗？
>
> 案主：没有，他就站在很远的地方一直在那里流泪。然后我三叔让他买东西他就出去了，等他回来探视时间也差不多到了。
>
> 笔者：听你这么说，我感觉这个事情中，一直是你三叔在主导，你平时和你三叔感情很好吗？
>
> 案主：嗯，我小的时候父亲很忙没空管我，经常把我放在三叔家。他看我也是有点像自己的小孩吧。
>
> 笔者：假设你现在遇到了困难，爸爸和三叔你更倾向于找谁帮助？
>
> 案主：（迟疑）还是三叔吧，我爸爸他忙嘛，说了也没空管我。

L 和其他家人的关系也比较紧张，他一直感觉自己没有从家人那里得到足够的关爱，自己仿佛不是这个家的一分子一样。

> 案主：当时（2010 年）家中的爷爷和二叔去世了嘛，当时很想回家，但哥哥不允许我回去，还没收了我的银行卡和钱，所以我非常恨哥哥。
>
> 笔者：你恨哥哥的原因是什么呢？
>
> 案主：我哥他当时知道我二叔去世了，他们就自己回去了，都没有和我讲，到家也没有和我说，连一条短信都没有。你回去的时候很忙，我能理解。但是路上这么长的时间，你可以说啊，至少可以发个短信，但是就一直没有告诉我。他们这么做让我很伤心，感觉不是一家人，嗯……觉得我不是这个家的一分子一样。

家中一些长辈在对他的教育过程中缺乏正确的引导，反而给他灌输了一些较为负面的知识，这在无形中促使他形成了错误的观念。

> 案主：我刚开始吸毒的时候我表哥就是知道的，他自己也在吸毒。
>
> 笔者：那表哥知道你吸毒后是什么反应？
>
> 案主：他非常气愤，也希望我不要吸毒，还劝我，就跟我说"没有经济基础吸什么毒"。
>
> 笔者：你是怎么理解哥哥的话的呢？
>
> 案主：哥哥他肯定是为我好，不希望我吸毒的。而且吸毒也是要用钱的，他不相信我。
>
> 笔者：可是你之后也没有听哥哥的话，那哥哥有再劝你吗？
>
> 案主：吸毒是自己的事，他说一回我不听他就不会再劝了。

2. 同辈群体情感体验

青少年在同辈群体中被接纳的程度会直接影响青少年的成长

状况，这种接纳性主要包括青少年在团体中受欢迎的程度和在同伴中的地位，一般来说有以下四种典型的情况：被同伴团体中大多数成员接受，只被少数成员拒绝；同前者比，被接受的程度低些，但仍属于被积极接纳；不被同伴团体的成员喜欢，也不被讨厌，在交往时常被同伴忽视；不被同伴喜欢，不愿与其交往，甚至被同伴讨厌。①

吸毒青少年在与同辈交往时往往处于一种不被接纳的状态，这种状态就会把他推向一个"亚文化"的群体，因为只有在那个群体中他才感受到被接纳，得到了归属感。

案主小学六年期间转学三次，频繁的转学经历使他难以建立长期稳固的同伴关系，和老师之间也缺乏信任。每到一个新的环境就面临着受欺负的危险，但处于陌生环境的他无法得到任何人的帮助，最终只有通过暴力方式来解决。

笔者：从刚开始上小学就有同学欺负你吗？

案主：没有没有，刚开始上学，就是一、二年级是我们村的小学，大家都认识的。后来转学了才被欺负的。

笔者：三年级转学时你和同学们没有转去同一个学校吗？

案主：他们去了另外一个学校，有的就和自己的爸爸妈妈出去了，就是有出去打工的那种，也有转到一个学校的，我也不是一个人。

笔者：被人欺负后会告诉老师吗？

案主：不会，你告诉他也没用。很多学生本身也是混的，家里也有能力，老师他不想找事。

笔者：就没有一次是求助成功的吗？

案主：没有，从来没成功过。而且你要是和老师说了，下次他们会更整人。

笔者：有没有告诉家里人呢？

案主：没有。

① 陆士桢、王玥：《青少年社会工作》，社会科学文献出版社，2010。

笔者：为什么呢？

案主：这个……我父亲他每天也很忙嘛，再说这是学校里的事情，你和他说也没用。

笔者：那你最后是怎么办的呢，一直被欺负吗？

案主：没有，那我也不能一直让他们欺负我不是？

笔者：那你是怎么解决的呢？

案主：我去买了一把刀，就是类似军刺那种大小的。我就一直带在身上，就这么放在袖子里（他拉开袖口向我比画了下怎么把刀放进去），那天他们又来找事，我就把刀拿出来，他们都觉得我不敢，然后我就和他们打起来了。

笔者：对方有被砍到吗？

案主：有，两刀，我也有伤，不过都不严重。最后他们报警了，我就给他赔了钱。

笔者：所以事情就这么解决了。这之后还有人欺负你吗？

案主：没有了，（笑）他们不敢了嘛！

在案主反抗成功之后他掌握了自己的一套生存法则——弱肉强食，为了使自己一直处于强者的地位，于是他开始收"小弟"，并且在他看来这是很正常的事情。

案主：我之前也有一些朋友的，不过这之后（指他砍伤别人后）就有很多人来找我，打群架，我们经常一起去学校里打架，门卫都不管的，老师也躲着不愿意出来，他们都不想找事。

笔者：为什么他们一喊你就要去呢？

案主：因为名声太大了，我那个时候，必须结交人。就算你不想，别人也会来找事，那你就必须多结识人。

学校里的同学和老师给予他的是暴力、冷漠，让他感受不到同伴温暖，有了困难站出来仗义相助的是校外的朋友们，在这种鲜明的对比之下，他很自然地投向了校外"亚文化"群体的怀抱，并且越来越难以适应校园生活，最终只有选择退学。

　　笔者：你读初一的时候很羡慕那些退学的学生，你羡慕他们什么呢？

　　案主：就是自由。

　　笔者：学校里面很不自由吗？

　　案主：学校很约束，从周一到周五都要在学校里上课，除了读书没有别的，太无聊。

　　笔者：还有同学啊，你不和他们玩吗？

　　案主：唉，学校里的人都木得很，一天到晚只知道读书，喊他们出去都不去（指逃学）。我也还是有同学的，在别的班，我都到别的班找他们出去。

3. 信息体验：教育、媒体报道的欠缺

　　我国在毒品教育这一问题上存在较为严重的滞后性。首先是缺少专门给青少年介绍毒品危害的教材，只在思想品德教材中简单提到了一些。湖北省初中使用的思想品德教材①只有"不必要的牺牲"一框中提到了毒品，而且是把毒品和烟、酒、黄放在一起相提并论。这样很容易对青少年产生误导，当青少年看见身边有很多人也在喝酒、抽烟后，会认为吸毒也不是多么大不了的事情。另外，在课本中对毒品的介绍极少，多是以"戒毒女的遗书"一类的故事告诉学生吸毒的危害，反复劝诫"珍爱生命，远离毒品"，但对于什么是毒品介绍得十分有限，只在34页展示了一些摇头丸的图片、吸食摇头丸后的反应，现今毒品花样繁多，摇头丸只是其中一类，并且现阶段的禁毒宣传大多是恐吓宣传，通常展示给青少年的都是骨瘦如柴的吸毒者的照片、毒品和骷髅头在一起的形象。其实这些教育并没有将毒品的有效信息告诉青少年，很难达到教育效果，甚至这种恐吓式的教学还可能令青少年产生好奇心，激发他们的逆反心理。

_____

① 教材为《思想品德·七年级下册》，人民出版社，2009年12月第2版。

笔者：在你吸毒前你对毒品的了解除了你刚提到的报纸的报道，在学校有学习过吗？

案主：没有。书上没有。

笔者：学校的展报呢？

案主：没有。

但是这些吸毒的青少年也不能说对毒品完全没有了解，例如，他们都知道吸食毒品的人在毒瘾发作时有的会有明显的打冷战、流鼻涕等外显行为表现出来，但是现在他们一般都是使用新型毒品，毒品对人体的伤害要在一定量后才能被察觉，也不会出现传统毒品那样明显的戒断反应，因此当他们把新型毒品和传统毒品进行比较时，感觉到这个和传统毒品不一样，反应没有那么强烈，所以认为不会上瘾。

笔者：你在酒吧第一次吸毒时，你是知道那是毒品的，为什么还要用呢？

案主：因为那个不是大麻嘛！

笔者：为什么不是大麻就可以呢？

笔者：我之前在老家看见过有人吸了大麻，就在我们汽修厂前，躺在那里浑身抽搐，我知道那个不好，那个是不能碰的。但是那个（指别人劝他吸的毒品）不是，我用的是新型毒品，上瘾蛮难的。

我们正处于一个信息大爆炸的时代，除了课本，青少年们每天还会从新闻媒体那里得到丰富的信息。而有些媒体在报道"吸毒"方面的新闻时，为了博人眼球往往把重点放在某明星身上，却缺乏了最基本的引导，很容易给青少年造成错觉，觉得这是一件很时尚、很平常的事情。

案主：其实吸毒也不全是缺点，你看现在很多明星都在吸的，之前不是有什么柯震东、宁财神，我们在这里面也看得到（新闻）。他们为什么吸毒？就是压力大，要有灵感，你吸了毒状态就会特别好，他们需要这个。而且现在只有那些有钱有资本去摆的人才吸毒，他吸毒证明他身边有闲钱。其实我吸毒前也很讨厌吸毒的人，因为之前在报纸上看过有人吸毒就发疯（的报道），不过后来吸了我发现不是这样的，这个还是很快乐的。

4. 心理体验与反应机制

毒品对吸毒者的影响渗入方方面面。在他们的人际交往中，毒品发挥着不可替代的作用，它是合群的必要手段，是增进感情的不二选择，是表达感谢的最佳方式。进入"毒友圈"后，吸毒者渐渐被这种游走于社会边缘的社交逻辑洗脑，对社会、生活的认识也越来越偏激，人生态度变得非常消极，这种生活方式反过来又加剧了心瘾的形成。

（1）社交逻辑

合群与认同：在毒友圈子里有自己的一套交际规则，为了合群、为了融入这个圈子，吸毒者必须按照里面的交际规则行事。吸毒不仅是一种个人行为，更是一种身份象征，它让你成为"自己人"。在"毒友圈"里吸毒是认识新朋友的桥梁，为了迅速地和对方打成一片，如果对方邀请吸毒最好不要拒绝，否则你不单单只是拒绝了一次毒品，更是为自己树立了一个对手。

笔者：如果朋友劝你吸毒，你能拒绝吗？

案主：现在外面是这样的，都是些"酒肉朋友"，他们有时会包场子喊你去玩，你去了他就把工具给你准备好，就是那种烫吸的，或者直接用自己的小指甲盖，吸毒的人一般小指甲盖都很长，用这个舀着，放到你面前让你吸。

笔者：如果说我不想吸呢？

案主：他就会说，"给不给我面子？"反正就是要你吸。

笔者：那要是坚持不吸呢？

案主：他就会发火，就把东西一推，或者指甲上的粉一洒，然后双方就打起来了。

笔者：那如果吸了是不是就会把你当成"自己人"了？

案主：也不是，我刚说了都是"酒肉朋友"，你吸了他们不会把你当自己人，只是说有事的时候能想到你，这个圈子就这样。

增进感情：在我们一般的印象中，吸食毒品的人就会慢慢亲离友散，最后一个人躲在角落里，注射毒品到死去。但是新型毒品吸食者则不一样，他们经常一堆人聚在一起吸毒，还会互相请客，通过这种方式他们增加了彼此间的联络，也增强了自己和这个圈子的联系。

笔者：你们一群人互相"请客"，这个"请客"有什么规则吗？

案主：有的，主要有两点：如果女生请客，那一般都是男生 AA 的；还有如果是被请客的，那到了桌上"吃饭"不管有多大的仇都不能闹事，要等到第二天才可以。

笔者：那被请后需要回请吗？

案主：那是肯定要的啊，礼尚往来嘛，交朋友这些都是必需的。

致谢：得到别人的帮助后需要表示感谢是我们一般人都熟知的社交规则，感谢的形式则各有不同。但是在"毒友圈"里，表达感谢的手段则很单一：请人吸毒。案主在深圳的工作是帮人"看场子"，主要是混迹于各种娱乐场所，负责维持这些场所的治安。工作内容主要有两个——摇场子和罩场子，罩场子主要是日常的巡视工作，摇场子则是有人来闹事，他们就需要出面了，多数时间这种事件要通过打架来解决。除了自己固定的老板外，还会有外面的老板喊他们去帮忙，帮忙之后的感谢，如无意外一般都会安排请客吸毒。

案主：你喊别人帮忙（指摇场子）那肯定是要有表示的，这个在我们这儿是有规矩的——一瓶水一包烟，如果是连搞一天是要请吃饭的，吃完饭还会给我们开房，第二天有专车送我们回去。

笔者：吃饭是单吃饭还是有其他的安排呢？

案主：那要看老板大不大方了，如果是个大方的就会说"我今天提了些货，你们要不要留下来都搞，如果没有的话就开车送你们回去"，如果是个小气的就没有。

笔者：所以他是会征询你们意见，并不是一定要吸是吗？

案主：嗯！其实我们罩场子的老板是不希望我们吸毒的，担心坏事。罩场子的老板就是我们平时的老板，请我们的老板是外面的，有事就找我们。

笔者：那如果下次大方的和小气的老板同时找你们，你们愿意去哪边呢？

案主：那肯定是那个大方的啊！

（2）认知上的偏差

生活空虚，离开毒品生活零动力：吸毒的人生活中多数时间处于无所事事的状态，容易感到生活空虚，吸毒的快感能够填充这种空虚感，一旦离开了毒品，生理上的疲惫、心理上的空虚扑面而来，这样的情感体验让他们更加无法逃离毒品。

笔者：如果没有什么事情需要摆平，你们在"摇场子"的空闲时间都会做些什么呢？

案主：就"罩场子"，在 KTV、酒吧、网吧这些地方转，或者到别的场子去玩。

笔者：那会有觉得无聊的时候吗？

案主：会，一个人的时候就觉得没意思，空虚。

笔者：吸毒就不空虚了吗？

案主：唉，这个，怎么说呢，吸毒的时候感觉整个人轻飘飘的，心里面很满足、很高兴。

笔者：那吸完之后呢？

案主：这种感觉是会持续的，如果是纯的，会持续3个小时以上。而且你吸了会觉得很精神，做什么事情都有劲，我用了这个之后可以几天几夜不睡觉的。

笔者：那感觉过去之后呢？

案主：就是困，特别没精神，而且怎么睡都睡不醒，有时候我一睡就是好几天，醒了之后还是没精神，就只有再吸，只有吸了你才会清醒过来。

认识片面：吸毒的人对于社会机制缺乏理性全面的认识，往往用个人片面的认识代替整个事实。案主接受访谈时说到自己想退学的理由就是想要自由，但他对自由偏激的认识只会引导他走向社会的另一面。

笔者：你理解的自由是什么？

案主：就是不受约束，想干什么就干什么。

笔者：你退学后有感受到这种自由吗？

案主：没有。到了社会上你要的自由是不一样的，在学校里想得到外面的自由，在外面是更大的自由。

笔者：更大的自由具体是什么样的自由？

案主：在外面你要有钱，有了钱才能自由。

（3）畸形的问题解决机制

吸毒者们身边往往缺乏健全的社会支持网络，而且自己解决问题的机制很差，一旦出现问题不知道如何解决，就习惯性地用毒品麻醉自己。

案主：我当时知道家里出了事，感觉很混乱不知道该怎么办，心情不好，就开始吸毒，使用毒品让自己感觉很高兴，并会出现幻觉，觉得自己轻飘飘的，一下能跃很远似的。在清醒后会质问自己，我知道这样做不好，对解决事情没有任何帮助，但是又逃不开快感。

笔者：有了烦心事没有想过给朋友说说吗？

案主：没有，别人都有自己的事，你说了也没用，他们也不了解。

第二节　心瘾的社会建构逻辑分析

本书中的心瘾特指吸毒者对毒品的非常规性心理依赖。但实际上心瘾是一个很广泛的概念，我们喝酒有酒瘾，吸烟有烟瘾，这都是心瘾，但此类心瘾都是"此世"的，心理感觉仍然是现实的欲望满足。而吸毒心瘾则是超脱现实的幻想性欲望，吸毒患者依靠心瘾可以得到幻想世界中他欲求的任何东西，是一种没有现实约束的心理反应。心瘾的社会建构过程如图 3 - 1 所示。

结合上文对心瘾的定义，本书认为判断一个吸毒者的心瘾是否形成有以下五种标准。

1. 麻木的快感

吸毒者自身对吸毒的体验是模糊的，他们将吸毒的体验概念化为一种无法向他人解释清楚的，也无法准确传递的"神秘而诡异"（uncanny）型快感（euphoria）。有学者认为有毒瘾者在遭受各种挫折的时候犯瘾："他们认为花钱购买以及药物将驱散所有的悲情与不适，进而带来各种奇特的体验和享受是非常值得的，这就是毒瘾。"[①] 在交谈中案主反复强调"无法逃脱快感"，当进一步追问这种快感是什么时，他给出的解释是"很难形容，感觉很高兴、轻飘飘的"。他提到一次吸毒经历，当时家中突遭变故，他"感到很混乱，不知道该怎么办，心情不好就开始吸毒，使用

---

① A. R. Lindesmith, "The Drug Addict as a Psychopath," *American Sociological Review* 6（1940）：914 - 920.

毒品让自己很高兴"。我们可以将这种快感理解为通过毒品驱散悲情与不适后带来的"神秘而诡异"的感觉，那么他们对毒品的渴求之急不可待其实是一种无法节制的欲望膨胀，在现实生活中遭受的挫折、无法解决的问题都可以通过毒品这个媒介进行转化，从而获得极大的满足感。案主的这次吸毒体验很鲜明地说明了促使吸毒者吸毒的推力一个是现实的"苦"，一个是幻想的"乐"。

2. 间隔缩短

随着吸毒者吸毒时间的推移，这种诡异的快感（euphoria）维持时间越来越短，吸毒间隔也越来越短。以兴奋剂这类毒品为例，它由一位日本科学家在 1919 年首次合成，在二战中曾被作为抗疲劳的药物在战士中使用，二战后军队将其投放市场才造成了日本 50 年代滥用流行，这说明毒品上瘾有一个循序渐进的过程。本书的案主第一次吸食了 1/3 包 K 粉，在吸食 4 次后开始使用麻果，每天至少 1 克，一天的次数也是不确定的，吸食麻果一个月后转而使用冰毒，一般是麻果和冰毒混着一起吸，据他说，"这样更舒服，感觉更猛"。可见吸毒者的困难在于无法通过精确的计量控制去获得常规的麻醉效果，随着他们对毒品耐受力的提高，要继续获得快感就只有逐步加大剂量、逐步扩大毒瘾。值得注意的是当戒断后，这种耐受力会下降，如果继续按之前的剂量吸食极可能会有生命危险。

3. 丧失自制

这个阶段心瘾开始形成，自我抑制不住再吸毒的欲望，没有外力强制已经无法自制，而且逐步加大剂量，尤其是烫吸型吸毒剂量需求明显。交谈中案主对自己吸毒历程的比喻让笔者印象深刻。

　　就好像一捆柴，你要烧，你想烧得起来只有遇见汽油，但是火太大你就什么都不知道了，就要跳到河里才行，但是火太大了嘛，就是你不知道……你自己也跳不进去，这个时候有个人把它推到河里，你打湿了就不会烧了，但是一捆柴

自己是上不了岸的，靠岸了也上不了岸，要等反省好了自然
有人把你捞起来。

在这段话中案主把自己比作一捆柴，他渴望火但是没有汽油
（毒品）他就没法燃烧，但他知道依靠毒品终究会玩火自焚，自己
却无法跳进河里（戒毒的场所），这时有个人出现了把他推进了河
水中，这个人就是民警。如果不是被强制隔离戒毒他可能永远无
法戒除毒瘾。当心瘾开始形成，它就会摧毁个人意志力、自我控
制力，吸毒者整日处于浑浑噩噩之中，他想挣脱但是毒品牢牢地
掌控了他的意志，如果没有外界力量的强势干预，仅依靠个人力
量是绝不能摆脱的。

比喻的最后提到自己如何走出去，他说到自己是不能上岸的，
要靠人捞。吸毒者要回归社会做回一个正常的社会人，还需要家
庭、社区、社会各方面的接纳，如果没有为他们营造出完整的社
会网络，他们最终只有再次回归最能接纳自己的团体——毒友圈。
但是实际情形是，没有接触毒品的人在与吸毒患者交流时往往理
解不了其心理实质，而只会斥责、讽刺，包括吸毒患者的家人都
是常常吵闹、哭泣，这些互动在吸毒患者心理上的反应只有两种
结果：一是歧视，二是无助。这就会让吸毒患者由于得不到理解
而进一步加重对毒品的心瘾依赖。

4. 自我挣扎

在这个阶段心瘾已经完全形成，在短暂的幻想快感之外，头
脑清醒时已经能够意识到自己"上瘾"，个人内心已经表现出对毒
品依赖与挣扎的苦恼。在交谈中案主不止一次提到"清醒后会质
问自己"，"知道这样做对解决问题没有帮助，就是逃不开快
感"，也曾尝试过自主戒毒，但在坚持了一个月后又复吸了。可
以看到当心瘾完全形成之时吸毒者虽然能够清醒地意识到自己逐
渐被毒品掌控，也想过要脱离这种控制，却发现自己深陷泥沼无
力挣脱。这种挣扎一方面是因为吸毒者无法脱离内心的"快
感"，另一方面也是因为离开了毒品吸毒者会处于极度不适的状
态，"整天就是很困但是睡不着，骨头很痛，就像发烧一样，和

生病的感觉一样，就是很痛很热”，只有吸毒才能停止这种折磨"像个正常人一样"。

5. 逃避

这种逃避表现在对自己的正当劳动（职业）、家庭义务等现实问题更倾向于采取回避、逃脱的态度。案主在深圳受伤住院后选择回到老家，想摆脱毒品学习厨艺从头开始，但回老家后朋友问他"玩不玩东西"，他就马上跟同学去了，早已忘记了学习厨艺之类的计划。毒品对吸毒者最大的危害就是消磨了他们的意志，在他们习惯了每日吸毒醉生梦死的安逸生活后，丧失了融入按部就班的常规生活状态所需要的责任感，有毒瘾者康复过程牵涉一系列具体而必须坚持不懈的努力，但遗憾的是有毒瘾者大多处于自暴自弃状态。[1] 因为对比吸毒的"快乐"回归常规生活接受约束、承担责任显然是"痛苦"的，"靡不有初，鲜克有终"这句话非常准确地描绘了吸毒者在回归过程中反反复复，他们很容易意识到心瘾的存在，也容易表明戒断的决心，但是一旦他们在回归过程中遭遇阻力，他们就容易放弃，继续从毒品中寻找满足。

吸毒上瘾者第一次接触毒品前的生活在他们看来总有不尽兴之处，内心对毒友描绘的吸毒后的美好蓝图有极大的憧憬，他们渴望着"快感"，一旦他们获得这种感觉后，再也难以舍弃，与此同时吸毒者对毒品的耐受力也在提高，为了得到同等的体验换吸其他毒品或加大剂量是唯一选择，到了这个阶段他的行为被毒品掌控，不吸毒就没有精神，虽然在清醒时他们能意识到自己已经上瘾，但是仅凭个人力量难以与毒品抗衡，只能任毒品进一步侵蚀他们的精神和意志，到最后只能是社会化完全失败，丧失了未来的追求，更无法承担起对家庭、对社会的责任，深陷毒品深渊难以自拔。

---

[1] Darin Weinberg, "Out There: The Ecology of Addiction in Drug Abuse Treatment Discourse," *Social Problems* 4 (2000): 606-621.

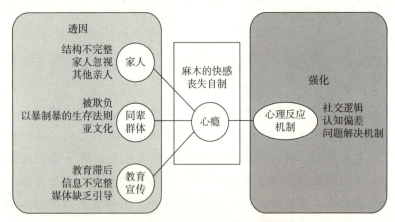

图 3-1 心瘾的社会建构过程示意

第三节 吸毒体验的矫正性治理

青少年吸毒问题从表面看，是青少年个人的选择问题，但形成过程表明青少年吸毒只是社会建构的结果。无论是家庭结构与功能的缺损，还是学校教育的缺席，或是青少年同辈群体之间的暴力亚文化的影响，都表明社会整合纽带导致青少年社会化偏离正常轨道。因此，矫正青少年吸毒问题，应该从社会入手，多元治理才能减少、逐步消除青少年吸毒现象。

1. 堵住源头，改变社会舆论对吸毒现象的妖魔化

禁毒的"毒"有多重含义：毒品、制毒、贩毒、吸毒。我们禁毒的首要工作是禁止制毒、贩毒，将更多的社会精力和关注点聚焦于"毒源"，堵住了源头，自然也就解决了从明星到大妈、从官员到富二代、从流动民工到青少年等社会普通大众吸毒的"前提"条件。根据 2015 年的国家禁毒报告，2014 年全国实际缴获各类毒品合计 68.95 吨。相比于 2005 年实际缴获毒品共计 18.241 吨，我国禁毒工作取得了较大的功效，但是，按照每名抓获吸毒人员背后至少有 5 名吸毒人员计算，我国实际吸毒人员超过 1400

万人，每年需要的毒品总量近 400 吨。[①] 2014 年缴获的毒品仅占其中的 17% 左右，同时受访者也提到虽然现在禁毒力度非常大，但他们从来没为"货源"担心过，可以想见市场上仍有大量毒品流通，我国禁毒工作任重而道远。

同时，社会应该消除对吸毒人员的歧视，舆论媒体在对这些吸毒人员进行报道时，首先应该考虑"吸毒人员"如何回归家庭、回归社会，对"温州大妈"集体吸毒事件的曝光绝对不能重演——起码这是个人隐私，媒体没有资格将个人吸毒公之于众，更不应该以"爽歪歪""开运动会"等"标题党"视当事人为取笑、逗乐的谈资。吸毒的年轻人多数是一时被迷惑、误入歧途，如果就这般将他们直接暴露于公众视野中，这是直接阻断了他们回归社会的道路，更容易激发他们的逆反心理，十分不利于他们成功戒毒。

2. 社会支持与结构制约重构吸毒者的人生

家庭与吸毒。家庭在吸毒青少年的支持网络中居于主要地位。吸毒者的家庭有其特殊的特征，Stanton 和 Todd[②] 称，吸毒者的家庭通常表现出 6 个方面的特征：面对压力不具有建设性的应变能力；不尊重吸毒者；家人感到无能，或把吸毒者的问题归于外因（统领群体、邻居）所致；吸毒者的吸毒问题是所有家庭问题的核心；吸毒者通常被家人过度保护，并把他当作一个无能和无助的人；毒品被看成一种无法抗拒的力量。要让吸毒者放弃吸毒回归家庭，父母要改变原有的"棍棒式"教育方式，避免青少年产生逆反心理，被外界的不良信息影响；在得知孩子吸毒后不是一味地打骂，而是要给予正确的引导，相信孩子最终是能够回到正常的生活中来的。浙江省公安厅禁毒总队调研组[③]在一项调查中发

---

① 石杨：《厉行禁毒 严打毒品犯罪》，《人民公安报》2015 年 3 月 1 日。http://news.china.com.cn/2015 - 06/24/content_35894067.htm，最后访问日期：2019 年 2 月 2 日。

② Stanton, M. D. & Todd, T. C., "Structural-strategic Family Therapy with Drug Addicts," in E. Kaufman and P. Kaufmann, eds., *Family Therapy of Drug and Alcohol Abuse* (New York: Family Proces, 1992), pp. 46 - 62.

③ 浙江省公安厅禁毒总队调研组：《加强社会帮教工作 巩固禁吸戒毒成果——对杭州市西溪、武林派出所社会戒毒帮教工作的调查与思考》，《浙江公安高等专科学校学报》2006 年第 3 期。

现，吸毒人员能坚持 3 年不复吸，取决于戒毒决心与其家庭成员的管教约束程度。可见子女戒毒成功与否，家庭会在中间发挥极大的作用。

学校与吸毒。很多青少年吸毒都是从退学开始的，学校教育是最后一道防线，要建设好这道防线，教育系统内需要做的还很多：①发挥教育行政部门的直接指导作用，改变现阶段对教师的单一评价标准，不只是以升学率判断是不是一个好老师，要建立一个多元评价机制，鼓励老师以多种方式教育各色学生，只有从源头上改变了教师评价机制，整个教育的风向才会改变；②学校不能只抓分数不抓素质教育，可以邀请公安干警进校做讲座，加深学生对毒品的认识，平时在学校开展丰富多样的活动，让每个学生都能在校园生活中发现自己的特长；③教师应转变教学思路，不能单以成绩论英雄，也不应给学生贴上"差生"标签，善于用发现的眼光去看待每一位学生，重视班级建设，帮助学生适应校园生活。

媒体舆论导向与吸毒。吸毒是一个社会建构的过程，是一个社会问题而非个人道德品质问题。要知道吸毒者多是无法得到正常的社会支持才转而通过吸毒寻求安慰，要使吸毒者彻底脱离毒品，就需要有一个比毒品更强大的支持网络来帮助这些吸毒人员，如果给这些戒毒人员贴上"瘾君子"的标签，不去包容他们，不相信他们可以回归正途，当戒毒人员从强戒所出来后，发现这个社会根本没有他的位置，不要说找一份工作，甚至连自己的父母都无法接纳自己，那么他们改变的动力又从何而来？只有再次退回"毒友圈"，陷入吸毒—戒毒—复吸—再戒毒的死循环中无法挣脱。

3. 针对毒品本身的建设性意见

禁毒工作重在预防。青少年处于身心发展的关键时期，世界观、人生观和价值观不稳定，容易受到外界不良信息和不良人员的影响，尤其是那些有偏差行为的青少年，如果不给予他们正确的引导，他们很容易走上歧途。要预防这类事件的发生，一方面要切断青少年和这类不良团体的联系，帮助他们树立正确的榜样；

另一方面还要教给青少年分辨是非的能力，学会拒绝诱惑。

大力开展毒品知识的普及化教育，预防无知盲目型吸毒行为的发生。青少年好奇心重，容易被人诱惑，很多青少年往往是在不知道自己使用的是毒品的情况下就染上了毒瘾。要预防这类事件的发生，就要在社会、在学校开展毒品知识的普及化教育工作，教育部门也应该编写一些适合青少年阅读的教材，帮助青少年认识毒品、了解吸毒的危害，为青少年揭开毒品神秘的面纱。

针对那些利用毒品控制其他人员从事性工作或盗窃的行为，应该加大打击力度。那些从事非法交易的人往往会利用毒品去控制下面的人，使他们丧失意志力不得不听命于他，对于这类人法律不能宽恕，只有将这些人都绳之以法才能从源头上解救那些受制于他们的吸毒青少年。

第四章 戒毒青年自制悖论与被动吸毒的社会治理

笔者在走访湖北省女子强制隔离戒毒所时注重还原青少年吸毒群体的真实情况，发现青少年"被动吸毒"的案例较多，即在同伴群体的引诱和教唆下初次接触毒品并越陷越深。同伴群体是指由兴趣、爱好、社会地位和价值观等各方面相似的人组成的非正式初级群体，同伴关系对青少年的影响甚至有可能超过父母和教师。[1] 同伴关系对青少年的心理健康、行为规范和社会适应至关重要，它与家庭环境一起构成青少年人格形成和社会化的两个核心系统。[2] 但青少年尚处于成长阶段且三观均未形成，"近朱者赤，近墨者黑"，在缺乏自制力和辨别力的局限下，青少年易受朋辈和环境的引诱因交友不慎误入歧途，在毒友圈中难以自拔。同伴群体对青少年的吸毒行为有着非常重要的影响，这些因素主要包括同伴的吸毒行为和态度以及个体对同伴吸毒行为的感知等。青少年吸毒呈现低龄化、低文化、群体化、复吸率高、犯罪率高等特点，同伴关系是剖析青少年吸毒行为必不可缺的影响因子。已有研究将其归因于家庭教育缺失、低学历标签和亚文化接纳、禁毒教育的误区、好奇心重以及吸毒的最后推动力。从吸毒原因来看，青少年因家庭、社区、教育等多因素影响染上毒品。本章旨在阐释青少年吸毒群体的社会整合失灵和被动吸毒现象，并基于此提

---

① 陈正良:《同辈群体环境对青少年发展的影响》,《宁波大学学报》2004 年第 10 期。

② Brown, B. B. , Dolcini, M. M. , & Leventhal, A. , *Transformations in Peer Relationships at Adolescence: Implications for Health-related Behavior* (New York: Cambridge University Press, 1977) .

出不同的治理机制。

　　在调查对象的选择上，本章 11 个访谈对象均由民警推荐进行访谈，将访谈所得资料和入所个人档案进行对比都相符合，且是在封闭的环境下进行的一对一访谈，访谈所得资料真实可信，具有研究价值。本章旨在挖掘同伴关系与被动吸毒之间的关系，探索被动吸毒行为的构建过程。故在此将 6 名受社会教唆而出现被动吸毒行为的访谈对象的资料进行简要介绍：ZL，19 岁，未婚，吸食麻古，1 年吸毒史；QMN，22 岁，已婚，吸食麻古，1 年吸毒史；JL，18 岁，未婚，吸食 K 粉，3 年吸毒史；ZN，35 岁，离婚，吸食冰毒，8 年吸毒史；SK，25 岁，未婚，吸食 K 粉，2 年吸毒史；HL，27 岁，未婚，吸食麻古，8 年吸毒史。

第一节　被动吸毒者的主体特征

　　通过对 6 名典型案例的分析发现，其中有 2 名学员是在醉酒状态下因朋友以"解酒"为名义劝导初次吸食毒品；1 名学员是在同伴聚会的情况下通过朋友的行为示范初次接触毒品；3 名学员是在同伴的反复劝说下吸食毒品。这些学员在初吸时均出现强烈的生理反应和不适，本身并没有吸毒的意愿，但最终步入吸毒的深渊。因此本书将这种非主观意愿吸毒的行为定义为"被动吸毒"，指青少年在对毒品的危害性缺乏全面认知的情况下，被同伴以解酒、减肥等借口通过引诱、劝导等手段教唆吸毒，致使染上毒瘾。研究发现被动吸毒者在被教唆之前已经属于边缘化群体，社会免疫力下降，不能有效抵制毒品，最终被同伴教唆成功，本章着重对被动吸毒者被教唆之前的状态进行梳理。

　　1. 社会关系支持缺失

　　家庭功能受损，家庭关系紧张，对初级社会群体的需要得不到满足。被访的 6 名学员中 2 名来自离异家庭，1 名来自单亲家庭，2 名学员家庭关系紧张，1 名学员婚姻破碎处于离异状态，共同特征是体验不到家庭的温暖，家庭情感空缺。此状态下的青少年因为与家庭联结的薄弱，更容易转向同伴群体寻求慰藉，加剧了与不良同伴的联结和互相影响。

> 12 岁时父母离异，后来父母双方各自拥有新的家庭，自己和父亲重新组建的家庭一起生活，与继母、同父异母的弟弟关系一般，与生母很少联系。(ZL)

> 父母长期在外打工，从小在姨妈家长大，父母定期汇给姨妈家生活费，且从未和父母在一起过过年。直到 14 岁父母离异才得知自己是养女，养父母均不抚养她，自己开始养活自己。(QMN)

> 母亲在其一个多月时去世，父亲一年后再婚，从小跟随外公外婆长大。憎恨父亲和继母，责怪父亲当年没有照顾好母亲，并排斥父亲重建的新家庭。(HL)

> 2007 年和丈夫离婚，离婚后对生活丧失勇气和斗志，开始喝酒和玩耍。(ZN)

> 我爸妈劝我去读书，劝我去学校，那个时候觉得他们好烦。一开始辍学之后还待在家里和这些朋友一起出去玩，有的时候在外面通宵上网，夜不归宿。回家之后我爸妈又说我，什么叫我别玩了啊，让我去学校啊，啊呀，就觉得真烦人，烦死个人了，天天在那儿叨叨，就不想在家里待了，14 岁开始跑路。(JL)

> 我从小是跟着我爷爷奶奶一起长大的，我爸爸在农场工作很少回家，我妈妈在外省开家政中介所。我和爸爸很少说话，和妈妈偶尔电话联系，我和我爷爷关系最好，但他现在去世了。(SK)

2. 生活出现不可预测的变化，丧失稳定感

平稳的生活中突如其来的变化会使青少年丧失生活重心和稳定感，感到慌乱、不知所措，这种不可预测的变化也有可能成为其一生的转折点。

> 我 12 岁的时候爸妈离婚，对自己影响蛮大的，当时就想

辍学不想再读书了。13 的时候就开始出来工作。当时看着他们离婚了，也没有家了，肯定要学会自己养活自己啊，就不想再读书了，那个时候脑海里就只有一个想法就是赚钱，使劲赚钱养活自己和爷爷奶奶。(ZL)

我 14 岁的时候爸妈闹离婚，他们在闹矛盾到底把我判给谁，也就是那个时候他们告诉我我是养女，我是抱来的。后来他们就不管我了，我需要自己养活我自己啊，所以就没有读书了，开始出来打工干活自己养活自己。(QMN)

父母在孩子成长阶段离异给孩子造成的伤害至深至远，丧失"家"的概念后最先想到的是辍学、工作、赚钱、养家，这些本不是处于成长阶段的孩子需要承担的责任。由于缺乏家庭的支持，他们只能被迫选择踏入社会，终止学生生涯的平稳生活状态。

我母亲在我一个多月的时候去世，我父亲一年后再婚，接着阿姨（后妈）生了个弟弟。我从小是跟着我外婆长大的，很小的时候，有时爸爸会接我去他家玩几天，在很小的时候，刚开始每次都很开心爸爸来接我，觉得终于可以见到爸爸，但有一次我在我爸爸家的时候，爸爸出去玩了，不记得因为什么事情，阿姨打了我，我很委屈，我爸回来的时候我告诉他，希望他能替我出气维护我，他却说"你阿姨打你，那肯定是你不听话才打你的"。我很伤心，我恨他，他不信我，不关心我，我到现在还记得这句话，在他们家，我就感觉自己像个外人。从此以后，我很少去他家了。我上学的钱也都是我外公外婆给的，他们就是靠种田挣点钱，你想啊农村多不容易，到高中二年级时，我不想外公外婆那么累，就不上学了。(HL)

单亲家庭中，如果健在的父母一方没能处理好新家庭与原生家庭之间的关系，很容易将原生家庭中的孩子"抛弃"。一旦孩子的被抛弃感愈加浓厚，但内心深处又渴望得到家庭关怀，这种家

庭背景下的青少年没有享受到来自原始家庭的温暖，易出现偏差
行为。

> 我爷爷是在我大四的时候去世的，那个时候爸爸妈妈和
> 自己也没有经常交流过，我觉得爷爷是我在这个世界上最亲
> 最亲的人了，他突然去世了，我觉得自己的情感支持没有了。
> 所以那个时候把朋友看得特别重，很讲义气，朋友有什么需
> 求我也会尽量满足。那个时候我很怕被朋友抛弃，所以那个
> 时候他们喊我一起出去玩我都会去。（SK）

亲密家人突然离世的情况下，缺乏合理的情绪宣泄和梳理渠
道会使青少年盲目地寻找新的情感依赖作为替代，但缺乏一定的
理性和辨别能力。

3. 正常手段无法达到社会成功和健康的目标

无法通过正常的手段取得社会成功和健康的目标，这些目标
可能是修复一段情感关系或处理某类问题。青少年吸毒群体遇到
问题普遍选择逃避，让自己暂时性地忘记而不是迎难而上，缺乏
困境处理能力。访谈对象中有 2 名学员分别遭遇感情挫折和亲人去
世等情感问题，二者均未通过正常的手段解决问题，而是不断地
放纵自己处于逃避的旋涡中，并未朝预设目标方向改善。

> 我是 2008 年开始吸的，我和前夫 2007 年开始闹矛盾，闹
> 矛盾我就出去玩儿。后来学会吸毒，我觉得吸完之后可以回
> 避家庭矛盾，很兴奋。吸完之后很专注于某件事情，也不用
> 想着家庭矛盾，想着我和前夫之间的感情纠纷。而且我吸完
> 之后和其他人不一样，我没有出去蹦迪啊之类的，我吸完之
> 后就坐在我们窗台上吸烟，而且会写很多东西，写自己的心
> 情啊，写自己的状态啊，写完之后就会撕掉或者烧掉。（ZN）

遭遇到挫折时，第一时间不是问题解决视角，而是逃避。吸
食毒品后恰恰能达到忘忧解忧的目的，这种暂时性的问题解决方

法使青少年吸毒群体"掩耳盗铃"，享受逃避的过程进而成瘾，缺乏通过正常手段达到目标的途径和方法。

4. 失去生活意义

在生活迷茫、空虚的情况下丧失了对事实和自身的判断力，开始未经思考地从事工作、滥交朋友，失去正常生活意义。长期活跃在 KTV、酒吧、桑拿等娱乐性场所，这类场所鱼龙混杂，具备毒品的易得性、吸食毒品的普遍性等特征。

> 当时经朋友介绍去做酒托，就是卖酒嘛，陪客户喝酒，客户让你喝你就喝，最后他买酒之后你就可以拿提成，基本每个月能够挣到七千到八千块钱，我当时半年就挣了七万多块钱。后来回家去酒吧做坐台小姐，坐一次台 200 块钱。(ZL)
>
> 我老公在 KTV 做经理，我后来进去做服务员。(QMN)
>
> 在酒吧干过一段时间，后来又去做桑拿管理，就是分配那些小姑娘，在这里什么样的人都有，什么样的人也都见过。(HL)
>
> 我和前夫 2007 年开始闹矛盾，闹矛盾后我就在外面玩，喝很多酒。(ZN)

5. 出现"习得性无助"状态

"习得性无助"是指因为重复的失败或惩罚而造成的听任摆布的行为，是指通过学习形成的一种对现实的无望和无可奈何的行为、心理状态。青少年在不断遭受挫折并没有完全战胜的情况下容易形成一种麻痹感，对现实的绝望进而随波逐流，任人摆布丧失自我。

> 就工作了半年时间，后来不是得了胃病嘛，就不敢再喝酒了，年纪这么小就得了胃病，而且特别想家，特别想家人。家里人也不让我去夜总会那儿上班了，他们让我去找我妈妈，但我妈妈在服装厂上班，不能提供住宿，而且她现在也有自

己的家庭，我也不想去打扰她，就没有去找她，还是继续在夜总会上班。（ZL）

我们之前一直在外地打工，后来结婚后就留在了黄石，我老公是一个很上进的人，当时生完孩子开销什么的都很大，我老公就想在黄石找点事情做。后来朋友介绍他去KTV工作，他从服务员做起，后来做到了经理，做经理是需要拉大客户的，慢慢就接触到了一些吸毒的朋友，他就在那个圈子里没办法，不吸的话朋友都没得做。（QMN）

综上，以上的五种状态逐渐使被动吸毒者的初级社会群体紊乱，亲情、友情和邻里之间的温情均发生异化，出现社会整合失灵的现象，并逐渐沦为边缘化群体，迷失自我。在这种非清醒的状态下，同伴群体的教唆行为使丧失社会免疫力的被动吸毒者快速滑落为边缘群体——吸毒者。

第二节　同伴教唆者的特征

同伴群体是青少年成长阶段很重要的一个非初级社会群体，其行为和态度都对青少年有着至关重要的影响。由于来自家庭初级社会群体的需要得不到满足，家庭关系联结薄弱，青少年易将自己靠近同辈群体中，这加大了同辈群体教唆吸毒行为发生的可能性。吸毒本属于违法行为，教唆者教唆他人吸毒从某种程度上也可被称为教唆犯，应该承担相应的法律责任。但目前在法学领域针对教唆犯的定罪尚未形成定论，吸毒领域的教唆者研究更是少之又少。本书不探讨教唆者如何定罪等法学问题，主要就同伴教唆者的特征进行归纳总结。

1. 本身劣迹斑斑

教唆者长期与毒品打交道，本身是吸毒者或者贩毒者的身份，深处毒友圈并缺乏对毒品的正确认识。6名学员的吸毒故事中，教唆者均为吸毒者。

我老公也进来了，他在地方上的戒毒所里，就是他带着我吸毒的。（QMN）

和朋友一起聚会的时候认识了我男朋友，我男朋友30多岁，比我大十几岁，他自己也吸毒，就是他带着我吸的。我不知道去哪儿买毒品，一般都是他去买，买来我们一起吸。（ZL）

2. 无业或从事非正式行业

教唆者长期沉迷于毒友圈，脱离正常的生活轨道，缺乏正确的工作理念。

一种表现形式为教唆者本身无工作，依附于男（女）朋友。教唆者好逸恶劳无工作，通过交有钱的男（女）朋友获得暂时性的生活保障，进而鼓动另一半从事非正式工作。依附男（女）朋友养活自己并能生活得衣食无忧。这种关系中教唆者以"索取者"和"引诱者"的身份出现，并以非真实的情感投入绑架被教唆者，使青少年"心甘情愿"地付出。

我男朋友没有工作，我们两个有大半年的时间都没有工作，就是元月份到五月份的时候我们都没有工作。这大半年里我们俩在一起开房、吃饭、买毒品等开支都是我的钱，因为我之前出去打工手里存了七万多块钱，一般都是他买毒品我出钱，最后这七万多块钱花完了。后来没办法我就去夜总会上班了，我男朋友让我去的，在夜总会做坐台小姐，上一天班200块钱，基本能够维持我们两个人的生活。（ZL）

一种表现形式为教唆者从事非正式行业。在KTV、酒吧等娱乐场所工作或者"混混"职业。这类场所不仅让吸毒的人沉迷于毒品，也能将不吸毒的人引诱至毒友圈子；而且，KTV、酒吧等场所受毒友圈亚文化的影响，教唆者易造成"你不吸毒你不合群"的情境压力和错误导向。

就是那个时候我们上初中了嘛，有一部分同学是初一的，结果他们在学校打架闹事就被开除了，开除之后他们也就没有读书了，开始混社会，就是当那种小混混。初二的时候他们不停地来找我，结果我就和他们混在一起了，这帮小混混14岁到17岁的都有，都是辍学后混社会的，没有什么工作，主要是向家里人要钱啊，在校外偏僻的地方勒索学生啊。我们这一群人说要去打谁就打谁，都是混混嘛，和他们天天混在一起，跟着我男朋友在外面玩，有的时候在外面通宵上网，夜不归宿，14岁开始跟着他们跑路，什么喝酒、抽烟、打架、骂人、跑房，一些坏习惯全都学会了。(JL)

我老公是一个很上进的人，当时我生完孩子开销什么的都很大，我老公就想在当地找事情做，后来他朋友介绍说让他在KTV里工作，他就从服务员开始做起，后来就做到了经理。做经理是需要拉大客户的，慢慢地就结交了一些吸毒的朋友。后来孩子一岁多我也去KTV里做服务员。在夜场工作我们一般都是上夜班，白天睡觉晚上上班。(QMN)

我辍学后，在外地和父母一起生活工作一段时间后，就回家在当地酒吧工作了，主要就是卖酒嘛，卖得越多拿的提成也越高。我就是被我们酒吧老板带着吸毒的。(HL)

3. 以熟人身份出现，利用信任关系引诱

教唆者通常用熟人关系做铺垫，以"友人"的身份引诱被教唆者初次接触毒品。以老公或男朋友、亲密朋伴、同事或玩伴、普通朋友等身份教唆对方吸毒，以"我是熟人，我不会害你的"的口吻赢得被教唆者的绝对信任，在对方放下戒备心理的同时乘虚而入。

当时回家了就有朋友喊我一起玩儿嘛，都是高中同学，大家都很久没见了，然后我就去了。他们约在KTV，唱歌的时候我就看到有人在吸白粉，其实我不害怕，因为大学里就有身边的人在吸，但那个时候我没玩儿，我觉得没意思，自制力还挺强的。主要都是我朋友嘛，他们经常会喊我一起出

去玩儿。(SK)

我老公也进来了，他在地方上的戒毒所，就是他带着我吸毒的。(QMN)

我是我男朋友带着吸的。(ZL)

是我们公司的同事，他是司机，他带着我吸的。(ZN)

第三节　被动吸毒的场景设计

将被动吸毒者的社会整合失灵现状视为内因，同伴教唆者有教唆企图视为外因，那么被动吸毒行为的发生还需在内外因之间建立一个桥梁，即场景设计。教唆者在教唆他人吸毒时，不以强制手段迫使对方不情愿吸毒，而是提前设计场景，让被教唆者自己感觉吸毒是顺理成章的事情。看似被动吸毒者掌握是否吸毒的自我选择权，实则已在教唆者设计的场景中逐渐沦陷。通过对案例资料的分析，教唆者通常设计以下几种场景。

1. 被动吸毒者不清醒状态下，以"解酒"为由教唆吸毒

这种场景中，教唆者通常设计让被教唆者大量饮酒的场所，如朋友聚会、心情低落饮酒排忧等。在饮酒过度的情况下教唆者告知有"东西"可以解酒，被动吸毒者在醉酒状态下急于摆脱头晕、呕吐等生理不适，在神志不清的状态下初次吸食毒品，且对毒品的解酒效果满意并逐渐形成依赖。

朋友聚会嘛，然后我喝酒就喝得有点多，喝多了之后我男朋友就把我带到他家里，就把麻古拿出来，说这个东西可以解酒，我当时也蛮好奇的，他说这个东西可以解酒我当时就试了。我知道这是毒品，因为我之前听朋友说过，但还是很好奇，所以就吸了。结果吸完还真是很好，一下子酒就醒了。而且感觉人特别精神，怎么都睡不着，失眠，人特别兴奋，这种兴奋可以持续好多天。(ZL)

有一次我出去和朋友聚会喝酒，就喝了很多酒，我们单

位的司机就要送我回家，回家的时候他就给我冰毒，说可以
解酒。我当时也不知道这是毒品，就吸了，结果很快就解酒
了，而且很专注于某一件事情。吸了四五次之后感觉都挺好
的，一直也不知道这是毒品。后来知道是毒品之后很害怕，
因为自己也懂点法律，那真是害怕啊。但我们经常要出去应
酬，我们单位的司机经常会带着我一起吸。后来慢慢地就成
瘾了，成心瘾了。（ZN）

2. 被动吸毒者清醒状态下，通过行为示范和构建情境压力教
唆吸毒

首先，"行为示范"这种场景通常发生在宾馆、KTV 等封闭性
场所，以朋友聚会玩耍的名义开设"毒宴"。"毒宴"即彼此熟知
的毒友圈子互相请客，教唆者以朋友的身份将被教唆者带入"毒
宴"的聚会中，教唆者及其毒友通过群体吸毒构成行为示范，与
被教唆者分享吸毒后的感受，使其在无形中被潜移默化，消除对
毒品的戒备心理，并形成"毒品不易上瘾，吸毒不会被抓"的合
理化解释，开始吸毒体验。

> 我是下学之后，2011 年吧。我主要是打沙（吸食 K
> 粉），是我朋友带我吸的，就是有一次我们这些朋友都在宾
> 馆里，然后我那个朋友就在那儿打沙，她和我说那感觉很
> 爽，让我试试，然后我就试了。哇，我吸完就感觉自己飘起
> 来了，虽然开始有点吐，但整个感觉都是头昏昏的，脑海里
> 像过山车一样，走路都是在走猫步，在飘。那感觉真的蛮爽
> 的。（JL）

其次，构建情境压力是指在群体吸毒中以好友身份劝说吸毒，
鼓励初次体验。被教唆者明白吸毒的危害和违法性质，但在群体
吸毒场景有"你不吸，你不合群"的情境压力，被教唆者为了融
入朋友圈尝试毒品，多次吸毒逐渐成瘾。

　　约在 KTV 里，唱歌的时候我就看到有人在吸白粉，其实我不害怕，因为在大学里就有身边的人吸毒，但那个时候我觉得没意思，自制力还挺强的。但是在 KTV 里，我看大家都在吸，然后我朋友也劝我说让我吸一口嘛，我也不好意思拒绝，然后我就吸了。当时吸的时候还吐了，感觉头很晕很痛，像喝醉了的感觉，其实很难受的。但都是我朋友嘛，他们经常会喊我一起出去玩，玩的时候大家都会吸，然后我就跟着大家一起嘛，其实那个时候特别害怕失去朋友，所以朋友有什么要求我都会尽力去满足。(SK)

　　当时我不玩，但我知道我们这里的女孩子（同事）都在玩，有一次我们老板说要带我去见一个老板，一起坐着聊天，不干啥别的，下班后他（老板）就开车去接我，我就上他车，下车后在他带我往宾馆走的时候，我就知道他们要干吗，我就偷偷地溜了回去，他一进门结果发现我跑了，打电话问我在哪儿，我说我不跟他们玩，我要回去，他就开车到我住的地方。到了之后，他们就劝我搞一口试试，然后我就开始吸了……（HL）

　　通过对上述材料的分析，对教唆者教唆吸毒的手段和目的可进行归纳总结。教唆有引诱、行为示范和设计情境压力三种手段。教唆目的有三种：一是通过教唆对方吸毒获得生活保障和毒资（购买毒品的钱财），这也是部分吸毒人员交男女朋友的一个准则。二是扩大毒友圈子，满足交友需求。吸食新型毒品和传统毒品存在一定的差异，青少年吸食新型毒品居多，新型毒品强调群体吸毒达到"嗨"的效果，人越多越好玩。三是扩大毒品需求。这是贩毒者的一个主要教唆目的，吸毒人数的增多才会导致毒品需求量扩大，贩毒者的生意也才会得以"兴隆"。

第四节　被动吸毒者呈现的两种状态

　　经调查发现被动吸毒者虽然并非出于主观意愿接触毒品，最终在毒友圈中难以自拔，但呈现两种不同的状态：一种是可提倡的迫切渴望摆脱毒品的心态；另一种是仍然沉迷于毒品的失重状态。

1. 适应戒毒所生活并认识到毒品的危害性，有意摆脱却无法自拔

6名被访学员中有4名均认识到毒品对自身的危害至深，也表达出戒毒脱毒的决心，开始思考困扰自己摆脱毒品的一些问题。

一是困于摆脱毒友圈子，反思交友观。吸毒未被抓的时候已经认识到毒品的危害性，但一直苦恼于怎么脱离毒友圈、回归正常的生活。他们认为进入强制隔离戒毒所是一种"解脱"，能够帮助自己成功脱毒。进所之后对往昔的吸毒生活进行回顾并反思自己的吸毒生涯，认识到错误的交友观。

> 其实我和我老公都知道毒品的危害性很大，而且我们都是有孩子的人，他也说过不想再过这种黑白颠倒的生活了，但是处在那个圈子里没有办法，只能这样。所以我和我老公其实挺想进来戒毒所的，觉得进来之后是一种解脱，进来就可以远离毒品，回归正常人的生活了，可以摆脱以前的毒友圈子。我老公是2015年10月份被抓的，当时被抓的时候他就说"这一天终于来了，终于要摆脱了"。其实我自己也觉得进来是件好事，我自己能感受到我脾气变得更暴躁了，朋友圈子也都是这些吸毒的人，我知道这样不好，浑浑噩噩的，但不知道该怎么办。我其实对我现在这样的家庭很满意，我自己差不多是没家的，所以我更珍惜现在的家庭，但是就是不知道怎么摆脱这个圈子，怎么摆脱这个毒品。（QMN）

> 现在想想其实他们真都不算是好朋友，也不知道我当时在想什么。我估计他们现在在外面正在讨论我呢，说我进去了之类的话。所以我出去之后绝对不会再去找他们，我觉得这些都不是真朋友，我之前的交友观是错误的。真正的朋友最起码应该是互相提供正能量的，但是我们当时就主要是在一起玩，唉，真的觉得蛮后悔的。（SK）

二是困于未来的生活规划，为吸毒行为深感自卑。对比吸毒

前后的状态，切身体会到自己的变化，并对吸毒之后的自己表示不满意。对未来的生活既期待又害怕，期待自己出所后能够回归正常作息，害怕他人用异样眼光看待自己的吸毒行为。

我出去之后肯定会自卑一段时间，我觉得，因为在里面待的时间久了，出去无法适应，这里都是军事化管理，快节奏，在外面多自由，在这里一天三餐的时间都是固定的。出去了怕别人用异样的眼光看我，毕竟在这里坐了两年的牢，吸过毒……现在马上就要过年了，明年再过一年就要回去了，我知道说这个太早了，我想会是这样……以前我是个很爱热闹的人，是大家的开心果，真的，不骗你，比如我们在一楼玩，在五楼都能听到我的笑声，吸毒之后，就不爱和别人交流了，不爱逛街，我本身就不爱逛街，感觉和别人格格不入，觉得低人一等，怕别人知道自己吸毒，怕别人看出来我吸毒，出去了之后想过正常人的生活，找个人嫁了。现在感觉过正常人的生活，按时起床、吃早饭，军训，定时开饭，就是按正常人的生活标准生活，生活规律，吸毒之后也会早起做早饭，但吃得少，没有胃口，不想吃。(HL)

三是渴望回归正常人的生活，体验亲情。能较快适应强戒所的生活并能调适好自己的心态，渴望出所后能够真正摆脱毒品回归正常生活，渴望得到亲情关怀。

我现在真的觉得毒品的危害性特别大，但我现在的心态变好了，我觉得自己进来戒毒所反倒对自己蛮好的，及早认识毒品的危害性，尽早摆脱毒品。反正我现在也还年轻，对毒品的依赖性也不是很重，趁着这两年时间好好改造，出去之后还年轻。我觉得这里就像是一个特殊学校，我们是这里的学生，在这里寄宿两年，出去之后更好地生活。我是想先在戒毒所里面好好养身体，因为之前吸毒不吃饭把身体搞垮了，希望出去之后能够尽快回归正常人的生活。现在才明白，

亲人和毒品比起来，亲人更重要，现在就特别想念我那个 10 岁的弟弟，特别想见他，我和他之间的感情挺深的。(ZL)

2. 依然沉浸在毒品中，无脱瘾状态

被访谈的 6 名学员中有 2 名学员尽管被拘留多次，即将强制隔离两年，但并未真正意识到毒品的危害性，处于"失重"状态。

一是不能正视自己进入强戒所的行为，存在侥幸心理。强戒所的成立最本质目的是协助学员戒毒脱毒，引领学员回归正常生活。但部分学员认为这是限制自己自由、阻碍自己玩耍的绊脚石。因此不能适应所内生活，一心想出去继续过黑白颠倒的生活。

因为我吸毒时间太长了，我爸妈不放心，还是希望我能够戒断，所以他们劝我来戒毒。说这里面有很好的医疗条件，还有心理咨询师。心里不舒服的时候就找他们聊天。我进来的时候是没有查到毒的，我爸妈把我骗过来的。但我进来之后发现这里的环境和他们描述的完全不一样，我要是真在这里待两年的话我出去之后肯定得进精神病院了。这里心里不舒服的还得打报告，处处受约束。所以我让你给我爸妈打电话让他们快点把我接出去，我接见的时候民警会对我们的电话进行监听，我不敢说让他们把我接回去。真的，我到现在还不能接受我在戒毒所这个事实。(ZN)

二是不能正视家庭关系，不能理解父母对自己的关爱。错将父母对自己的关爱理解为对自由的束缚。

是的啊，我就是他们老来得子，所以他们对我很宠啊，我要什么就给我什么，我要天上的星星他们还真给我去天上摘星星呢！本来就是这样啊，他们从来没打过我，包括我辍学我吸毒他们从来没有打过我，只会说我。后来就管不住我了啊，我也不要他们管。(JL)

三是没有正确的戒毒态度，被动戒毒。在进入戒毒所之后并未反思自己进来的原因和目的，仍然怀念并期望尽快回归外面的玩乐世界。没有形成正确的戒毒态度，排斥戒毒所的生活。

> 我今天找你是想问你，我把我家里人的电话给你，你可不可以给我家里人打个电话，告诉他们我真的不适应这里，你给他们转告一声让他们把我弄出去，说真的，在这里面我待得太压抑了。我家里人都是知识分子，我们家在当地还是比较有名望的，我出去之后肯定会当面感谢你，真的，我家里人肯定也会感谢你的。你看我吸了这么多年啊，一次都没有被警察抓到过，我吸的时候很谨慎很小心的，一般只会在自己家里吸，这次要不是我爸妈把我骗过来我是不会进来的。(ZN)
>
> 都怪外面那个女人，要不是她点水把我弄进来，我现在还在外面潇洒呢。什么正常人的生活，我刚进来的时候脑海里一片空白，完全适应不了。最适应不了的是这里的作息时间和背书，天啊，每天起这么早，什么事情都要排队，打水要排队，洗衣服要排队，真是急死人。以前在家里的时候想睡到什么时候就什么时候。我在外面都没人管我的，我爸妈都管不住我，来了这里还这么多规定。我知道这是正常的作息时间，干部（学员对民警的称呼）是在帮我们回归正常人的生活，但我自己还是喜欢外面的生活，想玩就玩，想干吗干吗。(JL)

第五节　总结与建议

青少年吸毒群体的规模日益扩大化，所引发的其他犯罪问题也越来越多。戒毒工作不仅仅局限于强制隔离戒毒所的干戒过程，戒毒是一项复杂的系统工程。结合本章对社会整合失灵与被动吸毒行为的构建过程的解释，建议从预防和回归两个角度着手促进我国的禁毒戒毒工作。

1. 构建边缘群体的防线

针对初级群体整合危机的多发和高发，特别是家庭功能受损等现状，应当建立可得性较强的社会救助体系。在即将滑入边缘群体的情况下，对初级生活系统无助者开展对应的社会工作干预，帮助其恢复或重建社会支持，达到预防吸毒及其他越轨行为的提前干预。由于缺乏必要的社会救助和干预机制，青少年辍学、成年人离婚等诸多困境下呈现的迷茫和无助均得不到有效支持，在此状态下由于社会免疫力下降，踏入边缘群体并发生越轨行为的可能性非常大。目前阶段我国主要针对已经发生的吸毒行为开展禁毒戒毒工作，尽管国家投入成本高，但复吸率、吸毒人数只增不减，这也提醒我们可以将禁毒戒毒工作提前化，从预防着手，构建边缘群体的防线，通过社工干预防止其跌落为边缘群体，从而有效阻止吸毒及其他越轨行为的发生。

2. 初级社会群体的修复

无论是主动还是被动接触毒品的吸毒人群，最终都面临一个困境，即如何从毒品和毒友圈中摆脱出来。这需要来自家庭、社区、社会等多元一体的社会支持系统的帮助，即修复吸毒者的初级社会群体。中国的戒毒模式采取的是以自愿戒毒、社区戒毒、强制隔离戒毒三大戒毒措施为主，社区康复为辅，戒毒药物维持治疗、戒毒康复为补充的戒毒体系。从目前的实施情况来看，无论是机构戒毒、强制隔离戒毒还是社区戒毒三者之间都是互相孤立存在的，机构和强制隔离戒毒所主要采取干戒模式，在此期间并没有对吸毒者的初级社会群体进行关注，社区戒毒也仅流于形式，起到的作用不大。在以吸食新型毒品为主的毒品形势下，戒毒最主要的工作是戒除心瘾，而这一心瘾的根源在于其初级整合系统中的亲人、朋友、社区邻里对其吸毒行为形成的社会歧视、排斥，进而在亲情、就业、交往等社会支持上存在巨大鸿沟，想回回不去，只能退回至原来的毒友圈子。这种情况下，我们必须对其初级群体进行有效修复。

首先，建立认知能力。吸毒者普遍有种"吸毒前如老虎，吸毒后如老鼠"的心态，这反映了吸毒群体内心的自卑和自我降低意识。通过干戒等疗法成功戒除身体的毒瘾后，吸毒者对自己本就存在一种贴标签行为，认为自己曾经吸过毒犯过错，很难再回归正常生活。应该帮助吸毒群体构建正确的认知能力，无论是吸毒前还是吸毒后。

其次，培养回归社会的技术处理能力。吸毒者戒除毒瘾后面临回归社会、再就业的问题，其间会遭遇社区歧视、就业歧视等各类因贴标签引发的不平等待遇。面对这种情况，强制隔离戒毒所应该和家庭、社区、戒毒机构联合构建吸毒者的社会支持网络，并培养其回归社会的技术处理能力，帮助他们在面临各方面歧视的情况下有效突破自我，开启正常人的生活。

最后，协助制定合理的人生规划和职业规划。青少年处于人生初期，未来还有很长的路途要走。合理的人生规划和职业规划不仅是普通人的生活意义所在，也是青少年吸毒群体觉得生活有意义有希望的根本。与此同时，借助健康的职业平台能够替青少年戒毒群体嵌入正常的社会关系来代替之前的朋友圈。

第五章 失重、迷失与失足：流动 青年吸毒的一个解释框架

根据调查发现，流动与吸毒存在相互促进的影响。一方面，流动人员从原住地到外地，脱离了初级群体的监管，受到吸毒亚群体的引诱，加上青少年自身的叛逆心理，为其接触毒品提供了机会窗口，增加了其吸毒的风险；另一方面，吸毒人员由于标签顾虑，为了躲避原社会圈子的压力与排斥，会离开原住地而强化流动。本研究通过对戒毒人员的访谈、档案查阅、警官访谈，深入分析其在流动过程中的心理行为特点或潜在的风险点，探索其流动经历过程中的风险因素。

第一节 社会环境切换与秩序失重

调查发现，湖北省强制隔离戒毒所里的流动青年涉毒的时间往往是流动初期，大都在流动初期三年以内的时间阶段。这就意味着大部分涉毒青年的年龄往往较小，甚至是未成年。

> 十六七岁时辍学，然后就跟着一些朋友出去玩，十八九岁开始吸食海洛因。（HNLY）
>
> 16岁时，妈妈支助，姐姐协助，在苏州开了个小饰品店，半年多，不赚钱开不下去了，关了店子。之后……吸上了毒。（HNWYJ）
>
> 18岁时，就出社会，打工，在酒店当服务员，接触了一些社会朋友，染上了毒品。（HNSFY）

年龄小、辍学、就业层次低，在劳动力市场中处于次级劳动力，甚至面临较高失业风险，这些共性的因素意味着此类青年或青少年在从家乡外出到陌生的城镇中时，自我鉴别能力、社会控制能力均比较弱。在此背景下，其就业、经济条件、思想动态、认知与社会把握能力都处于一个急剧的转换、冲突状态。青年流动人口在外出务工前，处于农村熟人社会或校园文化生活，社会秩序是信息对称、信任充分、人际交往比较亲近、自然状态下的熟人秩序。但外出务工后其人际交往圈切换为陌生人社会，信息不再对称——管理人员与工作交往人群的信息完全不同于学校的师生关系、同学关系与村里的亲邻关系，由此人际关系信任的社会基础不再具备。或者说务工青年，尤其是年龄较低、心智还不够成熟、社会经验还不够丰富的部分青年，在切换到新的不熟悉、无信任基础的新社会秩序中时，在这种切换与过渡阶段容易出现心理失重。

> 我当时初二不上了，过年之后就跟着一个同村的堂姐到武汉，刚刚到武汉是在一个餐馆打工。过了两个多月，堂姐因为家里有事，她就回去了。我一个人在武汉继续打工。我对武汉觉得很新奇，就喜欢到处玩，特别到一些景点和逛街，就玩不够。但我知道自己没钱，当个服务员也挣不到钱，根本就不够我花的，所以，只能看不能买。尤其是晚上，总感叹自己命不好，太穷了。就想找个男朋友，给我些钱花。后来就找了个搞装修的，然后就跟男朋友在一起了。当时没觉得什么，后来同居了一个多月我才知道他吸毒。后来我也跟着吸了。（HNJSX）

> 在家里面的话，就不会出去玩。我家族比较大，我家之前在农村，亲戚很多，就这样的事，担心叔伯们会看笑话，说我家没教好、没家教啊，担心爸妈被他们指点，抬不起头来。（HNWXN）

> 那时候不知道这个是毒品，但感觉这个东西不对劲。三四天后，朋友又约一块玩，我问他们才知道这是毒品，是犯

罪的，问会不会上瘾，他们说不会。我半信半疑，有点侥幸心理，认为没事，就又吸了一次。后来遇到不开心的事，就会去吸。（HNYXQ）

我们从前述三个案例的吸毒"经历"可以发现，他们在接触到"吸毒"人群或面临吸毒风险前是"信息不对称"的——他们不知道他们遇到的朋友甚至恋人是"风险"，交往初期由于陌生人而处于信息不对称的状态。更重要的是，这种信息不对称又没有第三方其他人可以进行了解，家人等更不可能在场给予借鉴或帮助。特别是在所谓的"朋友"刚开始就故意隐瞒的情况下，这种信息不对称就导致涉世未深的青少年在"未知"的情况下陷入涉毒的风险中。失重就是在这种本来信息对称的熟人社会秩序转向陌生秩序过程中，流动青少年新的社会经验与秩序系统尚未健全甚至未建立时，面临一些风险或诱惑时丧失自我意识、鉴别能力，尤其是丧失行动控制能力而失去生活重心的状态。

简单地讲，失重是流动青年在面临社会秩序系统发生切换时失去重心的状态。这种失重是流动青年面临风险时失控的诱发机制。就人的社会化进程而言，外出流动务工的青少年由原来比较熟悉的家庭和学校环境进入一个陌生的流入地，由农村进入城市，其生活的客观环境发生了天翻地覆的改变，内心受到较大的文化差异的冲击，甚至是产生文化震惊。这种冲击与震惊导致流动青少年的日常生活与心理重心失去了稳定。他的社会认知系统与心理平衡机制被打乱，家庭的约束、亲朋好友的借鉴与帮助、熟人社会的信息透明机制与信任机制通通"失效"或根本不具备，社会学称其为初级群体的脱离与社会秩序系统的切换。

在流动青少年外出务工前的初级群体秩序中，成员之间的交往是充满感情的、深入的，成员之间的互动是频繁的、持续的。初级群体成员之间的交往互动既有信息的通透性，更具有精神支持、情感慰藉、心理认同的稳定性。但因为流动而发生社会秩序切换后，青少年远离初级群体，部分青少年缺乏家人的关怀、朋友的支持、社区的帮助，就像沙漠里的一棵小草、大海里的一叶扁舟，面对大都市的芸芸众生内心却充满匿名感、自卑感，而缺乏存在感、融入感，找不到把握社会秩序的重心。

这种失重状态的出现，就导致青少年面临风险点时并不自知，也没有秩序的其他力量帮助他们鉴别或筛选、过滤这些风险因子。比如，在家乡，吸毒是很严重的、不被接受的行为；而在大都市流入地，流动青年由于缺乏亲密的、稳定的社会关系网络，会产生一种匿名感受，行为的约束性降低，容易引发吸毒行为。所以，失重状态的青少年很容易发生越轨、失范，吸毒只是其中一种可能。其他可能性还包括卖淫而成为职业的性工作者、成为盗窃犯罪团伙成员等。所以，就社会秩序切换的失重风险而言，流动青少年的吸毒及其他类型的越轨风险都具有一定的社会建构前提。①一旦这种建构条件出现，而相应的风险防范机制与第三方（政府的、公益的）救助机制又不健全的情况下，部分青年人群往往会不自觉地陷入"失范"泥潭。由此，失重状态是一种社会秩序、信息机制、价值观念的切换与混沌、冲突与重建的过程，而风险点在此过程中出现就很容易形成越轨行为。

第二节　认知规范模糊与生活迷失

失重状态主要关注的是社会秩序层面，社会支持缺席。如果在青少年失重状态产生的初期，有社会支持力量帮助或给予指点、约束，就会中止失重而返回正常的社会秩序中去。如果是社会支持力量缺席，流动青少年往往会过渡到生活的迷失状态。所谓迷失，就是指流动青年的认知、规范、生活方式的变化。相对于外出务工之前，青少年在学校是以"升学"为明确的目标，整个生活系统都是围绕学习、升学为目标的，生活系统的目标清晰促成整个生活状态的清晰，日常生活的感觉也很明朗。在家庭生活方

---

① 刘成斌、季小天：《青少年吸毒的社会构建及其治理》，《华中科技大学学报》2015 年第 4 期。

面，原来整个生活规范也是非常明确的，在熟人社会系统内的每个成员在情感、存在感、归属感方面都处于自然融合的状态。但失重状态出现后，面临迷失状态，其个性、情感、生活等方面都迷失了自我，随波逐流。而原有的社会支持又缺席时，生活系统就会陷入迷失而找不到正确的人生航向。

流动青年生活系统、社会系统失重之后，他的交往朋友圈、他的情感世界、他的生活就业都会变得迷茫，他不知道该建立怎样的生活方式，没有方向目标，没有方法途径，迷茫地探索前行。

首先，青少年的叛逆心理决定青年人群本身就处于一个迷失的状态。青少年处于一个急剧变化的时期，随着年龄的增长，其知识不断增加，认知得到发展，其自我独立意识也日渐增强。青少年开始意识到自己是一个独立的个体，急于挣脱父母长辈的管教，表现自我，展现自己独特的人格，因而对生活中的任何问题都要用自己的观点加以评判。部分青少年过于坚信自我，对父母、老师的建议不辨好坏一律驳回，形成了青少年时期的叛逆心理。加上青少年正处于精力旺盛的时期，对这个世界的探索和认知兴趣空前高涨，对于任何事物都具有强烈的好奇心，越是不让做的事情越想去做，以获得一种精神上的刺激快感。尤其是对于毒品等封闭禁锢的事物，更为好奇、向往。

20岁时，跟朋友来武汉黄石玩，在这认识了一些朋友，给介绍了工作，就在这边打工。家里人不知道我到这边，都是自己从家跑出来的，那边对女孩管得比较严，不让出来，我偷偷地出来，家里知道了还不打死我。在家里都不会吸毒，连吸烟都不知道，更别说吸毒了。那不行的，家那边，连吸烟都看得蛮严重的，一个女孩子，这样不行的，不能跟他们说，他们接受不了，不敢说。（HNSFY）

爸妈叫我回家去，不想回去，那时候叛逆，想自由一点。（HNYXQ）

当时玩得有点疯，朋友又说，少玩一点（毒品），第二天

就醒了，别人也看不出来。（HNWXN）

　　男朋友，刚开始我不知道他吸毒，他问我说，"我吸毒你信不信？"我说不信，然后他又说可以为了我戒毒，当时我就想，不是说毒很难戒吗，他都愿意为了我戒毒，那肯定是还不错的，就在一起了。（HNNM）

　　其次，受越来越开放的文化影响，流动青年的情感观念也发生了变化，变得更加开放化、快餐化，缺少婚姻的责任感和神圣感，形成同居式的伴侣关系而非稳定的婚姻夫妻关系。一是同居和婚姻具有不同的性质。婚姻具有社会属性，不仅有伦理道德的约束，更重要的是有法律的保障，婚姻的夫妻双方承担更多的责任，相互支持，共渡人生难关；而同居多是一种人性本能的驱使，没有法律的保障，只是彼此情投意合，伴侣双方追求个性和独立，没有共同的责任，大难临头各自飞。二是婚姻和同居的社会认可不同。婚姻中夫妻双方共享资源，具有经济的保障和社会的情感支持，使家庭与社会的关系更为稳固，更有利于社会的稳定；而同居的双方伴侣，由于彼此的独立性，没有得到双方的家庭认可，不具有稳定的社会支持网络，会承受来自各方面的压力。三是婚姻和同居带来的幸福感不同。婚姻中的夫妻双方较为专一，生活幸福感较高，有利于身心健康；而同居伴侣的专一性、生活的幸福感和持久性都低于婚姻。

　　一年后，我发现男友吸毒，K粉和冰毒，劝其戒毒，无果。2010年，快年底，两人去武汉进货，我跟男友吵架，男友在水果批发市场忙，我就出去转转，偶遇宜昌的朋友，问我搞不搞，我想着男友吸我为什么不吸，然后就跟着一块吸了。第一次试了冰毒和麻果，男朋友不知道。听说冰毒不上瘾，对自己有信心，也想证明给他看，能吸也能戒。（HNZCL）

　　有一次有一个月都没吸了，后来因为两个人吵架，心情不好，他打电话让人送来一点，两个人就坐在屋里，各吸各的。后来有一次被拘出来后想戒，意识到要脱离这个圈子，

但男朋友不想，就算了。（HNYXQ）

也是跟我老公吵架，心情不好，就去买货，又复吸了。（HNLY）

回了县城，发现前男友有了新女友，心理很不平衡，伤心，觉得自己无用，又复吸了。（HNZCL）

流动青年在城市打工，由于情感上的空虚往往会与他人较快地形成性伴侣式的同居关系。这种关系缺乏社会规范的认可，缺乏正式的约束，一旦遇到问题很难调解。既然不能调解，伴侣双方就会通过别的途径来解决问题，如逃避事实，通过吸毒来麻痹自己。这种伴侣关系对双方的人生发展都没有促进作用，甚至会出现报复、竞恶的现象。

第三节　群体交往压力与人生失足

失重与迷失是强调流动青年面临秩序切换时出现的社会系统与生活系统混乱状态，而导致流动青年吸毒的最后一根稻草是吸毒亚群体。我们在调查中还发现，吸毒青年几乎没有是"一个人自我吸毒"的，都是在他人教唆或者在群体玩乐时吸毒的。这一现象笔者概括为群体交往压力，具体是指失重与迷失的青少年即使个人内心有抗拒毒品的本能性自我保护意识，但在群体交往的场面压力或情形压力下，也往往会导致人生失足而陷入吸毒。失足，是指吸毒的行为结果。失重与迷失的流动青年人，在参与群体活动的时候，本身就有急切寻求社会支持，寻求归属感、存在感的强烈需要，这时他们对自己、对环境都失去了控制，失去了辨别是非的能力。

有一次，有个朋友生日，晚上到酒店里，朋友拿出麻果和瓶子，说这个最近很流行的，想和他们一起玩嘛，然后我和男朋友就试了试，那是我和男朋友第一次吸。第一次被拘出来后想过戒，但朋友一叫，就一块去了，不能不给朋友面

子。(HNYXQ)

那时候我 18 岁吧，在宾馆，朋友生日聚会，我喜欢这种热闹，想跟大家一起玩儿，当时有很多人，有吸 K 粉的、溜果子的、玩冰毒的、吃摇头丸的。朋友给我了个摇头丸吃，然后吸了点 K 粉，又溜几口果子，一样试了一点点。后来朋友聚会就一块玩，有烦心事就溜果子，就没那么痛苦了。被拘、被抓后，想过不吸了，但是朋友一约，又去了。(HNWYJ)

哥们结婚，参加完婚礼后，一群人聚一起玩，大家一起当时是很高兴的，我不能扫兴，我也跟着一块搞。(HNZCL)

在聚众吸毒的过程中，不管别人有没有教唆，处于这个吸毒的环境中，就会出让自己的控制权，跟随他人吸毒。流动青年的自我意识迷茫、家庭系统缺失、社会规范模糊，再受到吸毒亚群体的影响，很容易产生吸毒的越轨行为。

刚开始出去玩，他们吸，问我有没有玩过，我说没有，他们也没有劝我。后来时间长了，跟他们去玩多了，感觉跟他们成了一个圈子的人，大家都是好朋友，融合在一起了，都是自己人，就对他们也有一些信任，看他们吸完了就跳舞啊，觉得好像还挺好玩的，就吸上了。(HNWXN)

朋友开卡拉 OK 的，刚好我那两天有些生病，难受，朋友说搞两口就不难受了，他没有非要我吸，只是建议性的，但我相信他说的，我就吸了两口。(HNNM)

从调查材料可以看出，在流动青年失足的过程中，吸毒亚群体扮演着很重要的角色。流动地同龄群体对流动青年有着很强的影响力，同辈群体的规范和价值观是流动青年继续社会化的重要参照系。流动青年为了更快地融入同辈群体中，起初会选择性地模仿流动地同辈群体的某些行为、爱好，但是随着时间的推移，受到这种亚文化潜移默化的影响，流动青年的整个人生观、价值观、思想行为都会发生同化。

流动青年深陷毒品的泥潭中，还有一个重要的因素是标签顾虑。标签理论认为，一个人之所以在越轨的道路上越走越远，是由于社会环境中的人们给其贴上了越轨的标签。个人对自我的认知来自周围人们对自己的评价，当周围的人们都认为某个人是个罪犯，那么这个人自己也会觉得自己是个罪犯，从而继续扮演着罪犯的角色。吸毒青年由于一次失足，就会被毒友认定为吸毒同伴，拉着他一起吸毒；会被家人、社会怀疑个人品行败坏，不被接纳、信任，把他推向吸毒的圈子。因此，一旦吸毒，就很难摆脱吸毒的标签，很容易在毒品的道路上越走越远。

> 吸毒后，跟亲戚、以前好友的联系都淡了，心虚，不好意思。第二次进拘留所，出来时我爸去接的我，跟我说有两个选择，一是从此断绝父女关系，二是离开县城出门去。那我肯定选第二个了，小县城里，什么事都知道，我爸估计觉得不好意思，我也觉得再留下来没脸见人，然后我就去了温州。想过戒，但是怕闺密、父母、警局知道，不敢寻求他们的帮助，每天担心、着急、害怕、恐慌、空虚。（HNZCL）

> 好久没回过家了，对不起家人，不敢接他们的电话，不好意思接他们的电话，不敢面对他们，怕。（HNSFY）

> 我还挺怕现在回去后，怕我爸妈伤心。我爷爷以前是地主，家族蛮大的，奶奶她们会说我妈没管好我，我爸自尊心很强，怕他们会伤心，都有点怕回去。（HNWXN）

流动青年被贴上了吸毒的标签，无可避免地会受到来自社会中不公正的待遇，会被区别对待，使得这些吸毒青年在以后的成长过程中受到社会的边缘化，难以融入主流社会中。而且对于正处于人生黄金期的青少年来说，原先美好的人生规划很可能难以继续发展下去，失去对美好人生的期望，吸毒流动青年就缺失回归正常生活的动力。加之流动青年心理承受能力和自身认知能力的不完善，再被贴上吸毒的标签后，很容易造成自我的迷失，不知道今后自身的角色该如何去定位，从此深陷泥潭。

第四节　讨论

乡村劳动力外出尤其是大规模青少年人群的外出，是与中国全球化和工业化进程相伴而生的。人口流动既为国家建设、社会发展提供了劳动力、市场支持，也同时面临秩序切换、心理变迁而形成的诸多风险。在当前经济快速发展而社会配套尤其是风险防范机制不健全的情形下，青年自身的阶段特征又扩大了包括吸毒在内的越轨风险的发生概率。结合本书中对流动青年人群吸毒的解释，笔者认为应当从以下角度健全社会治理的维度、加快风险防范系统的建设。

1. 对失重状态重建秩序系统与社会支持

首先，在人口流动政策方面应当鼓励并切实促进家庭化流动与发展。很长一段时间以来，城市仅仅是将流动人口当作所需要的劳动力，完全忽视了流动人口家庭生活的需要。很多的青壮年人口不得不选择与家庭分离的生活状态，形成了流出地和流入地都是残缺的家庭的局面，这是一种现实的、无奈的选择。这种残缺的家庭无论对于家长还是孩子都有着消极的影响，流动与留守的经历都会对青少年日后的犯罪风险造成隐性影响。[1] 以家庭幸福和社会健康为出发点，我们要创造条件，让孩子能够待在父母身边，跟随父母进城生活，更好地实现家庭的整体流动，更彻底地实现城市化。在今后的一段时期，会有更多的儿童加入流动人口的行列中来，因此，流动人口众多的城市如广州、上海应该更合理地安排城市功能发展与人口疏离的关系，在人口承载方面应该更多地着眼于城市的基础设施的长远规划与流动人口的健康发展。

其次，建立社会关怀，加强社会保障建设。城市要顺应农村流动人口进城的趋势，将其纳入城市社会保障体系，扩大社会保障的范畴，健全社会保障的衔接制度，逐步提高流动人口的社会福祉。将流动人口纳入城市社会保障体系，可以把长期生活在城

---

[1]　刘成斌：《农村青少年辍学及其原因研究》，《人口研究》2014 年第 2 期。

镇的流动人口纳入城镇居民基本保险，把生活困难的流动人口家庭纳入城市低保范围，把符合条件的流动人口纳入住房公积金制度，为流动人口子女提供平等的教育。

2. 对迷失主要是重建社会生活方式

一是改善流动青年居住环境。流动青年因为收入有限，一般租住在治安比较混乱、环境比较差的"城中村"。一方面，政府应加大对"城中村"的改造，以改造促整治。加大对市政设施、公共服务的投入，改善"城中村"的环境、设施，加强"城中村"的管理，逐步消除"城中村"现象，实现城市的现代化。另一方面，政府或企业加大对流动人口的住房福利。政府可根据城市整体发展需要，在城市外围建设一批廉租房或周转房，鼓励流动人口向外围发展，改善居住环境；政府或企业也可为部分城市内的流动人口提供保障性住房或一定的住房补贴等。

二是引导流动青年充分就业。外来务工青年人员找不到工作，无事可做，因年龄相仿、精力旺盛，就容易聚众生事，影响社会治安。政府应积极引导流动青年劳动就业，在流动人口聚居的地区实时发布招工信息，为其提供就业资源，引导其走进工厂、企业、服务行业、建设工地等，帮助其找到合意的工作。政府可根据实际的用工需求，链接用工单位的资源，为流动青年开办各种技能培训班，把流动人员打造成有用的技术型人才。

三是丰富流动青年文化生活。流动青年的文娱活动多为混迹娱乐场所、赌场、网吧或老乡朋友处，没有什么思想追求，空虚无聊，麻木不仁，喜欢刺激，请客时渐兴 Hi 粉 K 歌，朋友老乡聚会要赌酒赌博，往往不经意间染上毒瘾。流动青年文化生活匮乏，用吸毒以打发空虚寂寞。因此将流动人口纳入本地居民文化生活范畴，同样地组织发动，让他们同样地参与，帮助流动青年更好地融入居住地社会生活，减少文化上的匮乏。社会参与的增加、认同感的上升、堕落意识的减少，将有助于抑制流动青年人群吸毒。

3. 对失足主要是重建自信和增加关爱

一方面重建吸毒流动青年的自信心，让吸毒青年明确"毒可戒"的信念，并树立"我能戒"的信心，鼓励吸毒流动青年采取行动以戒除毒瘾。在戒毒所中，要加强对吸毒人员的毒品教育，增加其对毒品的认知，了解毒品的类型、特点和危害，了解毒品的作用机制，明确毒瘾难戒的深层次原因，认知到毒瘾是可以通过治疗而彻底戒断的，增强吸毒流动青年戒断毒瘾的信心。

另一方面加强社会对吸毒流动青年的鼓励和关爱，避免给吸毒人员贴标签。人们在对待吸毒人员时，会对其产生隔离和排斥。这种不安全的忧虑使得大部分社会主体不愿意接触吸毒人员，吸毒人员也因为担心家人、朋友异样的眼光，而离正常的社会支持网络越来越远。要转变社会公众的观念需要一个过程，需要公众舆论的倡导。媒体宣传方面可以呼吁广大社会公众本着以人为本的思想以宽容的态度接纳他们，平等地对待他们，至少不要排斥他们，让他们感受到社会这个大家庭的关怀，在社会中找到一席之地，找回做人的尊严。

第六章 青年女性戒毒者同伴关系研究

——基于湖北省女子强制隔离戒毒所的调研

目前研究者更多关注戒毒者的吸毒阶段的同伴关系特征、形成原因以及回归阶段的同伴支持现状和影响，对强制隔离戒毒阶段的同伴关系关注有限。在强制隔离戒毒阶段的一年半至两年的时间里，戒毒同伴是其日常主要接触对象之一。本章节的目标在于通过描述戒毒所内戒毒学员同伴关系现状，探讨戒毒管理的相关需求。

本章主要采用实地研究法从湖北省女子强制隔离戒毒所收集第一手资料，调查时间为 2015 年 10 月至 2017 年 3 月，具体调查对象主要有该女子戒毒所的戒毒学员和教育管理科干部、一线警官。在这一研究过程中，通过与该所干部、警官座谈，了解该所目前的管理方式、教育方式以及戒毒学员整体状况；查阅戒毒学员档案、周记、思想汇报、检讨书等材料，对戒毒学员的背景信息和在所内的日常生活、思想动态加以了解，并有针对性地筛选相关访谈对象；同时在调查研究中，对 11 名戒毒学员进行一对一的半结构式访谈，深入挖掘访谈对象的家庭背景、吸毒史、吸毒原因以及所内戒毒生活现状和思想动态。

该所主要收容湖北省内成年女子吸毒者，这 11 名戒毒学员都是在湖北省本地吸毒被捕，大部分学员的户籍地也是在湖北省。访谈对象的年龄为 20~30 岁的有 6 人，20 岁以下的有 2 人，30 岁以上 35 岁以下的有 3 人。她们主要吸食新型毒品（麻果、冰毒和 K 粉），吸毒史在 8 年及以下，且都是一进宫（第一次被强制隔离戒毒）。她们学历较低（主要集中在初中，并有 5 人有辍学经历），职业方面工作不稳定或无业，其中有 6 人被抓之前在 KTV 工作，有 2 人被抓之前长期处于无业状态。

在这 11 名访谈对象中，除有 1 人称自己是被父母伪造材料和证据送来强制戒毒，其余几乎都是因在本地吸毒被捕而送往该所强制隔离戒毒，即这 11 名戒毒学员都是通过正式的司法程序进行强制隔离戒毒。从个人意愿上讲，她们都是被强制戒毒。笔者试图通过访谈法、观察法，研究该强制隔离戒毒所内戒毒学员之间同伴关系的存在形式。

第一节　同伴管理中青年人的自尊心与平等诉求

为方便管理，戒毒所院内设有安全员、班长、包夹、生活委员等角色，习艺车间设置车间管理员、小组长、小护士等角色（下文简称为骨干学员）。其中安全员负责协助值班警官对该队戒毒学员的管理工作，如果以校园来做比喻，安全员组成的组织就相当于学生会，负责协助管理和组织；班长主要负责班级的日常管理工作，这相当于校园里每个班的班长；包夹主要负责帮助新学员适应所里的日常生活，在新学员适应所内规矩和环境过程中扮演极其重要的角色，好比校园班级的副班长；生活委员则主要负责协助班长和包夹进行生活管理，例如统计加餐情况。在习艺车间里，车间管理委员的责任主要是协助习艺车间的主副班管理该队所有小组、车间人员调动、出工学员排班等；小组长负责管理和监督小组学员生产质量、数量和习艺生产的纪律；小护士主要负责协助医生、组织学员吃药和喝水。无论在院内还是在习艺车间里，骨干学员与普通学员之间存在明显的管理与被管理关系。

正是由于这种管理与被管理的关系，普通学员与骨干学员之间产生一些摩擦。一方面是新进青年学员对强制性、纪律性的环境不适应——他们在外面都自由散漫惯了，骨干学员是该所规章制度的直接实施者和维护者，普通青年学员对规矩不认同、不遵守就直接作用于骨干学员，易出现普通学员对骨干学员的挑战、不服；另一方面在言谈举止上，骨干学员相对普通学员具有更多的优越感，两者之间的这种不平等造成彼此不平衡。

> 包夹就是常说的师傅，主要是教新学员，引导她们，新学员刚来嘛，难免会有消极的情绪，不接受现实，她们在外面散漫惯了，包夹就教她们规矩。包夹教她们，她们会抵触，说你凭什么管我。（戒毒学员 MLQ，新班班长）

> 自己做的事都尽量做好，不让班长说，年轻人嘛，说就很没面子，我和班长没有冲突，刚来的时候有些学员跟包夹有些摩擦，觉得不公平，她们认为都是穿同样衣服的，凭什么你来管我，心里很不服。（戒毒学员 HL）

> ……我们都是这里的学员，都是平等的，都是因为吸毒进来的，也都穿着一样的衣服，凭什么你就耀武扬威。（戒毒学员 ZL）

> 我……自尊心强嘛，年轻人都怕被别人打击，但我又不喜欢和别人争，别人做了就是做了，有时班长骂我们，刚开始觉得无所谓，但时间长了心里肯定不舒服……我也希望一种平等的关系，我们都是穿一样的衣服，一样都是吸毒进来的，凭什么你管我……心里不服你。（吸毒学员 LTT）

为了防止这些青年人的冲动与发生意外，戒毒所内戒毒学员的言行、思想动态处于严密的管控之中。警官和骨干学员时常关注学员的心理、情绪动态，同时规定每位学员每周写一篇周记，不定期写思想汇报。若出现打架斗殴等特殊情况，则需要写检讨书和事件经过陈述。为了加强对戒毒学员言行和思想动态的掌握，干部警官充分发挥了班长、包夹等骨干学员以及普通学员的作用。骨干学员的职责之一就是监督学员的言行举止，新进学员在考核通过之前，所有行动（如洗漱、打水、上洗手间、去其他班级）必须由班长和包夹带领或者跟随集体一起行动。考核通过的学员，则必须至少两个人分成一组，形成互监小组。学员之间的同伴关系不仅表现在骨干学员与普通学员上下级的监督关系，还表现在普通学员之间的互监关系。但这种管理组织框架与现状，与青年的自尊心、平等意识之间存在明显的矛盾，戒毒青年由于自尊心、年轻气盛，彼此不服，他们认为可以听警官的话，但不愿意听从同样是戒毒人员身份的各级管理者的安排。虽然基于纪律要求会"被动服从"，但是内心普遍存在不认同、不服气的问题，并由此引发诸多人际矛盾，直接影响戒毒人员的改造进程。

第二节　同伴矛盾：戒毒青年之间冲突、歧视与冷漠

学员间的同伴矛盾主要体现在学员矛盾、同伴歧视和同伴冷漠这三个方面。调查发现，青年学员之间一般主要因为两类事情引发矛盾：一是生活中具体的事情触发的矛盾和摩擦，比如打小报告、拌嘴、辱骂等；二是学员间的"气场"不合，互相"看不顺眼"、互相"不爽"而引发的矛盾，此类矛盾是非具体的某些事情，当事人难以说清缘由。但事后的悔改书、检讨材料都有表示"冲动、一时生气"的陈述，这表明青年人的年龄与性格特征是引发彼此矛盾的重要因素。笔者从访谈资料中总结发现，青年戒毒学员之间产生的矛盾主要有这样四个原因。

一是戒毒学员长期深受新型毒品的影响，脑神经不同程度地造成破坏性的伤害，戒毒人员在入所初期虽然逐步实现了生理脱毒，但毒品后遗症仍然缠身，焦虑、抑郁、妄想、敏感猜疑、敌对等精神和心理问题一直影响着戒毒人员的行为，毒品的影响仍是戒毒人员同伴矛盾的主要因素之一。二是新进学员占大多数，学员刚进女所，心情压抑，情绪不稳定，对事情的容忍度低，她们需要情绪宣泄和疏导，而这种学员之间的冲突矛盾反而是一种宣泄的直接途径。三是学员的家庭背景、成长环境和生活经历不同，生活习惯、脾气性格、行为方式各异，相互之间缺乏沟通和理解的环境下易产生关系不融洽。四是女性敏感、感性的气质特征对学员矛盾和摩擦也有一定的发酵作用。

……前几天那个LYM，我只是说了一句"谁放的屁"，她就立马说了十句，两个人就吵了起来。班长把我拉开说我，罚我对着墙站，我当然很生气，凭什么只有我一个人站，又不是我一个人的错。（戒毒学员QSF）

比如之前有两个学员，性格不合，互相看不顺眼，就因为背书的事，师傅（包夹）问谁的学习任务没有完成，其中一个人说另外一个人的没完成，那个人很生气，认为自己书没背完是自己的事，凭什么她跟师傅说（估计在当事人看来，那个人是在当着她的面向师傅打小报告），当时她拿起小板凳往那个人身上砸，师傅把她们拉开了。（戒毒学员MLQ，新班班长）

一个简单的小事就能起冲突，抱被子抱错了，新来的学员刚来那几天都要睡在大厅嘛，这样方便干部观察。早上抱被子的时候抱错啊，报数报错了啊，比如你占我前面，你中间没报，弄得我报错，我们两人都要受罚，到一边练习报数，这样就容易闹起来……因为一些小事情看不过眼，心理不平衡。（戒毒学员MLQ，新班班长）

戒毒学员之间的歧视主要表现在两方面：一是部分吸食不同种类毒品的学员之间存在歧视，即吸食新型毒品的学员和吸食传统毒品的学员之间相互瞧不起；二是部分学员之间由强戒前的经济条件、生活环境和强戒时的经济条件对比而出现的歧视现象。

（低头抿笑）还有一点，吸传统毒品的瞧不起吸新型毒品的，吸新型毒品的瞧不起吸传统毒品的，不相信你下次问她们。吸海洛因的人觉得吸新型毒品的人越吸越笨，脑子都吸坏了，吸成神经病了，觉得自己吸海洛因啥事没有，越吸越聪明；吸新型毒品的认为吸海洛因的没了那东西就跟神经病似的，那瘦得多可怜，造孽……（戒毒学员QSF）

这里的人都比较现实，吸毒的人嘛，都是在社会上混的人，有的有一些歧视，班长啊、包夹啊，有的穿的不一样，

有的穿的贵的，有的穿的便宜的……（两眼闪烁）（戒毒学员
HL）

同时，该所警官的管理理念是鼓励戒毒学员做好自己该做的，严格强调学员行为以戒毒所的管理规范、行为养成为标准，不符合规范和标准的学员会受到做卫生、写检讨、走队列等惩罚。

第三节　同伴互助：戒毒青年的互帮机制

戒毒学员的同伴互助主要体现在同伴教育、生活帮助和情感交流上。费梅苹认为，同伴教育是利用同伴之间的共性和相似性，通过榜样的示范带头作用，使同伴更好地接受信息，对同伴施加影响，并认为同伴教育是促使行为改变的非常有效的教育方式。[①]本书将同伴教育操作化为深刻意识到毒品危害、端正戒毒心态的学员向"执迷不悟"的学员讲述自身深受毒品影响的后果，并劝慰其端正对毒品的认识，利用这次强制隔离戒毒的机会好好改造，"重新做人"。同伴教育通常是由年长的向年轻的、吸毒史长的学员向吸毒史相对短的学员进行教育。

> 刚开始玩的时候很好奇，很兴奋，觉得很好玩……很多年轻人不知道毒品有这么大的危害，都是年轻好奇、觉得好玩（摇摇头）……这个真的是，蛮害人、蛮毁人的，我们也会对那些年纪小的学员说，好好戒，以后过正常人的生活，玩这个真的不好；像那种夫妻两个一起被抓的那种（叹气，摇摇头），那就算了，说了也不会听，救不回来了……我们班有个叫 ZGY 的，长得很漂亮，才二十一二岁，天天傻笑，你让她做什么她也做，你找她谈谈，她需要治疗，不能治疗，让她说说话、倾诉倾诉也对她有好处的我觉得，年纪那么轻，

---

① 费梅苹：《意义建构：戒毒社会工作服务的实践研究——以上海社区戒毒康复服务中的同伴教育为例》，《华东理工大学学报》（社会科学版）2011 年第 2 期。

蛮可惜的……（戒毒学员 QSF）

调查中发现，地缘关系对形成信任包容的同伴关系有显著影响。这种地缘关系包括被捕之前就已相识或相熟、在同一地方一起被捕、一起被送到该所强戒。在戒毒所内良好的共同经历也对良性同伴关系具有促进作用，例如曾经在同一班集体、曾被分到同一生产小组。学员之间形成良好的、互帮互助的同伴关系，使她们的戒毒生活存在相互体谅、相互接济、相互帮助的一面。

> 她们玩得好的，有的是老乡，有的同过班，还有一起连案的（一起被抓的）。（戒毒学员 MLQ，新班班长）
> 我进来的时候我老乡就给我送了些衣服和吃的零食，当时我和她走得还挺近的，她就没有老乡。所以我什么都和她分，哪怕是一块饼干我都会和她一人一半。（戒毒学员 ZL）
> 加餐这事儿吧，这个看个人经济条件。像那种无人接济的、家里没人管的，就无能力加餐嘛，有的人际关系好的，两人吃一份，有的比较有爱心的，自己吃不完，分一点给别人，都有。（戒毒学员 MLQ，新班班长）
> 还没被送过来之前，我们就很好，她教我很多，讲这里是怎么样的啊，怎么叠被子啊……我蛮感谢她的，教了我很多东西。（戒毒学员 HL）

来到强制隔离戒毒所，尤其是对于一进宫的学员而言，是人生中的一个挫折。青年吸毒人员以后的人生道路还很长，强戒期间需要适应新环境，需要学习所内规范和行为养成以达到戒治目标，同时，这些年轻人对精神慰藉、情感交流和情感宣泄的需求又比较强烈。

> 情感上的交流可能也是相互的吧，她对我好，我对她也好，当时我们关在荆州的时候，因为她吸毒太长时间了嘛，进了几次，伤了家里人的心，她家里人都不管她了，就没有

钱嘛，那时我们每周都可以接见，周二打电话，周三接见，家人来上账，我有钱，就找人给她买烟，她抽烟，我不抽，我对她也挺好的。（戒毒学员 HL）

我有什么事都跟她（一起进来的同乡）说，她有什么事都跟我说，我们之间没有秘密，甚至我们给男朋友写的信都给对方看（哈哈笑）。（戒毒学员 HL）

第四节　制度约束：戒毒青年的纪律规训系统

在组织管理上，戒毒所设有明确的奖惩制度。强制隔离戒毒所每月会对戒毒学员的行为表现进行考核，根据学员表现计分，按分数高低划分 A、B、C 三个等级，A 等可减少 5 天强戒时限，B 等可以减 3 天，C 等需增加 5 天。

每个月都有考核、评估，无重大违规违纪的每个月都会减三天，每个月加十分，一个月累积的可减期五天，但很难，一般都做不到。班长每个月减五天，包夹每个月减三天，包夹每月有考核，拿到 A 等减五天，但并不能每次都评上 A 等。就是 A 等减五天，B 等减三天，C 等加五天，做好自己的本分，一般都能拿 B 等，C 等就是做了重大的错事，像打架啊。（戒毒学员 HL）

由此表明，严格的奖惩制度将青年戒毒人员的行为以管理需求进行标准量化评估。从管理角度来看，这一措施很有必要，既节省了管理的时间成本，同时也旨在激励青年向上、有效约束其不轨行为。但从青年戒毒人员的内心需求来看，大多数戒毒学员的反应是"好好改造、好好表现，争取早日出去"，含义是说"好好表现"是路径、是方法、是工具，目标是"早日出去"。由此，青年学员们从"早日出去"的动机出发服从管理制度并好好表现，但心理上并不能内化、认同这些管理制度。

第五节　讨论

青年戒毒人群的规模与增长速度都表明当前戒毒形势的严峻性，而隔离期的青年戒毒人员的同伴关系又是其矫治能否成功达到戒毒预期的关键环节，由此相关的管理制度与措施需要进一步改革与加强。

1. 戒毒青年的情感需求与交往需求需要管理方给予重视

马斯洛需要层次理论认为，人类具有生存需要、安全需要、社会需要、尊重需要和自我实现需要。[1] 当学员的生存需要和安全需要得到一定满足之后，人际交往、同伴支持、友谊等社会需要自然成为学员的一大需求，这是出于本能的需求。以上青年戒毒人员所呈现出来的同伴教育、同伴互助和同伴间的情感依赖的关系形式，是自然、正常、本能的。社会焦虑和抑郁、孤独感、社交恐惧、幸福感等情绪体验，常常伴随着同伴交往过程，遭同伴拒绝、被同伴孤立容易使青少年产生社会焦虑和孤独感，受同伴欢迎、被同伴接受则会使他们体验到自尊与幸福，同时友谊不仅使青年有群体归属感，而且也是社会支持的重要来源。[2] 所以，同伴关系对青年戒毒人员的心理行为有着巨大影响，戒毒青年也有正常的心理、情感诉求。建设良好的同伴关系，有利于提高其心理健康水平，帮助缓解抑郁、焦虑、烦躁、敏感多疑等精神问题，有助于学员在同伴交往中锻炼人际关系适应能力，学习人际相处，最终有助于学员戒毒和回归社会。

2. 戒毒管理体制需以青年需求为导向进行改革

戒毒所管理理念背后的假设认为戒毒学员有很强的自制力，她们有能力自制、有能力管好自己、有能力自我修复，忽略了良好的同伴关系对戒毒学员情绪宣泄、心理精神问题方面的正面影

---

① 马斯洛：《人的动机理论》，许金声等，华夏出版社，1987。
② 陈少华、周宗奎：《同伴关系对青少年心理健康的影响》，《湖南师范大学教育科学学报》2007 年第 6 期。

响及同伴支持对激发戒毒动机的积极作用。

3. 戒毒管理理念与法律需要进一步完善

在戒毒理念上转变劳教戒毒思维和理念。《禁毒法》将吸毒者的身份重新进行了定位，即病人、受害人和违法者，把吸毒人群视为需要社会和政府关怀、帮助的病人和受害者，而不是单纯的违法者，所以在强制隔离戒毒过程中，它不应只是一种口号，要将以人为本、科学戒毒、综合矫治、关怀救助的戒毒原则落到实处，并强调要把学员当作"四人"：一是当作"病人"，不仅帮助强戒者治疗生理上的毒瘾，更关注心理上如何祛瘾；二是当作"受害者"，很多青年是在朦胧、迷失的状态下涉毒的，正视戒毒学员的人际交往、情感需求，利用关怀和帮助为学员修复社会关系网络是应当也是必需的"治疗"；三是当作"违法者"，利用教育、法制和帮教，对学员进行思想教育；四是当作"权益者"，强戒青年虽然是戒毒者，但依然需要保护其基本权益，应用更为人性化的管理方法培养和激发其主动戒毒的动机。

4. 针对青年人群的年龄特征与发展需求进行专业辅导

调查中显示，青年人群的情感具有强烈、易冲动、偏好程度高等特征。多数吸毒者第一次接触毒品往往正是由于朋辈群体的诱导、诱惑，在吸毒这条路上久久不能自拔很多也是受到毒友圈的影响，这说明对于许多吸毒者来说，如何辨别朋友、如何选择朋友、如何树立正确的价值观、如何抵挡毒友的诱惑、如何人际相处等方面是有缺陷的。戒毒所应结合青年人群的年龄与身心特征，建立正常的同伴关系、人际关系状态，进而改变其对人际关系的选择能力、是非价值观，这种从精神层面的改造才是最根本、最有效果的。

所以，无论是从戒毒学员的人际需求、情感需求出发，还是对青年戒毒与建设健康社会的终极目标出发，戒毒所的戒毒管理都需要进一步完善。

第七章　戒毒青年角色矫正机制研究

首先，现有相关文献表明，角色理论在戒毒研究中的运用已比较广泛，角色冲突、角色期待、角色体验、角色适应等在角色理论研究中关注较多，但是将角色理论运用到矫正工作的相对较少，在戒毒矫正工作领域的运用更是少之又少。其次，"戒毒青年"矫正的研究宏观上大多停留在制度层面，包括社区和强制隔离戒毒所戒毒管理模式的研究；在矫正方法上也以戒毒者心理治疗干预为主，注重"戒毒青年"的个人心理问题，解决心理障碍，戒除"心瘾"，或更多地关注"戒毒青年"的家庭环境因素，将家庭作为矫正工作的重心。所以，将角色理论运用到戒毒工作中，以强制隔离戒毒为研究背景，以 SG 与学员之间的真实互动为研究素材，初步探索角色理论在"戒毒青年"矫正中发挥的重要作用，也是本研究的创新之处。

本章采用的分析方法主要是"文本"分析。文本分析是一种从文本的表层深入文本的深层，从而发现那些不能为普通阅读所把握的深层意义的分析方法。它是指按照某一研究主旨的需要，对一系列相关文本进行比较、分析、综合，从中提炼出评述性的说明，采用的是客观、非接触性的描述。本研究中的"文本"即社工与学员之间的互动日记。在对互动日记这一文本进行阅读、归纳、分类等过程中，主要从戒毒学员的角色认识、角色扮演、角色支持等理论入手，因为吸毒这一事实表明戒毒学员在正常的社会化过程中遭遇了社会角色扮演的失败，而角色作为个人与社会联系的中介，既有个人对角色的认识、扮演、体验，也有社会关系、社会地位、社会制度等客观因素对角色形成牵制与约束。本研究将戒毒所社工 SG 与学员 JH 的交互日记作为文本，然后应用角色理论、社会化理论对其解读，从社工对吸毒青少年的干预实务中抽取、归纳和总结一套矫治工作模式，为日后的吸毒青少年改造提供借鉴与参照。

本研究中的"戒毒青年"JH 刚进入强戒所时无法摆脱"心瘾"控制，脱离了正常的社会生活，心理上不能接受长达两年的戒毒生活，产生角色不适，态度消极，严重影响了戒毒效果。SG 意识到 JH 所遇到的问题和产生的不适反应，以"爱心妈妈"的身份与其建立关系，并开展服务工作，帮助其尽快适应新生活、新角色，通过多种角色体验寻找亲情支撑、获得心灵上的力量，使其产生改变的动力和想法，鼓励其树立新期待，为回归正常的社会生活做准备。

第一节　角色适应

角色适应是指个体或群体因为情境的改变，社会期望的一整套权利义务和行为规范或行为模式发生相应的变化，所涉及的个体或者群体调整自己的态度、观念和行为，使之与角色规范相符合的过程。就戒毒学员的角色适应而言，在其被送往强制隔离戒毒机构之前，其人身是自由的，但进入强制隔离戒毒所之后，首先面临自由限制的问题。所以，大多数戒毒学员刚进入强制隔离戒毒所时"不习惯"被隔离、限制自由活动的生活状态。而且吸毒人员大多生活不规律、白天黑夜颠倒，但进入强制隔离戒毒所之后，必须按照管理规定按时休息、吃饭、劳动等，这对刚入所的学员来说是一个相当大的挑战，甚至有的学员情绪很激动，大喊大叫，要求"回家""放我出去"等，个别的还有自残行为。"戒毒学员"进入强戒所的角色首先是要由一个自由人转变到适应不自由的新环境，服从警员的管理与教育，并按照警官规定进行习艺生产，按时吃饭、休息等。而社工在引导戒毒学员适应的过程中并不直接强调纪律、规定等制度性因素，而是让学员抒发自己的感受，从个人遭遇、心情，到天气、班组情况这些鲜活的细节入手。

JH（2013 年 6 月 10 日）

今天有个学员因为违反纪律被批评了。

SG

今年的气温比往常是稍微低一点，不过在夏天有些凉爽的日子，当然是好好珍惜的。也许和家乡的气温有些不一样，不过，心情好，什么天气都会变得可爱。

在别人不愉快时给予安慰，或者考虑别人心理感受，知道如何不让他再伤心，你的理解和善意也是今天的善行。

JH（2013 年 6 月 15 日）

现在天气比我想象中的还要热，心情也浮躁，有些不适应，太热了。

……不知道为什么有些控制不住自己的情绪，有时还会和别人发生争吵，我有些担心自己会控制不了自己的情绪。

SG

天热人会有些心情不好，可是我们是自己心情的主人。应该会把它管理好，允许它在合适的范围内表达一些意见。但是不要让自己失去对它的控制。你明白 SG 的意思吧！

从社工 SG 的矫正技术来看，采用的是"教育寓于生活"的方案。社工 SG 从天气到心情，再引导戒毒学员成为"心情的主人"，而不是被情绪牵着走，"应该会把它（情绪）管理好"。这比直接诉求于制度规定并应用制度规定来训斥戒毒学员显然要更"以人为本"。这说明 SG 善于发掘学员的优点和潜力，通过安慰、鼓励对学员进行心理调适，帮助其积极适应新角色，并树立每日一善的目标，从行为上开始做出改变。经过一段时间的努力，学员 JH 开始发生了变化。

1. 认知改变

JH（2013 年 6 月 12 日）

一年一度的端午节到了，端午节是中国传统节日，是为了纪念屈原而过的节日。端午节所里给我们发粽子、咸蛋，中午、晚上还加餐，还特意给我们放一天假。

上午看电视、赛龙舟，没有看到一个完整的。每年过端午节我都在家吃粽子，看赛龙舟。虽说今年的环境和以前不一样，但还是能体会到在家过端午节的感觉。谢谢所里领导对我们的关照。

SG，端午节快乐，亲爱的家人们，端午节快乐。

SG

在这你能体会到家的感觉，SG 很为你高兴。说明你已经完全适应了这里的生活。希望你和你家人都能安好！

从整体的日记记录内容来看，平时生活过于单调、严肃的戒毒所在节日搞活动是 JH 角色适应发生变化的一个重要节点。具体来说，节日是搞活动的时间契机，而搞活动是建立良好氛围进而拉近学员心理距离、树立健康人文气息并引导吸毒人员进行角色转变、心理适应的重要手段。节日庆祝活动少了制度约束的硬性管理，多了自由娱乐与享受的生活情调，并让戒毒学员 JH 对警官关照产生了"在家过节"的感受，为其后来的心理转向奠定了基础。

　　JH（2013 年 6 月 14 日）

今天 SG 来看我，我很高兴。在和 SG 交谈以前的事的时候感觉自己心酸，差点没哭出来。

每次 SG 和我谈心我都会很高兴，没有忧伤。SG 也会尽量给我快乐。再想想以前，觉得我真的可耻，现在和 SG、学员们、民警老师们在一起真的很开心，发自内心的。回想当初对于我来说难以避免的，想着想着我就会流泪，是为自己流泪，流了泪我也会慢慢忘掉以前，忘了那些称之为"兄弟"的人，洗心革面、痛改前非，相信自己。

"弘毅笃行，从头再来，现在还不晚，坚持！"

SG

"弘毅笃行，从头再来，现在还不晚，坚持!"希望把这句话要说出来，还要做出来!

从 6 月 12 日过节到 6 月 14 日的认知转变在日记中清晰地表达出来，应该是 JH 心理变化的第一次重要转向——由吸毒、不适应强制隔离到认识到自己的状态"痛改前非"。这是一个非常重大的角色认知转变。角色认知是角色适应和角色转变的第一步，认知理论认为人的行为不是来自精神分析学派所说的本能，而是受制于人的理性思考，无法理性思考是因为认知受到了局限。[①] 同时，认知理论提供了一种新的工作方法的视角：通过改变案主的认知情况，提高他们的学习能力改变其学习方向和归因方向，使他们更好地适应环境。学员 JH 在 SG 的帮助下，已经感受到了强戒所生活的温暖，基本从心理层面接受了现在的生活，并产生了悔过心理，将吸毒成功归因于自己的问题，表明他的认识已经开始发生改变。

2. 行为改变

JH（2013 年 6 月 13 日）

过节休息一天又接着出工，可以说基本上每个星期都要出工，只是偶尔星期天会休息。

每天晚上都会先做些运动才睡觉，也许是没有习惯吧。第二天手都没有力气，胳膊还会疼。不过每天晚上都会坚持，认定一件事就不能轻易放弃，半途而废。

SG

习艺、运动、学习、写作，一个都不误。你合理地安排了你全天的时间，珍惜时间就是珍惜生命，你做到了! 这也是你感恩生命、感恩生活的一种方式，很不错! 你说认定了一个事情要坚持，要努力，我相信你以这种心态面对生活，你会获得很多方面的成功。

---

① 文军：《社会工作模式：理论与应用》，高等教育出版社，2010。

从戒毒学员 JH 心理认识上的变化到行为的调节是一脉相承的，正是心理认知的矫正与警官的教育、社工 SG 的鼓励，共同促使 JH 认识到自己的习惯、信念与行动等层面需要矫正，尤其是"不能轻易放弃、半途而废"的信念是 JH 心理矫正的积极信号。而社工 SG 也积极肯定其"感恩生命、感恩生活"，并鼓励这种心态的坚持、给予成功的期待。从角色认知到角色扮演过程再到角色期待在 SG 的实务操作中得到了潜移默化的糅合。

3. 情绪改变

> JH（2013 年 6 月 18 日）
>
> 今天不断和别人发生争吵，都是因为一些小事，然而不光是事小而且人也小。无数次想冲过去一顿暴打，但我只在心里想，我从来没有做出来，因为我知道不管谁先动手了也会都赖我一个人头上，所以我选择了让步。（不是让步，是理智处理问题）
>
> 晚上，我的想法在别人身上实现了，班长和别人打架，打完架他可为难了，因为他是班长，干部让他口头检讨，他不知道怎么说，最后我帮他解围。
>
> SG
>
> 你今天有"两善"：一是"宽容"，宽容别人对你的不好，克制了自己冲动的想法；二是"助人"，班长手足失措时，你帮他想了办法。"日行一善"你行了两善，超额完成任务了！

学员 JH 的角色适应包含了认知、行为和情绪上的转变，在与 SG 不断的沟通交流中，慢慢学会理性看待和处理问题，学会面对过去的自己，树立前进的目标，找到了生活的意义。因此，面对强戒所具有适应不良行为的学员，不仅要进行行为的矫正，更要达到认知、情感、行为三者的统一，才能真正促使他们发生改变。

第二节 角色体验

角色体验主要是通过学员对亲情的体验、对人际交往的体验、与他人之间的相互体验以及和 SG 之间的互动体验，帮助学员体验角色中的情感，体会角色带来的幸福感和责任感，领悟并学习如何成功扮演该角色。角色体验是实现角色期待的前提，也是角色矫正的重要途径。

1. 亲情角色的体验

（1）亲情的向往

JH（2013 年 6 月 5 日）

明天就要接见了，我很期待明天的到来，因为可以看到家人了，但不知道家人来不来，唉，好烦！

SG

JH：你很棒！用耐心代替冲动去处理一些难处理的事，你今天的善是"包容"，SG 觉得你做得很好！

（2）亲情角色的构建

JH（2013 年 6 月 25 日）

明天就是国际禁毒日，为了禁毒日，所里还举行了活动。其实我们一中队的去了就是在那听，最主要的是强戒的。

最开始先有 5 名同学发言，然后一一点评，都讲述了自己的故事，我很感动。听着他们讲述自己和亲人之间的故事，我不禁想起自己的亲人。

SG

我相信你听了他们的发言，心里涌起的是对亲人的思念，更多的是对亲人的"感恩"。今天的善就是你能够更深理解亲人对你的爱，而且想要通过自己的行动感恩于他们。以后自己也要善于发现自己内心的"美"和"善"，并在日记里反映出来，不能老让 SG 给你总结，你说呢？

JH（2013 年 6 月 6 日）

今天是会见日，早上怀着悲伤的心情在车间做习艺，突然听到干部叫我的名字。当时，心情一下子就变好了，在想是她来看我了还是父母来了。

当我到会见区的时候第一眼就看到了爸爸妈妈，拿起电话和爸爸对话，说着说着流泪了。男儿有泪不轻弹，我把眼泪又咽了回去。

从爸爸口中知道她也来了，突然有一种说不出来的感觉，不知道是高兴还是悲伤。因为她没有带身份证进不来，当时外面还下着小雨，我不禁又流下了泪。想和她说声"好好照顾自己"，但没有机会，会见完回到生活区走在篮球场上的时候一直盯着大门外的她，依依不舍。

还有件喜事要与 SG 分享哪，就是在我被送到这里的第二天，我姐姐的小孩出生了，是个漂亮的小姑娘，起名 YJX。

SG

JH：祝贺小宝宝 YJX 这个漂亮的孩子来到这个世界，也祝贺你当了长辈、成了舅舅，看到了父母，看到了有人在关心你，也看到了大家对你的期待。从今天起，你不但要扮演好以前的各种角色，而且要做个好舅舅。你的日记写得很好，加油！

SG 积极地倾听学员 JH 的体验感受，并及时给予反应，发掘事件背后的情感，帮助其感受内心的真实体验。通过为 JH 树立亲情角色榜样的力量，逐渐引导其感受家庭角色的责任，为自己树立标杆，增强自制力。引导 JH 感受家庭温暖，感恩于父母，重建儿子的角色。

SG 需要为"戒毒青年"构建社会支持系统，在此过程中，家庭给予最主要、最直接的支持，主要是情感支持和物质支持。通过对亲情的体验，激发其改变的动力，促进与家人之间的沟通，建立或强化与亲人之间的关系。

在角色体验的过程中，重点是亲情体验，亲情角色的体验在于唤醒"戒毒青年"对亲人的情感，通过回忆与亲人之间的故事，感悟亲情的重要，增强对亲情的渴望，产生对家庭角色的期待。

2. 人际交往的体验

JH（2013年6月8日）

转眼间，来这已经两个半月了，对这里有规律的生活也早已习惯了，来这两个多月曾看着老学员一个个离去，我看着又高兴又难过，当然高兴多一些，因为这么长时间有些老学员已经和我成了好朋友，是指精神上的好朋友。

……

我希望他们走出了这个门就要正正当当地做人，做一个知法、守法的公民。永远也不再走老路。

SG

和你交谈才知道你所说的精神上的好朋友是指给过你鼓励、给过你安慰、给过你勇气、给过你一些前进的机会的学员，他们曾带给你精神乐观向上的东西……一个微笑也可以是行善的内容。希望你也能在别人心中种下温暖，希望你能把温暖传递给更多的人。

SG鼓励学员感受他人传递的温暖，感受其他学员带给他的正能量，也希望他能够将收获到的真善美传递出去，形成一个良性循环，改变人际交往方式，提高人际交往能力，完善社会支持网络。人的生存与发展需要与他人共同合作，并依赖他人的协助，家庭以外的支持网络也是社会支持系统中的重要部分。

3. 教育角色互动与良性参与

JH（2013年6月21日）

每次SG来看我，我都很高兴，收获也很多，忘记烦恼。

SG是我在这里唯一可以自由交流的人，我感到很荣幸，每次有什么问题SG都会认真详细地和我说，一直到我明白其中的意思。虽说SG是"爱心妈妈"，但我已经把SG当作自己的亲妈妈一样看。

SG

你鼓励的语言是对 SG 最好的肯定，也给我提出了更高的要求。希望在你的帮助下，让 SG 成为一个好"妈妈"，我会努力的。

JH（2013 年 6 月 23 日）

因为要车间改造，这两个周日推迟到月底，原本以为要休息的我昨晚看书到了深夜。今天在车间没精神，更别提生产了。经过一番的折磨到了晚上却睡不着，可能是在想什么，但又没想什么，唉，烦啊，看书。

SG

我知道你在看《启迪人生的 108 个故事》，书是打发时间的好朋友，更是滋养心底的好朋友，学习书中的人物，学习书中的道理，更深入理解生活，更明确自己人生的目标。

JH（2013 年 6 月 24 日）

时间悄然划过，今天是我来省未戒所的第三个月，24 号这天我永远记着，是我人生的一个转折时间。

不过，最令我高兴的还是遇到了"贾妈妈"，还有这些坚守在自己岗位上的干部们。

SG

"24 号"也许带给你痛苦的记忆，但你可以将这一天赋予新的意义，我想你明白 SG 的意思。

赢得了"戒毒青年"JH 的充分信任和肯定，此时需要提出更高的要求，希望他能通过看书开阔视野，提升自己对生活的领悟能力，获得更多的正能量，并帮助 JH 在体验过去的痛苦回忆中赋予其新的意义，消除内心困扰，释放压力。

第三节 角色期待

角色期待是指团体中多数成员期望或要求其中某一成员做出

的某些应有的行为方式，即担任某一职位者被期待的行动或特质，其内涵包括信仰、期望、主观的可能性、权利与义务的行使等。角色期待主要在于使角色行使者明白其权利与义务，也即角色的学习。本研究将角色期待分为自身的期待和他人的期待，自身的期待主要指"戒毒青年"在经历一定的角色体验之后，自身对新角色产生的向往；他人的期待指对其想要扮演的角色提出的行为规范和要求。角色期待是实现角色矫正最关键的一步，也是角色重构的基础。

1. 自身的期待

（1）渴望自由

JH（2013 年 6 月 16 日）

今天是休息日，下午打篮球没有好好发挥，也许是许久没打过球的缘故吧。今天又一个人解救了，我当时正在打篮球，看着大门慢慢打开，看着他们走了出去，我还和别人撞上了，这下可撞疼了。

可以说今天还蛮开心的。

SG

看着开启的大门，相信你的目光中有祝愿，有渴望，也相信在你心中希望自己能够快点从这里走出去，让心愿实现，让梦想成真的唯有自己不断的努力和奋斗。

戒毒学员从自由身到强制隔离、从适应隔离环境再到回归社会是一个矫正、改造、等待糅合的过程。JH 平时虽然希望好好改造以早日回归社会自由，但毕竟没有直接的诱发事件，而其在打篮球过程中受到"今天又一个人解救"的刺激，应该是精神上受到了震动、刺激，因为 JH 注意力转移到了"大门慢慢打开"这件事上，还"和别人撞上"。打球过程中注意到有人被解救、看着大门打开以至于撞人这一连串行动表明了 JH 自我内心的触动、对自己回归社会的期待、对自由的渴望。社工 SG 也敏感地捕捉到了这一点并给予充分的信任，"相信你的目光中有祝愿，有渴望"，同时也鼓励学员 JH 需要"不断的努力和奋斗"。

（2）渴望回归家庭

JH（2013 年 6 月 3 日）

晚上打电话问明天的会见，当我听到爷爷的声音时，有种想哭的感觉，好像（想）家人啊，这是第三次会见，前两次都没来，这次也不会来了。

好想和爸爸说说话……如果当初没走错路的话，现在正在和家人一起看电视，那是多么美好的事情啊！

SG

一个美好的心愿和目标也是一种善！

通过对自由的渴望和对家人的思念表达了学员 JH 想要好好改造，争取早日出去的想法。听到爷爷的声音，想象自己和家人在一起的情景，"我真后悔，如果当初没走错路的话"，表明 JH 内心受到的触动是比较深的。正是这些与家人团聚的"想象"与对错误的反思成为 JH 改变自我、积极参与矫正的强大动力。SG 以此为契机，澄清学员的期待，塑造希望的场景并给予鼓励，强化学员的改造动机，肯定他的期待。自身期待也可以理解为自身内化的心灵力量，是其改造的根本动力。

2. 个人角色期待的超越

（1）"当班长"——公共角色的理想

JH（2013 年 6 月 27 日）

最近我有一个新的想法，我要在我们这几十个人中成为第一个完全改变自己的人，也要在我们几个人中第一个当班长，也许这是不可能的，但我要努力，要付出。

SG

有当班长的想法非常好，但是不要让这个小目标取代了自己的大目标和每天的快乐！放轻松，做好每件事。

改变自己的人生是你的大目标，做好自己应该做的，想做好的。SG 和你一起加油！

随着 JH 逐步适应戒毒所的环境与管理节奏，通过习艺、生活调节等渐渐认识到了自己的错误——从行为到精神上都进行了反思与改变。而经过一个月的积累，JH 已经有超越自我、承担公共角色的想法——当班长这一为公共服务的小领袖，并且赋予这一角色积极的榜样意义"我要在我们这几十个人中成为第一个完全改变自己的人"。这表明 JH 的心理转变越来越倾向于积极进取的姿态，同时也表明 SG 实务策略的正确性——从日常生活细节入手，逐步积累正能量，让矫正对象从内心感悟开始逐步达到矫正目标，而且 SG 明确表达了"SG 和你一起加油"的陪伴支持。

（2）角色榜样——名人的力量

JH（2013 年 6 月 9 日）

可能是受环境影响吧，现在特别喜欢看名人、名地的故事和讲述。看到古老出名的地方总想着亲自去走一走，看一看。

SG

梦想的实现是从脚踏实地开始的，想是出发前需要做的，做是每一天都要做的。你想成就一番大事业是很好的想法，不过要一步步来。

在 SG 的矫正实务中，对 JH 的帮教实施了角色榜样激励的方法。通过名人故事帮助 JH 从内心认识到人要超越自我，要想各种办法克服障碍与困难。而 JH 也确实做到了这一点，他喜欢上了名人故事。对古老出名地方的向往更是成为 JH 积极矫正自己的动力之一。SG 积极肯定了"梦想"的需要，同时借此激励 JH"要一步步来"努力。

（3）角色张力——"度"的把握

JH（2013 年 6 月 17 日）

今天，4 班的学员被分化了，我们班又分来了一个，心里不知高兴还是不高兴，这就意味着离班长职位又远了一些……自己没有机会再（在）干部面前表现出来，我就像是一片森林里的一棵树。当无数棵树矗立在原野上，而自己却很难被发现更好地被利用。

SG

一棵树的价值不在于别人是否会发现，不在于他一定会显露在别人面前。在于他把生命的美好、挺拔和绿色，用自己的成长和一生去完成！做最好的自己！

在角色期待的塑造中，JH 出现了急于求成的情况。他在日记中把自己比喻成一片森林里无法得以突出表现的"一棵树"，因为淹没在"无数棵"树当中而很难被发现。这种失落的感觉是由于 JH 学员想积极表现自己但苦于能力、途径等因素而无法得以实现。对于这种想学好但又感叹自己淹没于平淡之中的情绪，社工 SG 表达了自身对学员 JH 的期望——注重自我，在没有达到角色突出或优越的时候，应该把握自己生命的美好、挺拔，欣赏自己的绿色，"做最好的自己"。这是心理调适的重要尺度，即在自己的角色期待没有达到应有的高度与优势时，应该正确认识自我的角色能力与张力。不能因为不够突出就自怨自艾，甚至消沉消极。SG 鼓励 JH 坚定自己的信念，寻找自我价值和生命的意义。

第四节　角色回归

角色回归是角色矫正的目标，也是角色期待的实现结果。角色回归即戒毒青年在偏离正常角色塑造路径之后，通过角色矫正帮助其回归正常的社会角色扮演，内化自身的角色认知、行为，明确其应该承担的责任和义务，以此作为其戒毒的内部动机，减少复吸的可能，回归正常社会生活。

JH（2013 年 7 月 24 日）

"24"是个好日子，四个月了，时间过得真快，其实不是时间过得快，而是我选择每天过的方法。每天开开心心的，好好搞生产，不与学员有争斗，听从干部的指令。今天还有西瓜吃，真好。慢慢地喜欢这里，不知道有一天离开了会是什么样，现在感觉舍不得这里。

以后的日子我有了计划，每天都要看书，并且做好笔记，将来带出去。看了记不住只有记在本子上每天回顾一遍，出去以后再回想现在，拿起本子也知道是怎么度过这一年的。

SG

这一年如果坚持写下去，你必定会有很大的收获。在这个本子上你回忆了自己，看到了自己的改变，你让心变得纯净、善良，你知道了什么是责任，什么该做什么不该做，明白了很多道理，SG很开心，更多的是为你感到骄傲！希望你永远记得这段距离心灵最近，并认真审视自己的日子！

从2013年4月被抓，到7月底已经度过了四个月的强制隔离生活，虽然一开始在隔离环境中不适应，但经过生活方式、心理认知等多重的矫正，JH逐步认识到了自己的错误，并积极响应警官与社工的教育，从习艺生产到搞好同伴关系，JH都取得了显著的进步，并"慢慢地喜欢这里"。从整个日记的变化来看，JH发现了自己的生活乐趣，感受到了自己的人生价值，获得新的亲情期待与自由想象，重新认识了自己的生命与未来，这些积极的矫正因子是在这里生成的，因而喜欢这里。这种喜欢表明JH已经有了甄别善恶价值、区分正误生活方式的能力。社工SG也正是在这种意义上鼓励JH"纯净、善良"，并激励JH担当责任、明白道理、审视自己！

JH（2013年7月24日）

中国有句古话——百善孝为先，意思是说孝敬父母是人的第一美德。

今天我们迎来了"春蕾讲堂"第四课。在听教授讲课过程中，我想起了我的爸爸妈妈，他们都是农民，妈妈自从生下我之后就残疾了，还一直含辛茹苦把我抚养这么大，自己却不争气走上这条道路。

现在对父母最大的孝就是好好改造，早点出去，彻底戒掉这东西，以后做个有用的人！

SG

一个婴儿从如一颗露珠一样的小小生命成长为一个七尺男儿，我想你已经深刻地感受到了母亲的艰辛和父亲的不易……很欣慰你现在的改变，认识到了这么多曾经的"无所谓"，醒悟也好，忏悔也罢，总之你的人生已经开始改变，从这一刻开始，好好珍惜它吧！

7月24日这一天，戒毒青年JH写了两篇日记，而且都有相当长的篇幅，内容都有反思性，"在听教授讲课过程中，我想起了我的爸爸妈妈"，想到了父母含辛茹苦……这表明JH的内心已经发生了显著变化，一方面是积极的改造态度，另一方面是积极的生活方式，还有积极的反思能力，并且立志回归社会后要孝敬父母、戒掉毒品。笔者认为这是社工SG在短短的两个月日记教育中获得的巨大成功，起码在强制隔离的环境中，JH从心理认知到行为层面都获得了显著改变，积极的正能量逐步积聚。因此，SG也对JH进行总结"总之你的人生已经开始改变，从这一刻开始，好好珍惜"。

第五节　小结与反思

戒毒工作是项复杂的社会系统工程，[①] 本章属于探索性研究，采用文本分析的方法对社工SG的戒毒矫正实务进行了理论解读与梳理，意在从角色理论出发呈现目前中国戒毒矫正工作的现状并为戒毒矫正工作提供新的启发。

第一，吸毒青年的矫正实务应该从矫正对象的日常生活细节出发，逐步走向心理反省，进而走向角色矫正的路径。与之相对

---

① 刘成斌、季小天：《青少年吸毒的社会建构及其治理》，《华中科技大学学报》（社会科学版）2015年第4期。

的是，我们在不少戒毒青年的干预中，看到的场景更多是家人的愤怒、亲邻的指责、朋友的嫌弃，即使有积极的帮助者，特别是社区居委会干部、非专业的义工与志愿者，在慰问、帮教戒毒人员的过程中，也只是大量地"摆事实、讲道理"，宣读国家法律规定、强调毒品危害，等等。而 SG 对 JH 的社工实务通篇看不到 SG 讲毒品的巨大危害，也看不到 SG 对 JH 的指责、批评。但帮教的结果是 JH 从心理到行为再到情感都得到了极大的改观。这说明在帮教戒毒青年的工作中，应该摒弃对吸毒学员指责、批评甚至谩骂等"人之常情"的教育方式，更不能通过仅仅宣讲大道理、念国家制度政策文件来达到教育、矫正戒毒人员的目的。

第二，戒毒学员的角色矫正必须把握好"角色认知"与"角色期待"的关系。人们一般把吸毒者的角色形象想象成"恶"，而社工 SG 与戒毒机构把吸毒人员称为"学员"，是强调吸毒人员只不过是社会化成长过程中"犯错"了，需要再学习。这种"学员"的角色定位避免了吸毒人员自我消极暗示与自甘堕落。社工 SG 的实务过程也表明，通过一系列的"角色认知"与心理反省，让学员 JH 真正成为"学习的一员"，通过学习适应了改造环境，理解了警官与社工的帮扶，逐步认识到了正确的习艺与生活方式，感悟出家人的亲情期待，衍生出新的角色理想，焕发出回归家庭回归社会的渴望。这一连串的角色矫正过程是一个有机的整体，从认知到反省，再到角色期待，表面看是 JH 在撰写、记录自己的日记，实则是 SG 谋篇布局的建设性矫正与干预。最终，角色认知、角色期待、角色扮演多位一体的矫正实务取得了突出的实效。

第三，角色体验是"戒毒青年"发觉自我存在的一种方式和途径。角色体验不单纯是体验亲情或友情"对象本身"，更重要的是将角色体验作为一种角色期待的建构途径——建构"内省"和"觉醒"的途径，并由此理解、期待、把握"未来"。简单地说，角色体验的直接目的是让戒毒学员体验"亲情"、友情的"感觉"，但这不是全部，具体的某一项角色体验只是戒毒青年"内省"生命意义的一个具体"场"，而 SG 不可能将所有"场"都为其建构一遍让其体验。所以，角色体验的终极目标是让戒毒青年领会生命存在的意义和价值，通过醒悟和发现生命的意义和价值来重拾人生的信念、社会网络和生活情调。

　　第四，重新获得心灵力量是戒毒青年戒除心瘾成功的标志。角色期待就是给戒毒青年一个新的角色形象"重构"——戒毒青年应当成为一个什么样的角色。而这种角色重构的根本目的就在于让戒毒青年认同这种新的角色，并内化到自己的生活节奏和人生规划当中来，将角色重构作为自己的奋斗目标并愿意为此努力，即获得"心灵动力"。

　　综上所述，可以通过一个流程图（见图 7-1）更清楚直观地把戒毒学员进行角色矫正各元素之间的关系表达成一个"角色矫正"体系。

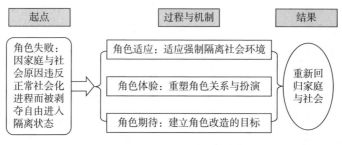

图 7-1　戒毒青年角色矫正机制示意

第八章　理性情绪疗法干预青少年吸毒认知研究

目前我国吸毒人数逐年上升，且青少年占总人群比例不断攀升，青少年对毒品和吸毒行为的非理性认知值得社会工作者关注。具体表现在青少年对现在市场上最为泛滥的新型毒品认识不够，吸毒青少年大多能对传统毒品有较为完备的认识，说明近年来我国在禁毒宣传上已取得一定成效。但是他们对新型毒品认识有限，要么认为吸食新型毒品不算吸毒，就算自己吸毒也与他人无关；要么完全屈从于毒品的控制，放弃戒毒。对毒品的认知偏差使得青少年更容易接纳吸毒行为并且抗拒戒毒，那么如何帮助戒毒学员形成对吸毒行为的理性认知，避免出所后非理性认知带来的负面影响是本章重点考虑的内容。本章以理性情绪疗法为指导理论，以湖北省未成年强制隔离戒毒所的 L 为代表个案，针对其对毒品和吸毒行为的不合理认知进行个案干预，帮助案主形成正确的戒毒认知，适应戒毒生活。其中对青少年不批判、接纳的态度是改变原有认知的重要支撑，即在了解案主成长背景的前提下，关注其在成长中的特殊问题，以此为案主建构新的认知。

第一节　认知偏差的原因和介入可行性

1. 认知偏差的原因

通过和所内警员、戒毒学员的交谈，我们发现学员们对吸毒的偏差认知与以下认知逻辑有关。

（1）"新型毒品不属于毒品"

近年来吸毒青少年以吸食新型毒品为主，与传统毒品以麻醉剂为主不同，这类毒品多属于兴奋剂，由此也导致青少年产生误解，认为自己并没有在吸毒。未戒所的罗警官介绍说："以前我们都说吸毒的人萎靡不振，但是新型的吸了之后反而特别兴奋，人特别精神。而且这个（指新型毒品）的戒断状况和传统的不一样，它没那么难受，所以好多人觉得它不上瘾、不是毒。"所内的其他学员也说过类似的话，如"不碰海洛因都不叫吸毒""这个本来就没瘾的""能控制自己不吸"等，这些句子他们经常挂在嘴边。

（2）"吸毒是个人行为，政府无权干涉"

秉持这一信念的青少年认为，就算自己确实有使用毒品的行为，但是这终究只是个人的选择而已，无论这一选择于自己有益还是无益，政府都无权干涉。在调查中，不止一位学员抱怨：我们只是聚一起玩玩儿，不妨碍任何人；国家其实不需要管我们的，也管不住，越是禁止越有人要吸。这样的说法实质上是混淆了公与私的概念，只注重个人享乐而忽视了自身行为对公共秩序的危害。这一代的青少年成长于一个中西方各类文化激烈碰撞的时代，个人意识强烈，社会意识比较单薄。正是这样的认知催生了他们对戒毒行为的抗拒，在学员眼中，吸毒属于个人选择，他们的个人意志应当是自由的。

青少年对毒品的认知逻辑可以归纳为"吸毒无错"论。首先，新型毒品不属于毒品，而是"玩儿"；其次，是否使用这类毒品属于个人选择。所以，他们认为强制戒毒这一规定本身就是不合理的，他们如果没有危害他人就没有必要戒毒。

2. 介入可行性

案主在强戒所内已经接受了近一年的教育，平时主要是集体观看教育片、参加"春蕾讲堂"系列讲座等学习活动，重在让大家尽快适应所内生活，加深对毒品的认识。但是案主和其他学员都表示对此不感兴趣，并且认为对自己没有什么帮助。这一方面表明学员们对戒毒并不感兴趣，另一方面也说明戒毒所内的学习安排没有考虑到青少年人群的特点，难以对学员们造成冲击。理性情绪疗法秉持的是心力交互作用论的基本原则，是将一个人的认知、情绪和行为整合来看待，应将它们理解为彼此重叠或交互作用的心理过程。具体说来，该疗法认为在认知、情绪和行为这三者当中，认知是情绪和行为的中介，起着协调二者关系的作用。由此我们可以推断，干预行为认知对青少年戒毒有着重要影响。

第二节　理性情绪疗法的介入过程

1. 理论基础

戒毒学员抗拒戒毒的一个重要原因就是对吸毒行为在界定和认知上存在偏差，因此，社工要做的就是改变学员对吸毒行为的认知，促使学员形成合理认知。个案工作中的理性情绪疗法为此提供了很好的理论指导。

ABC 框架是理性情绪疗法的实践基础。实际上，在理性情绪疗法中有两种不同类型的 A：第一个是众所周知的"情境 A"，指的是对受困个体所处的情境的客观描述；第二个就是要点 A，指的是困扰个体自身的情境的主观方面。最常使用的要点 A 涉及对情境 A 中所发生的事情的推论。B 代表信念，它是对世界评价性的认识或建构性的观点，这些认识或观点或僵化或灵活，或极端或非极端。C 是个体对 A 所持的信念引发的情绪、行为和结果。D 指工作者干预案主非理性情绪的过程，E 是新的认知带来的影响，表示介入的效果。

在此次干预中，案主认为被送来强制戒毒（情境 A）这件事是因为运气不好（要点 A），因为他根本没有瘾，不需要戒毒（B），导致他不愿意配合所内安排，难以适应所内生活（C）。因此社会工作者的重点是执行步骤 D，不断与案主的非理性认知辩驳，为案主重塑新的认知。

2. 介入过程

案主 L 概况：L，男，19 岁，吸毒史 4 年。家庭成员有爸爸和姐姐，儿时主要由三叔照顾，因此他一直认为家人不关心他，最信任三叔。初一退学后去深圳务工时染上毒瘾，因为家乡吸毒人员较多，他一直对毒品感到很好奇。刚开始吸食 K 粉，随着耐受性提高开始转向麻果和冰毒。和吸食传统毒品亲离友散不同，使用新型毒品的吸毒者有自己的"毒友圈"，L说他们经常聚在一起吸，还会互相请客吸毒。当时L的表哥就在深圳并且也吸毒，曾劝他没钱就不要吸毒，但在劝诫几次无效后就放弃了，也没有告知家人。社工和他第一次见面时他已在戒毒所内接受教育近一年。

在访谈初期，L反复强调吸食K粉、冰毒等新型毒品并不会使人染上毒瘾，同时他认为就算染上毒瘾也只是他个人的行为，并未对社会造成任何危害。因此L一直不愿意配合所内的日常活动，几乎不和其他学员交流。本次介入的重点是改变案主"吸毒无错"这一不合理认知。通过干预吸毒无错认知，让案主意识到戒毒的必要性和紧迫性，推动他积极主动地适应所内生活。当然，在干预初期案主是没有这样的需求的，因此在干预之初社会工作者就要引导案主找出认知的不合理之处，并在此基础上谋求案主的转变。

（1）问题诊断阶段

这一阶段的目的在于获得案主的信任，与案主建立良好的工作关系，并在此基础上了解"吸毒无错"认知的形成原因。了解案主认知的形成过程会对后期的介入方案设计有指导作用，也能够让社会工作者对案主有更全面的认识和理解。在这一阶段的干预中要注意保密和接纳原则，理解案主认知形成的过程，包容案主违反常理的言论。通过梳理案主的吸毒史，社工发现，受生活经历、日常见闻和朋友交流的影响，L认为新型毒品不会上瘾，不算吸毒。尤其是在案主进入社会后，身边的人都把毒品当作交际的一种渠道，甚至他还得知在一些国家吸毒是合法的，于是他也就更加认可了吸毒行为的合理性。随着大量明星吸毒新闻的曝光，他越发坚信毒品是个好东西。这些因素都在不断地强化案主吸毒无错的认知（B），从而导致他极其抵触强制戒毒（C）。

在实践中社工是从L对所内各种学习活动的排斥来展开介入的。通过垂直下降技术帮助案主认识到排斥所内活动是由自身对吸毒行为的认识引发的，而不是强制戒毒这件事情。

社工：你是怎么看待写心得这个事情的？

L：没想什么……就是觉得没劲。

社工：是不喜欢写心得吗？

L：我说了就是背时（运气不好）才被抓的。

社工：当警员要求你必须参与学习，还要写学习心得时，你最心烦的是什么？

L：有啥子好学的，就是想说我们犯了多大的错！

社工：你的意思是，你不认为吸毒有什么不对？

L：对！我没有杀人也没放火，从来不贩毒。我吸毒就自己吸，就算有什么也是我自己的事情，国家不应该管。

在这段对话中，社工带领着案主分析情境 A，找到案主对情境 A 的看法——要点 A。虽然案主还没有意识到自己已经在使用理性情绪疗法，但这可以帮助社工发现案主抗拒强制戒毒这一行为背后代表的不合理信念是"我没有毒瘾"；国家规定必须强制戒毒是不合理的；正因吸毒是个人的事情，那么戒毒也是个人的，强制没有任何作用。

社工通过分析后，将目标确立在：①让案主意识到自己有毒瘾；②吸毒虽是个人行为，但会对家庭、社会造成影响。当然在案主看来，他现在的认识都是合理的，不需要做出改变。因此这个目标是社工为其建构的，意在帮助其更好地适应所内生活。

（2）社工驳斥阶段

社工察觉到案主的不合理认知后，还应促使案主觉察出自己认知的不合理成分并愿意做出改变。对案主影响较大的同辈群体多为吸毒人员，为了改变案主的认知，社工把案主对家人的重视作为切入点。在实践中和案主共同设定合理的目标，提醒案主需要将他在访谈过程中学到的东西应用到实践中，包括不断地检查他的非理性信念和理性信念，并且以与后者一致、与前者不一致的方式去行动。为此，结合理性情绪疗法，这一阶段主要运用定义用语和对质技巧。所谓定义用语即对某一概念进行界定，通过清晰的定义使案主明白其中的不合理成分。在与案主的对质中既要体现对案主的尊重，又要改变案主的认知。

第一步，定义成瘾的概念。这是一切干预的前提，只有让案主意识到自己已经"上瘾"才需要"戒瘾"。

社工：家人来戒毒所探望你，你就特别想念他们，但是他们没来，你又可以分开精力做其他的事情。这是不是说明你心里根本没有他们，根本不思念家人？

L：当然不是，我一直很想念他们，想出去。

社工：这就是人心的奇妙之处。许久没联系的朋友、好久不见的亲人，当我们忙碌时很难想到他们，但是只要他们一出现，过往的记忆和情感就全回来了，究其根本还是因为我们心里一直没有忘记他们呀！

（L没有说话）

社工：毒品对你而言也一样，你没看见就不会想，但是一旦看见了就会忍不住想去吸，这说明毒瘾一直在你心里，你从来没有忘记过它，只是缺少一个唤醒的机会。

L：好像是这么个道理。

第二步，通过对质引导案主承认吸毒行为对社会、对他人会造成负面影响。

社工：你上次提到有些国家吸毒是合法的，我回去专门仔细查了，这些国家不是允许吸毒，而是秉持"危害最小化"原则，在一定范围、一定剂量内吸毒合法，所以说不存在完全吸毒自由的国家，这是否说明吸毒确实需要控制呢？

L：（停顿了一下）那些都是他们的规定，其实他们不一定明白。这个没有什么影响，我就是（吸了和平时）一样的，没有不同。

社工：对，我们不知道毒品对你们具体有什么影响，但是吸毒会对社会其他人造成影响，这是我们可以感受到的，对吗？

L：我知道你要说那些吸毒后撞死人、抢钱的，但是我没有这么做。我就是和朋友们一起玩玩儿，要抓也要抓他们那种人。

　　社工：看来你也认同吸毒后可能会对社会造成危害，并且也同意应该受到惩罚。

　　通过这两步社会工作者指出了案主认知中的两点不合理成分，案主开始思考原来的认识是否完全正确，为接下来唤醒案主家庭责任感做好准备。

　　第三步，唤醒案主家庭责任感。

　　社工：你在所内戒毒，听不到外界的评价。但是你能想象得到三叔他们在老家受到的压力吗？当然他们可以不在乎别人的眼光，难道他们不会心痛吗？这些我们都可以不在乎吗？

　　L：我们那边吸毒的人很多的。

　　社工：三叔也有他的挚爱亲人，他们也会受到三叔情绪的影响，那么现在你还能说吸毒只是你一个人的事情吗？你至少已经影响了三叔、奶奶和他们的家庭，他们的亲人。

　　L：……我没想那么多的，吸毒这个事确实让他们伤心了。

　　社工：你能感受到他们的伤心这很好。我们今天可以先不说强戒是否合理，只探讨你当初的选择为亲人带来了伤害，那么这就是个错误的选择。既然如此，为何不趁着现在年轻选择一条正确的路呢？现在回头还来得及。

　　L：这个我从来没想过，就觉得很对不起他们。吸毒这个事情，我觉得最对不起的就是三叔……还有奶奶。

　　考虑案主实际年龄，唤起他的社会责任感仍需要时间，社会工作者应从与青少年联系更紧密的家庭入手。家庭带给个人的影响是最原始的，亲情是青少年情感体系的一个重要组成部分。通过使案主意识到自己的吸毒行为给亲人带来的负面影响，从而使案主转变吸毒只是个人行为这一认知。至此案主已经全面认识了原有信念中的不合理成分，接下来社会工作者应帮助案主建立新的合理认知，继续学习理性情绪疗法，使案主获得持续自我辩驳的技巧。

（3）案主的驳斥阶段

这一阶段的主要任务是通过布置家庭作业，推动案主与自身展开驳斥，持续强化"需要戒毒"这个观念，这也是使案主成为自己的治疗师的重要阶段。

经过前面的谈话，案主已经开始意识到自身认知的不合理成分了。但社会工作者应该知道，检查到非理性信念并不会让案主变得理性，并且单凭一两次的谈话并不足以让案主彻底转变不合理信念，我们还需要为其建立新的合理信念，并指导他们将这种信念由"理性的洞察"转换为"情绪的洞察"①。在理性的洞察阶段，案主会看到新的信念有一定的道理，但还是不相信它，而情绪的洞察使案主知道并相信它。这不是个简单的转变过程，我们需要提前告诉案主，并与案主一起制定可行的方案。

青春期是世界观、价值观形成的重要时期，具有极高的可塑性，但也容易形成片面的、武断的认识。而且案主自律性较差，如果社会工作者只是让案主看见了改变的紧迫性，而没有让案主感受到改变具有可操作性，实际上案主是很难做出具体的行动的。因此，社会工作者在介入开始前就要告知案主有哪些具体的措施可以帮助他实现目标，并让案主知道这一过程是持续的，甚至稍有些痛苦和纠结。为了使案主能成长为自己的治疗师，社会工作者需要不断地教给案主与自己驳斥的方法，及时观察案主情绪的转变，对有"行动改变"的表达给予肯定，持续强化案主的新认知。

社工找到案主吸毒史中的重要事件，并要求案主回顾这些事件中值得思考的部分。思考的点由社工提前指出，在下一次访谈

---

① 温迪·德莱顿、迈克尔·尼南：《理性情绪行为咨询实务》，王蕾、鲁侃译，中国人民大学出版社，2013。

中与案主展开探讨。同时需要指出的是，因戒毒所本身场所的特殊性，社工无法随时接触到案主，了解到案主即时的改变，社工应该善于发动所内警员的力量，从他们那里获取更多关于案主的信息。

本次介入回顾的事件有三个，分别叙述如下。

【事件一】表哥在知道 L 吸毒后的劝诫。社工让案主去思考表哥劝告他的话——没得钱吸什么毒——到底有没有道理。案主的第一反应是"表哥的话是对的，因为有钱的人才出去摆"，没钱还吸毒就是害人害己。这表明，案主还没有完全形成"吸毒无益"这个认知，他把吸毒和有钱联系起来，这个认识本来就是错误的。

> 社工：你的意思是有钱就可以吸毒吗？
>
> L：现在就是这样的，你看现在这么多明星都在吸毒，这个东西好，他们要灵感就要用这个。
>
> 社工：这些吸毒的人最后不都是要面对法律的惩罚吗？（笔者列举了一些明星吸毒被捕的案例，引导案主按照之前的方法来分析他们的行为会对哪些人造成影响）……
>
> L：他们的粉丝就很伤心，社会影响力也不好，不然就不会专门道歉。
>
> 社工：那你觉得表哥说的话有道理吗？
>
> L：没有。
>
> 社工：这句话应该怎么说才对？
>
> L：吸毒对我没有好处，还会让家里人伤心，是不对的。

社会工作者通过案例分析指导案主开始面对自己的不合理信念，将其认知由"有钱就可以吸毒"转变为"吸毒对其他人造成不良影响，和有钱与否没关系"。需要注意的是，这一阶段的案主对于理性情绪疗法已经有了一定的认识，社会工作者可以采用"教诲式"的审查方式不断地去推动案主的思考，教诲式审查意图通过社会工作者对案主的指导，促使案主用理性的观点去看待讨论的主题。诚然在理性情绪疗法中社会工作者应该更多地使用

"苏格拉底问答式"，但是前者更加适用于缺乏思考力、不具备心理学思维的案主。

访谈前社工向警员询问了案主这段时间在所内的表现，警员表示案主对所内的活动安排没有以前那么排斥，但是积极性仍然一般。关于案主完成作业的情况，警员介绍说："他一直没有动笔写的意思，这个是昨天晚上我想着你今天就要来访谈了，专门要求他写的。"社工与案主交谈后得知，L不配合这种作业形式原因有二：一是案主受教育程度低，不喜欢写字类的任务；二是案主对个案工作、新的认知尚需要时间接受。社工应向案主解释作业的目的是希望案主表达、反思，对字数没有特定要求，在后续的介入中也应该考虑到案主的特殊情况，减少写作类任务。

【事件二】自行戒毒三个月的经历。案主需要思考的问题是："当你决定戒毒的时候，朋友在做什么？"案主的回答是：朋友没有劝他吸毒。但是经笔者进一步询问发现，朋友们并没有避讳在他面前吸毒，有时甚至会故意当着他面吸。

社工：你有没有想过，朋友明知道你在戒毒还故意在你面前吸毒其实是在挑战你！他们没有把你当作真正的朋友，打从心底里就不相信你能成功戒毒。

L：不排除这种可能吧，可是最后我也确实没能戒掉。

社工：不，你在自行戒毒的三个月中一直处于被"高度诱惑"的环境。在这样的环境中，你还能坚持三个月，说明你是一个意志力非常坚定的人。后面你再次吸毒和那些朋友有很大的关系，是他们污染了你的心。

L：可能有你说的部分原因，但是没那么严重吧。我们平时玩得还是很好的。

社工：假设现在你家里出现了困难，需要钱周转，你的朋友会急你之所急，帮着你照顾家人甚至借钱给你吗？

L：应该不会。

社工：（接着列举案例，并且给案主讲述一些和友情相关的故事）……

> L：你说的道理我都明白，我也晓得那都是些酒肉朋友，但也没多去想，就是想着一起玩儿。

在第二次家庭作业中社工抓住"案主想戒毒"但"朋友不支持"这一矛盾，推动案主去审查以往交友逻辑的不合理成分，借此建立新的合理的交友逻辑。使案主意识到"以毒会友"这个逻辑是行不通的，毒友们不是真正的朋友，回归正常的交往逻辑才能真正收获关心和爱。在访谈开始前，社工按例向警员咨询了案主这段时间有无特别的改变。警员向社工描述了周二午休时发生的打架事件。"当时就是在他宿舍打起来的，他这次主动去劝他们不要打架，有话好好说。他以前都是装作没看见一样的，这是一个很明显的转变。我后面也特别表扬了他。"

案主第二次家庭作业的完成情况也有了一些进步，虽然案主在作业中仍然没有对问题进行深入的反思，但是对于当时的事件、内心的感受多了很多的细节描述。这说明案主在逐渐适应理性情绪疗法的工作模式，案主劝说其他学员的行为也说明经过数次访谈后，案主对于所内生活发生了态度转变，由之前的无动于衷开始去思考自己在这里应该扮演什么样的角色。

【事件三】三叔来看守所探望即将送去强戒的L。这一事件社工要求案主思考三叔在探望他后内心活动有哪些，旨在促使案主进一步意识到自己吸毒这个行为对家人的伤害。

> L写道："三叔是为了我才哭的，他回家之后肯定也很伤心，对我又失望。但是更多的还是担心，担心我在里面过得不好，又怕我戒不掉出去又学坏。一直以来三叔是最关心我的人。"
>
> 社工：你能体会到三叔的伤心和担忧，这是一种成长。我们再想一下，只有三叔很伤心吗？爸爸当时来看守所看你是什么心情？
>
> L：我爸爸他当时，嗯，就是在一边看着，也没有说什么，就让三叔好好和我说说，然后去外面给我买了水果。我

晓得他肯定也是很失望的，不过就是没说。

　　社工：是的，爸爸可能只是不善于表达，但是他也是一样爱着你的。所以我还是那句话，既然当初的选择伤害了家人，为什么不在还来得及的时候选择另外一条路呢？

　　在访谈开始之前，警员就告诉社工，这次 L 的作业反复写写改改了很多次，态度非常认真。案主的转变表明他已经逐渐接受了新的认知，开始总结之前认知的不合理之处。在交谈中可以发现，案主已经能够发现认知中的不合理信念，并与不合理成分进行辩论，说明案主开始掌握理性情绪疗法的技巧。而且据警员介绍，案主在参与了最近举办的讲座后，写了一份 600 多字的心得体会，这是之前从未有过的现象。这说明，案主开始用积极的心态去看待强制戒毒，并且也愿意配合强戒了。

　　自此我们可以说，案主的认知已经从"吸毒无错"转为"吸毒无益"。案主开始主动适应戒毒所内生活，正说明了新的认知（B）带来的转变（E）。

　　3. 干预评估

　　（1）结果评估

　　评估中主要运用了定性评估方法，通过警员反馈、社会工作者的观察和案主自述三个方面对介入效果进行评估。从结果来看，案主能够主动去适应强戒生活、转变吸毒行为认知、开始表达积极的戒毒意愿，这说明社会工作者对案主非理性吸毒认知的介入是有效的。

　　一是适应强制戒毒生活。案主主动适应强戒生活主要体现在两个方面。一方面是能够积极参加所内的日常活动。所内警员描述道："以前喊他（指 L）参加什么活动，拖着拖着才去，现在基本不用催促，自己就能完成。"案主能够主动上交 600 多字的心得体会、参加所内的演讲比赛都说明了这一点。另一方面是愿意和所内的学员、警员交流了。警员说，现在找 L 谈话，他的态度有了很大的不同，"现在你找他谈话他不再就一直嗯嗯嗯，还会说点儿东西"，警员还向社工补充说，L 和所里的学员交流也多了，

"喜欢拿你们谈话的东西和其他学员讲，对那些没参加的学员也是种教育吧"。

二是正确认识吸毒行为。在理性情绪疗法过程中，通过一次次的自我审视和驳斥，案主由最初认为吸食新型毒品不会上瘾，就算上瘾也只危害到了自己，到个案结束时能承认自己上瘾这个事实，还能说出"就算我有两年，家里人也没有这么多两年等我"这样的话，说明案主已经能够意识到吸毒行为给家人带来的伤害，对吸毒行为的认知有了巨大的转变。正是因为案主开始意识到吸毒行为的不合理之处，案主对于被送来强戒的抵触情绪才逐渐消失，开始配合所内的管理，这是案主对吸毒行为认知转变在行为上的最明显的体现。案主的认知转变还体现在他对社会工作者布置的作业的态度，从最开始拒绝思考，到最后能够运用学到的技术与原有认知辩驳，说明案主在逐步转变原有认知，对新认知的接受度在不断加强。

三是自我评价提升，表露戒毒意愿。随着治疗的不断推进，案主逐渐意识到自己在戒毒过程中的主动地位，建立起了积极的自我评价。治疗之初L曾向社会工作者形容自己的状态："就好像一捆柴，你要烧，你想烧得起来只有遇见汽油，但是火太大你就什么都不知道了，就要跳到河里才行，但是火太大了嘛……你自己也跳不进去，这个时候有个人把它推到河里，你打湿了就不会烧了，但是一捆柴自己是上不了岸的，靠岸了也上不了岸，要等反省好了自然有人把你捞起来。"在这段话中L把自己看作一捆柴，因为使用了毒品，最终只能是玩火自焚，只有依靠外力"推进去""捞起来"，才能帮助他得到解脱。最终在结案评估的访谈里他是这么描述自己的："柴本来就是要燃烧的，但要选对地方，用合理的方式燃烧。我不是（打湿了）等别人捞的柴，应该要选择合适的位置，燃烧自己的价值。"这表明，案主正逐渐改变以往对自己偏激的认识，开始看到自己在戒毒过程中的价值和潜能，认为自己有能力控制自己，逐步重建起一个良好的自我形象。

（2）过程评估

充分接纳、信任案主，以亲情唤醒认知是此次理性情绪疗法介入中的主要策略，这样的做法是在不全盘否定的基础上改变案主的不合理认知，使案主感受到自己是被尊重的。这个时代的青少年成长于物质丰富的环境中，他们的生理和安全需求得到了极大的满足，他们更追求有尊严的生活。戒毒所内统一管理、行政管理模式不符合青少年的个别需求，所内的警员对戒毒学员非尊重的行为，并没有把他们当作"正常人"来看待。而社工的到来缓解了这一现状，社会工作者的接纳、尊重、保密等专业价值观让案主可以作为一个"正常人"去表达自己。社工在理解了案主成长经历的基础上和案主进行对话，在案主无法完成作业的时候了解他的困难，对案主以过程评价为主，这样就把社工和案主置于平等的位置上，这正好满足了青少年对个人尊严的需求。

在整个介入过程中，社会工作者结合青少年的心理特征，主要运用了案主富有亲情这一特点来举例。从最初借由对家人的思念论证"心瘾"确实存在，到后来借由亲人对案主吸毒的悲痛情绪使案主意识到吸毒不是个人行为，最终再通过亲情呼唤助其建立新认知。青少年是一个家庭系统的缩影，抓住对青少年产生最初也是最深远影响的原生家庭来进行干预，这是能够取得效果的关键。但是从长远来看，因客观因素限制社工难以对案主家庭开展直接干预，在案主出所后，原有的"吸毒无错"认知是否会再度控制案主这是需要在后期继续关注的。

第三节　理性情绪疗法的功能评价

本章属于实务性研究，以理性情绪疗法为理论基础介入戒毒青少年吸毒无错认知，希望为后续相关研究提供启发。

1. 理性情绪疗法对改变吸毒青少年的认知有干预作用

在社会工作者难以干预到可能引发案主复吸的家庭、社会层面时，理性情绪疗法对于改变所内戒毒青少年的认识，提升价值观念，回归正常的社会生活有很大的帮助作用。我们从个案中可以看到，L 从最初对毒品的盲目认知——认为吸毒是个人的事、与他人无关、国家社会无权干涉、戒毒不可能成功、戒毒的过程只是对他们身体和精神的一种约束，到意识到自己吸毒给亲人带来的伤害——愧对三叔，再到愿意积极配合戒毒民警的工作、主动参加戒毒所内的活动——演讲，最后到对新生活的渴望与期盼——从戒毒所出去后社会和家人是否会接纳他。到此时，我们不难看出，L的认知已发生了根本的改变，这表明理性情绪疗法对于改变所内吸毒青少年的认识有巨大的干预作用。在戒毒信念上，L从最初的不相信自己有能力战胜毒瘾，到后来能够正确看待曾经失败的戒毒经历、重塑对自我潜能的信心，说明理性情绪疗法能够应用于所内戒毒青少年戒毒认知的干预过程。

2. 青少年戒毒工作应特别关注青少年成长中的问题

当代青少年是非常矛盾的一代，他们不缺关爱却又渴望被关注，对人际关系的需求和高孤独感并存，想要找到自我形象却又十分迷茫。纵观L的成长过程，我们不难发现，L并不是传统意义上的"优等生""好孩子"，他在校园中是不被接纳的，于是只能向"亚文化"群体寻求温暖。L自身已经没有能力去解决成长中的问题了，社会工作强调"生命影响生命"，在介入过程中展示的尊重、接纳、保密等专业伦理有助于案主和社会工作者专业工作关系的建立，让案主感到自己是被认可的。对于这次介入而言，社会工作者不批判、接纳的态度是改善案主原有认知的重要支撑。进而结合家庭因素，以青少年对家庭亲情的渴望为信念支撑，为其建构新的认知，唤醒责任感、强化戒毒意识，为其找到生命的意义和出口，这实际上也是一个增能的过程。

第九章　沙盘治疗与戒毒青少年的矫正

本团队成员刘露与李钰娟在湖北未成年强制隔离戒毒所实习期间，带领实习的指导老师 J 警官刚认领了一个新"儿子"（警官帮教妈妈对帮扶对象的昵称）X，于是笔者思考能否与其一起，运用社会工作的专业理论和方法，为学员提供服务。笔者提出这个想法后，J 警官欣然应允，表示非常希望能够有专业的理论模式来指导服务。笔者与 J 警官讨论后，决定由 J 警官作为咨询师，L 社工（笔者）作为服务指导者，根据人本治疗模式，运用沙盘疗法为案主 X 开展服务，每次服务后由 J 警官和 L 社工两人共同分析评估服务并制定下一次的服务计划。这个决定是基于以下几个方面的考虑。

服务目的并非戒毒而是人的成长。在强制隔离戒毒所内为学员开展服务，把目标仅设定为戒毒是不太现实的。一方面，在隔离环境下，由于对学员的限制，学员接触不到毒品，仅从戒毒意识上来干预，难以评估开展的服务是否真的对学员戒毒有效果。另一方面，我们必须认识到戒毒是一个反复的长期的过程，学员出所后遇到困难或挫折，很有可能复吸。人本治疗模式注重人的成长，增强人的自我概念，发展人的各种能力，使人在遇到问题时，能够自己解决困难。人本治疗模式对吸毒者的干预，不聚焦于吸毒这个问题，而是促进人的完善和成长，彻底根除对毒品的需求。

J 警官丰富的咨询经验和 L 社工系统的理论知识。J 警官从事咨询工作已有十多年，经验丰富，人本治疗模式要求的共情、真诚、接纳等技巧要素 J 警官都能达到。J 警官凭借多年的工作经验，能够敏锐地察觉到案主的感受以及案主在会谈时流露出来的关键信息。笔者的实务经验较少，自知达不到 J 警官的临场水平，不能很好地理解案主的感受。所以，由 J 警官担任咨询师会有更好的服务效果。同时，笔者接受过本科、研究生系统的知识的学习，对于社会工作理论模式更了解，因此由 L 社工作为服务的指导者，制定服务计划、观察和评估服务，能够为服务提供理论依据，让服务更专业化。

第一节　研究基础与设计

1. 概念界定

（1）强制隔离戒毒

强制隔离戒毒是我国目前三大主要戒毒模式之一，2008 年《禁毒法》颁布实施的全新模式，通过强制性限制戒毒人员人身自由，在隔离场所内对戒毒人员进行有针对性的生理、心理治疗和身体康复训练，教育和挽救吸毒人员，协助其戒除毒瘾，顺利回归社会。[①] 这种模式是强制戒毒、劳教戒毒的继承和发展，一般期限为两年，可根据戒毒学员的实际情况适当延长或缩减期限，不超过三年，不短于一年。

（2）人本治疗模式

根据已有的研究文献，人本主义应用的范围非常广泛，在哲学、心理学、教育学等学科中都有涉及，而将其应用于社会工作服务的实务研究很少，因此，笔者梳理与人本主义相关的研究，从人本主义与社会工作的影响和人本主义在其他领域的运用研究两方面进行综述。

人本主义独特的理念为社会工作提供了一种新的服务模式，学者们从多方面研究人本主义对社会工作的影响。关于人本治疗模式的发展过程，学界统一将其划分为四个阶段：非指导性个别治疗方法时期（1940～1950 年）、当事人中心治疗法时期（1950～

---

① 安玲：《新戒毒制度帮助戒毒人员重返社会》，《人民公安报》2008 年 6 月 2 日，第 5 版。

1957 年）、治疗的条件时期（1957～1970 年）以及人本治疗法时期（1970 年至今）。陈和总结到，在不同时期的人本治疗法中都透露出一种积极的人生观，形成了一种充分相信自我、战胜自我的人本主义精神。[①] 杨晶从人性观、对案主的态度、辅导的目的、对助人者的要求、助人过程中双方关系、辅导方法以及模式本身开放程度七个方面分析人本治疗模式与社会工作的内在联系。[②] 孟娟从价值观、服务标准、服务方式、研究方法等方面，分析人本治疗模式与科学模式两者之间的差异，寻求未来发展之路。[③] 以上研究让笔者了解了人本主义与社会工作服务的联系以及人本主义模式服务的要点。

　　人本主义在多个领域中均有运用，主要集中在教育及心理学方面的应用。李阳探索人本主义思想对高校思政教育的指导意义，寻找人本主义理论与高校思政教育的相通之处，论述人本主义在高校思政教育中的运用，借鉴人本主义的理念和方法对现存高校思政教育进行微调。[④] 武银平探索人本主义的核心疗法——"来访者中心疗法"在社区戒毒中的运用，论证来访者中心疗法运用于社区戒毒的实践意义，并分析不足之处以期对社区戒毒工作有所借鉴。[⑤] 杨晰以人本主义为研究视角，对如何增强大学生自主学习的自我效能感、提高自我反思能力和树立时间管理意识等做了策略性的分析，并提出了相应的引导大学生进行良好的自我归因、进行学习前后的反思以及学会有效管理学业时间等解决途径与指导策略。[⑥] 此类研究为笔者开展实务服务提供了参考。

① 陈和：《人本主义取向的社会工作模式及其本土化过程》，《首都师范大学学报》（社会科学版）2005 年第 5 期。
② 杨晶：《人本治疗模式与社会工作》，《贵州师范大学学报》（社会科学版）2006 年第 1 期。
③ 孟娟：《对立与融和：人本主义心理治疗与科学模式心理治疗比较研究》，《吉首大学学报》（社会科学版）2007 年第 4 期。
④ 李阳：《人本主义心理咨询理论在高校思想政治教育中的运用》，硕士学位论文，吉林大学，2013。
⑤ 武银平：《人本主义视角：来访者中心疗法在社区戒毒中的应用》，硕士学位论文，苏州大学，2012。
⑥ 杨晰：《人本主义视角下大学生自主学习研究》，硕士学位论文，兰州大学，2013。

（3）沙盘疗法

沙盘疗法又称箱庭疗法、沙盘游戏疗法、沙箱疗法或者沙游，是指求助者在治疗者的陪伴下，从玩具架上自由挑选玩具，在盛有细沙的特制箱子里进行自我表现的一种心理疗法。[①]

2. 模式指导——人本治疗模式

个案社会工作起源于心理学治疗，因此个案社会工作的模式及理论的发展与心理学的治疗模式紧密相关，个案的人本治疗模式就是以心理学的人本主义心理疗法为基础，代表人物有美国著名心理学家罗杰斯和马斯洛。

（1）理念基础

人本治疗模式的理念主要受到人本主义哲学和人本主义心理学的影响，西方哲学思想中的人本主义（humanism）相信人类进行思考、做出选择和进行自由行动意识能力不受神和宗教的影响，承认人的尊严与价值，强调人的主体作用，认为人是认识的主体，应该从人的角度理解所处的社会。[②] 人本主义心理学认为人的心理疾病是由于个人成长过程中个体潜能的阻断，治疗的目标在于去除这些阻断，帮助案主察觉到真实的自我。人本治疗模式是在这两类理念的影响基础上，总结大量的实务治疗经验发展而来的社会工作治疗模式。

（2）核心概念

人性观：罗杰斯对人性抱有非常积极的看法，其人性观可以归纳为三点：人性本善，他认为人性是善良、理智、仁慈、现实、进取、可信赖和有目标的，能够对自己负责；潜能无限，每个人都有无穷的潜能，能够表达自己的信念和掌握自己的命运；理性的行为，人的行为是理性的，伴随着美妙和有条理的复杂性，向着目标奋力前进。

自我实现：与马斯洛的需要层次理论一样，罗杰斯也认为人在满足了基本生理需要后，会寻求安全、尊重、情感以达成自我

① 张日昇：《箱庭疗法》，人民教育出版社，2008。
② 何雪松：《社会工作理论》，人民出版社，2007。

实现。在一切活的生物中，都会有积极实现自己固有潜力的大量运动，人类也具有向更复杂、更完善方向发展的本能趋势。这种自我实现的倾向是推动我们行为的基本动力，促使我们发挥自己的内在潜能，发展自己的各种能力。

自我概念：就是关乎"我是谁"的看法，是一个人内心深处对自己的主观体验。包括对自己身份的界定、对自己能力的评价和对自己的理想和要求，具体包括身体、社交、性、感情、喜好、理智发展、职业、价值观和人生哲学九个方面。罗杰斯认为，人的行为、情绪、心理都是由自我概念决定的。自我概念不是天生就有的，而是在人的成长过程中逐渐形成的，通过周围重要他人的态度和反应，了解到关于自己的认识和评价，建立一套对自己的看法。

（3）实务要素

服务的目标。人本主义模式关注的重点并不在于案主表现出来的问题，而是案主自己。案主的问题是由自我概念与实际经验不符，产生混乱造成的。治疗的根本目标不在于当前问题的解决，而是案主的成长潜能的挖掘，使其可以有效地解决当前的问题与将来会面对的问题。

对案主的态度。人本主义模式认为每个人都有自我实现的倾向，相信案主有成长和改变的潜能，助人者要无条件地接纳案主。无条件的接纳并不是说认同、支持案主的所有想法和行为，而是理解、接受案主过去的经历，不评价、不批判。相信人的可塑性，给予案主支持，让他感受到改变的可能。

社工的角色。在人本治疗模式中，助人者扮演的并不是传统的专家角色，对案主进行诊断和治疗，而是一个配角，协助案主更好地发挥自己。社会工作者要与案主真诚地交流，鼓励案主表达内心的感受和想法，必要时作为案主的一面镜子，反映案主的心底感受，扩展他对自己的了解。

助人过程中双方的关系。在人本主义模式中，非常注重社工与案主建立良好的关系，以消除案主的防备心理，有利于案主探索真实的自我。社工需要和案主发展一种建设性的人际关系，这一关系本身就是一个成长的经历，社工与案主同时展开一段共享的旅程，展现着他们的人性，分享自己的成长经历。

（4）促进成长的氛围

个体内部拥有许多用于认识自己，改变自我概念、基本态度与自我定向行为的资源。只要营造出富有支持性的心理氛围，这些资源都会被调动起来。[①] 营造促进成长的氛围有三个要素。

第一个要素是真诚、真实或一致性，社工在服务会谈中投入、不以专业的姿态表现、对自己的感受和态度不加掩饰。社工对案主来说是透明的，案主能察觉出社工在服务中的角色，感到社工没有隐瞒。社工内心深处的感受、意识到的内容以及对案主的表现具有较高的一致性。

第二个要素是接纳、关心或重视，无论案主出现何种状态，社工都持有积极的接纳态度。社工愿意让案主表现出直接的感受——困惑、怨恨、害怕、愤怒、勇气、爱或骄傲。社工给予的关心是非占有性的。社工从整体上评价案主，而不是有条件的。当个人得到别人的接纳和重视时，往往会对自己更关注。

第三个促进性的要素是移情性理解，即社工能准确地感知案主的感受和个人意义，并把这种理解传达给案主。社工会深入案主的内心世界，弄清案主认识到的意义，甚至发现其意识之下的潜在意义。这种积极的体察式倾听，带着真正的理解与真诚的移情去倾听，是最有力的改变力量之一。当人们得到移情式的倾听时，他们能更准确地聆听自己丰富的内在体验。

3. 研究思路

根据人本治疗模式，求助者改变有七个过程[②]：求助者不愿表达自己；求助者开始流露自己的感受，但是无法分辨感受本身；求助者开始直接表达自己的感受，但对很多感受不能接纳，大多是消

① ROGERS, C. R., "A Theory of Therapy, Personality and Interpersonal Relationships," in S. Koch, eds., *Psychology: A Study of a Science* (*Vol. 3*) (New York: McGraw-Hill, 1959), pp. 184 –256.

② 许莉娅：《个案工作》，高等教育出版社，2004。

极的感受；求助者开始体会自己当下的各种感受，开始怀疑自己的理解框架，存在担心和不安；求助者开始接受真实的自我，以现在的方式自在地表达自己的感受，对于自己体验中的矛盾之处，逐渐能够面对，而不是回避；求助者直接体会到自己生活在体验展开的过程中，意义和感受的分化鲜明；求助者对感受的变化过程逐渐产生信任感。因此，本研究的实务干预过程将从以下开展（见图 9 - 1）。

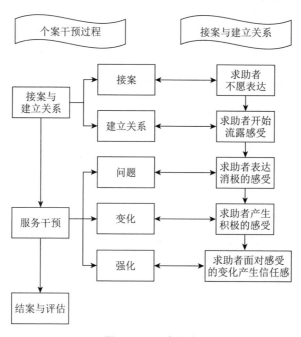

图 9 - 1　研究思路

4. 研究方法

（1）观察法

观察是指研究者通过接触或进入研究对象所处的环境，利用感觉器官感受研究对象的问题、需求，收集研究资料的过程，其中包括所看、所听、所感到的研究资料。在本研究中，社工就充当观察者的角色，观察记录咨询师、案主在访谈中的行为、情绪表现，观察记录案主的沙盘摆放顺序、使用物件。观察记录的内容将作为第一手资料，为评估服务、分析案主的转变提供依据。

（2）访谈法

访谈是指研究者探访研究对象并通过问答的形式获取研究资料的一种研究方法。在本次研究中，由咨询师进行直接的、个别的、无结构式的访谈。在前期的建立关系和需求评估阶段，通过访谈，确立三方的服务关系、对案主进行初步的了解、评估案主的需求，以便于制定服务干预计划。

（3）沙盘游戏法

人本治疗模式没有固定的干预方法，在本研究中，社工用沙盘游戏辅助访谈。陈越红博士提出沙盘游戏基于人本主义，在整个过程中不做解释、指导和评价，让求助者发挥自己的想象力，将自己所想的展现在沙盘中，然后对求助者积极地鼓励和关注，进而求助者可以自己关注自己并改变自己，从而达到治疗的目标。[1] 以沙盘作为中介，一方面社工与案主共同完成沙盘，在游戏轻松的氛围中，可以有效缓解来访者的焦虑，最大限度地降低防御，促进社工和案主之间关系的建立；另一方面，通过沙盘，案主的想法被具体地展现在面前，有助于案主明白自己内心本来模糊的感受，让案主更好地体验内心世界，深化自我认识，增加自我肯定，进而达到改变和成长的目的。

5. 社会工作者的角色

服务策划者：一方面是制定整个服务计划，社会工作者根据人本治疗模式的指导，将本次个案干预分为五次服务，订立每一次服务的主题和目标，使服务切合人本治疗模式的治疗过程；另一方面是调整每一次服务计划，服务是一个动态的过程，社会工作者既要把握住宏观模式的进程，也要根据微观案主的变化，对每一次服务的具体目标进行调整。

观察记录者：在每一次的服务中，社会工作者不干预服务，而是记录服务的过程，观察案主的情绪、行为，观察咨询师的表现。

---

[1] 曾恕：《越红团体沙盘游戏对促进小学高年级学生心理健康的实验研究》，硕士学位论文，四川师范大学，2010。

评估者：服务是三方参与，因此社会工作者评估的对象有两个，案主和咨询师。评估贯彻于整个服务过程中，社会工作者会评估案主的改变，是否达到了自我成长的目标；还会对咨询师的服务过程进行评估，是否符合人本治疗的要求，会对咨询师的服务技巧提出建议。社工角色如图 9-2 所示。

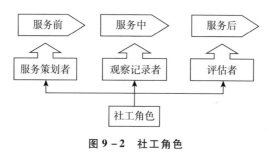

图 9-2　社工角色

第二节　接案及建立关系

X 是一个未成年学员，吸食冰毒、麻古，在戒毒所已有五个月，入所时不满 18 岁。初三开始吸食毒品，高中辍学后成为一个浪迹社会的"小混混"。个高清瘦，白白的，性格看起来很内向。X 由于性格比较孤独，与周围同伴缺乏交流、不合群、不积极参与劳动活动，被执勤队长介绍给 J 警官帮扶。

1. 接案会谈

（1）会谈目的

三人相互认识，建立服务关系；

初步了解案主的信息；

寻找服务的话题切入点。

（2）会谈内容

第一次会谈，先相互认识一下。J 警官介绍自己工作 23 年，有 10 年在做罪犯的心理咨询工作，13 年在未成年戒毒所工作。L 社工介绍自己的身份以及在会谈中扮演的"隐形者"角色，说明会谈的保密性。X 介绍自己是宜城人，入所有一年，现已适应戒毒的生活。X 说这不是第一次见 J 警官，也不是第一次说话，之前 J

警官讲过一次心理健康课，他被提问，J警官让他们做演示，X记得很清楚。

然后初步了解案主X的家庭、朋友，发现X的需求。X说爸爸在他三年级时因一场车祸离开了他，妈妈在他很小的时候就出去打工了，他一直是由农村的爷爷奶奶带大的，他还有一个姐姐，跟姐姐关系比较好。在大队里，X很少跟别人交流，他觉得大家不是一类人，没有共同话题，"说不到一块去"。当J警官问到他特别亲近的人有哪些时，X沉默了很久，然后说"感觉没有特别信任的人，妈妈也不信任，朋友只是一块玩，没有能够谈心的好友"。过了一会儿，X说自己挺希望能有几个亲近的人。

最后再次展现出真诚和希望，并约定下一次的会谈。J警官进一步介绍自己，表示和学员们一起感受过很多人生的悲欢离合，解释自己也许不能真正去解决什么实际问题，但是会一直努力去做一个陪伴者和见证者，并征询X的意见，如果还愿意继续交流，下一次面谈再去交流更多些的话题。X笑着表示可以下一次再继续交流。就这样，我们完成了接案的过程。

（3）过程评估

自我介绍，增加双方的了解。J警官介绍工作经历，显示自己有多年的咨询经验，让案主可以信赖；介绍工作强项，会努力做一个好的陪伴者，打消案主有可能认为咨询对他没有什么帮助的想法；介绍会谈原因，让案主能够放松心态。L社工介绍自己的身份和角色，表现出自己的真诚；介绍会谈的保密性，尊重案主的隐私权。

之前接触的经历，拉近了双方的关系。X在介绍时，提到了之前与咨询师相处过的一次经历，印象很深刻。这说明警官等人员给困境中的戒毒人员的第一印象非常重要，对后续的服务影响也非常大。

谈话的切入点的合理选择，让案主轻松进入会谈。从案主的家人开始谈起，由于案主对他们熟悉，能够很轻松地沟通表达，有利于营造一个放松的氛围。再由咨询师抛出疑问，一步一步引导案主思考，对于后面深入的了解起了铺垫的作用。

敏锐的觉察力，较快地进入话题。在 X 介绍完家人和朋友后，J 警官立刻意识到了关键点"亲近的人"，这个切入点引发的沉默，更靠近了他真实的内心，也节省了更多的时间走完建立关系的过程。

真诚的表露，尊重案主的选择，更容易让案主接纳。J 警官表示做一个陪伴者，体现了双方在一个平等的关系上，更有利于案主接受自己。询问 X 是否愿意继续交流，尊重 X 的选择，切实表现了双方关系的平等。

三人会谈形式的可行性。L 社工观察到，在会谈的过程中，除了社工自我介绍那一段，X 几乎没有把目光投向过 L 社工，可以理解为 L 社工的存在对于 X 并没有产生什么影响，L 社工在会谈中成功扮演"隐形者"的角色。

（4）效果评估

第一次会谈的目标基本达成。三方建立了服务关系。在会谈中，J 警官是咨询师，X 是案主，L 社工是观察记录者。在会谈后，由 J 警官和 L 社工共同分析本次会谈，讨论会谈的效果，制定下一次会谈的目标和计划。

对案主 X 有了初步的了解，对其家庭、同伴资源进行判断。通过会谈发现，X 跟妈妈相处不多，关系并不亲近；对姐姐印象比较好，但是姐姐有自己的生活，两人的联系并不多；跟同伴交流很少，没有亲近的伙伴。

服务干预的切入点可以是 X 的家庭或同伴关系。在谈话中，X 自己清楚地表达出希望有几个亲近的、信任的人可以交流。因此，我们初步确定案主的需求是想拥有关系亲近、信任的人。下一次会谈，我们会更深一步地探索 X 与周围人的关系，主要集中在 X 与妈妈的关系和 X 的同伴关系，从中发现切入点，以便后续深层次的干预。

2. 建立信任的关系

（1）会谈目的

建立信任的关系，使案主开始表达自己的想法、感受；

了解案主的问题，确定服务干预的切入点；

制定后续三次沙盘的主题。

（2）会谈内容

见面时 X 说一切都还好，生活规律而单纯，自己有很多时间还可以看一看书，听起来他已适应了戒毒生活，过得不错。但 J 警官提出了疑问，表示在 X 说一切都好时，"并没有感觉到他内心的好，在他的脸上看不出轻松"。X 沉默了一会儿后说出了最近的烦恼。

> X：妈妈 12 号来会见了，姐姐也来了。
>
> J：她们还好吧？你们聊得还好吧，开心吗？
>
> X：不开心！
>
> J：发生了什么不好的事吗？
>
> X：没有，我不喜欢和我妈说话，我只喜欢和姐姐说话，我妈每次都觉得我什么都不对，一切只有她是对的，只和她说了两句，后面我都只和姐姐说。

由此，我们的谈话便从他的妈妈聊开。在谈话中，了解到他的妈妈的成长史，他的妈妈有三个姐妹，她是中间一个，是最被外公外婆忽视的一个，从小做家务事最多，人也很好强，脾气很暴躁，非常有自己的主见，所以对他的爱也变成对他的一种控制。在 X 的记忆里没有妈妈陪伴的画面，他说很小的时候不太想妈妈，似乎有人给自己吃喝就行了，到了 12 岁的时候特别想妈妈，大了就非常希望有人陪自己，爷爷奶奶只能管自己生活，没有谈过心，也没关注过自己心理的需要。X 从没有把想念告诉过妈妈，他说妈妈和自己很陌生，这种话对妈妈说不出口。

> J：为什么是 12 岁的时候想念妈妈，这个年龄发生了什么想念妈妈？

X 说那时他上六年级，他小时候是个很老实的孩子，低年级时还好，到六年级了就有些坏孩子开始欺负他，他们人多自己不敢还手，所以他们更加喜欢欺负他，一次又一次，他很害怕。和老师说过，结果被老师批评的坏孩子更变本加厉地打他，让他不敢和老师说；他不敢和爷爷奶奶说，知道他们农村的老人也不可能去处理；妈妈远在温州，也是管不了的；如果爸爸在还可以为他出头，去找那些坏孩子让他们害怕，而他什么都没有。到现在妈妈都不知道这些事情，X 觉得自己在妈妈心里一点都不重要，不会关心他内心想什么，没有信任，没有真正的关心。J 警官自我披露了一次她的儿子在学校受到不公正待遇的经历，引起 X 强烈的感触，并让 J 警官一定要给予儿子支持。

　　J：那时有没有可以安慰你的人，就算没有家人，有没有其他的同学或者朋友？

　　X：没有，没有人说，所以慢慢变得不爱说话，包括现在在寝室休息大家都会聊天，我多数看书，或者听他们说。从来不发言，我习惯把什么都放在心里。

　　J：真想抱抱那个 12 岁被欺负的小孩儿，如果时间能重来的话，我想把你扶起来，帮你擦掉脸上的血迹和灰尘，然后拉着你的手带你回家。

　　X：那个小孩儿一直都在我心里，一直都在受着委屈，我想一辈子都没办法让他离开我。

　　这种情况一直持续到初二，他觉得不能再这样下去了，初二放暑假时他认识了几个坏孩子，他有了自己的圈子，有了自己的后盾，谁欺负他就有人帮忙了，他不再恐惧对方人多，并且自己还可以作为强者欺负别人，还可以让别人怕他。从此他不想好好学习了，天天和这些坏孩子一起玩，然后吸毒。

　　（3）过程评估

　　一致性的表达，触动案主内心的感受。会谈一开始，X 表达自己很好，但咨询师从他的表现中感受到不同，咨询师真实地说出了自己的感受，咨询师的重视引起了案主对自己更深的思考和关注。之后 X 沉默了，他目光很黯淡，低头弄指甲，然后十指交叉反复搓着手。咨询师没有打断这种沉默，尊重案主、尊重他的感觉，案主不想倾诉时不去要求他说，更不能强迫。最终，X 开始表露自己内心的感受。

敏锐的觉察力，发现更深层次的问题。J 警官注意到"12 岁"这个关键词，通过追问，发现了一段对 X 影响很大的经历。如果不是咨询师注意到这个时间点，接下来我们很有可能接着聊 X 与妈妈的关系，而不会意识到这个导致他不喜跟人交流的直接原因。咨询师对谈话信息的专注，使案主 X 更准确地了解了自己的内心。

同理心的表现，引起案主强烈的情绪感受。在谈到 X 被同学欺负的时候，J 警官感受到 X 的痛苦，表达了母亲般的关怀，让 X 情绪很激动，他的声音有些哽咽，眼圈都是红的，仍然忍着眼泪，不让眼泪流下来。X 是个性格内向、情绪内敛的人，此时却在咨询师面前展现出这么强烈的情感，这是一个不错的表现，说明案主 X 对这个咨询环境是信任的。

适当的自我披露，引起案主的共鸣。咨询师 J 警官讲了一段自己儿子在学校受到不公平对待的经历，X 听到后一下把身子挺直紧张地表示坚决不能妥协，"否则一辈子会为此自卑的，就像我一样"。J 警官的自我披露，让 X 感受到相似的经历，拉近了双方的距离，有利于建立良好的治疗关系。

（4）效果评估

这次会谈目标基本达成，咨询师与案主建立起了信任的关系，案主表露出很多内心里的感受。X 看起来一直是个情绪很淡的人，然而在这次会谈中，他有三次情绪都很明显，第一次是咨询师真实表示没有感受到案主内心的好时，第二次是咨询师认真倾听案主讲述被同学欺负的经历时，第三次是咨询师真诚地关怀案主时。咨询师真诚、接纳、关怀案主，营造了一个信任、安全的咨询氛围，让 X 感受到尊重和理解，他开始认真地思考自己的经历和感受、真诚地表达自己的感受。这有利于他梳理自己的想法，直面自己的内心，重新认识自我，重构自我概念，达到自我完善。

　　通过这次会谈，明确了案主的问题：少年时期那段被欺负的经历对他产生了深远的影响。第一次会谈时，X 就提到没有亲近的人，不喜欢跟别人交流。这次会谈前期，X 还是围绕着家庭方面讲述自己的关系，到会谈中后期，才暴露出在学校的同伴关系情况，而且 X 在讲述学校同伴关系时，明显情绪更加激动、感受更强烈。X 表示，在被同伴欺负后，周围人看他的眼光让他觉得很自卑，而他只能一个人默默地承受这些打量，没有人来安慰他、帮助他，渐渐地他就不喜欢跟人交流了，有什么事情都放在心里。他在成长过程中保护自己形成了硬硬的外壳，就算心里再受伤也不让自己表现出懦弱。就算会谈中声音哽咽，他也一直努力让整个叙述不停顿，以让别人认为他能面对。妈妈的缺位是 X 性格孤僻的间接原因，而 12 岁时同学的欺凌，以及无人关怀才是导致 X 现在不喜跟人交流的直接原因。

第三节　服务计划及介入过程

　　通过前面两次会谈，我们明确了 X 的问题在于同伴关系，少年时期被同伴欺凌的经历与现在不喜与人交往的现状相重叠。接下来的干预，我们会从同伴、人际相处这个切入点继续展开。考虑到案主的问题是由过去的经历引起的，所以我们会让案主从对同伴的认知上思考感受。

　　咨询师 J 警官擅长沙盘治疗，结合沙盘能更清楚地理解案主内心的感受，帮助案主了解自己，因此，服务干预过程会以沙盘的形式进行。服务干预过程分为三个阶段：第一个阶段是表达消极的感受，由于案主的症结是由过去的经历引起的，所以沙盘的主题定为"回忆"；第二个阶段是产生积极的感受，通过前期的服务，案主对自己产生新的认知，明确自己的需求，所以沙盘主题为"悠闲的一天"；第三个阶段是强化案主感受的变化，让案主相信自己的改变，有勇气面对未来，所以沙盘主题为"出航"。

　　在每次服务中，遵循沙盘疗法的过程，先请案主制作作品，咨询师和社工不做任何指导，由 X 自由创作，"请用这些玩具在沙箱里做个什么，随便做什么都可以"。然后是交流作品，请案主用心理解自己的作品，讲述作品的内容，体验作品带来的感受，咨询师做适当引导，"请说说作品中的故事吧"，"你为什么会这样创作呢"。最后是拆除作品，对沙盘作品拍照存档后，请案主拆除自己的创作。

1. 表达消极的感受

（1）沙盘计划

沙盘的主题定为"回忆"，案主 X 回忆过去的经历，表达消极的感受。由于案主的症结是由过去被欺凌的经历所导致，而且案主吸毒也是在那个时期被同伴所影响，所以回忆，能让案主重整过去消极的经历与感受。第一次沙盘作品如图 9 - 3 所示。

图 9 - 3　第一次沙盘作品

（2）案主对沙盘的解读

①季节是夏季，有风，有点热但是风让人很清爽。作品由四个部分组成，有三个部分与自己看过的动画片有关，一个是机器猫，一个是柯南，一个是海贼，还有一个部分与海边有关。

②在机器猫部分，机器猫放在大雄的后面，机器猫是小孩、是大雄的玩具，所以要站在后面。大雄总是受到别人的欺负，但是机器猫会想出很多好办法，制作很多好玩的东西，来吸引那些欺负大雄的孩子，让他们可以和好一起玩。关于为什么会选择这样的组合，是因为特别喜欢这种方式，我不想像在外面时那样，别人打了我，我又找人打他，他又找人打我，一直打来打去，永远都报复不完。我希望像机器猫一样有智慧化解矛盾，以前在外

面时没这么想过，现在想起来特别没意思。

③至于为什么机器猫和柯南两个部分都摆放了狗，是因为他们需要保护。一是柯南被人暗算，身体变小了，并且那些坏人一直在找他，所以有条狗觉得安全些；二是大雄总是被别人欺负，所以他们也需要一条狗保护他们。

海贼没有狗，因为他们很强大，是剑客，所以不需要狗的保护，他们不但有能力保护自己还有能力保护别人。他们虽然是海贼，但以前也是好人，只是想争夺一个海贼王的荣誉而加入海盗船。尽管这个群体不好，可是他们一样会帮助别人，帮助一些弱小的人，那个骷髅的人是一个特别幽默的人，很开心，他们不但能保护自己还可以保护别人。

④海边有一只大海龟、两只小海龟和一只螃蟹。这只大海龟是从大海里游上来的，他是来晒太阳的，他想找个伙伴聊天，他会先找那只和他颜色相似的小海龟聊天，他们有可能成为朋友，然后会找另一个橘色的聊天，他们可能会聊得来。但是和螃蟹可能没办法聊，他们是不同类的，而且螃蟹是有攻击性的，所以不可能静下来聊天。

⑤海龟从来没和妈妈生活在一起，他们破壳而出后，都是自己游向大海，没有妈妈的陪伴，我喜欢看《动物世界》所以我知道他们是这样的。海龟是孤独的，他总独来独往，但是他又是宽容的，平和的，他们很安静，很温和。我好像是这只海龟。

⑥贝壳一半掩在沙下，一半露在外面，因为这样会比较安全，全部暴露在外面很危险。我平时睡觉喜欢靠着墙那边睡，这样比较安全，在小组里我不喜欢说话，一般听别人说，别人也看不到我的内心，不知道我的喜怒哀乐，别人都以为我很乐观、很开心，其实不是这样的。

（3）沙盘分析

①沙盘的四个部分都与案主童年看的电视记忆有关，案主很熟悉他们的故事，很乐意讲他们的故事，讲起来津津有味。

②沙盘很"干"，即使是海边的故事，也没有水出现，让人觉得没有旺盛的生命力，内心有些枯竭的感觉。

③所有的故事都有强弱对比，都有保护和被保护。案主希望成为强大的人，像海贼一样，自己可以保护自己还能保护别人，并且在黑暗里也可以成为一个好人，暗藏他内在的向好的动力。

④需要安全和平和的环境，不希望以恶制恶，要去想办法化解矛盾冲突，希望和平解决。案主对以前的方式有反思，对以前的打斗厌倦，听到内心希望和平的声音，感到自己以前打打杀杀很幼稚。海龟是从海里上了沙滩，有回归的迹象。

⑤希望有朋友，需要陪伴，渴望交流。希望有朋友对话，希望打开封闭的状态，渴望交流，而现实中没有交流。案主对海龟的理解很深刻，觉得自己是它，从小没有妈妈，独自一个人。案主和妈妈的距离很远，渴望被保护，需要陪伴。

（4）社工对服务的评估

①对咨询师服务评估

在沙盘过程中，咨询师不干预案主的创作。咨询师在服务开始前，向案主介绍沙盘的使用方法，然后就不再干预 X 的创作，只在案主有疑问时给予解惑。沙盘规则完全无限制性，案主可以任意、自由地变动沙盘上的物件，体现了对案主的尊重，以及案主的主导型地位。

在案主讲述沙盘故事时，咨询师不做任何评价。案主在讲述中，有时会对自己的某些行为进行反思或评价，觉得自己以前打斗的行为不好，但咨询师从不对 X 的表述进行评价，不评价他的行为的对错，也不评价他的反思的好坏，只是鼓励案主继续。人本治疗模式的一个服务要素是非指导性，信任案主自身的能力，他能够对自己的行为负责。

咨询师不将自己的理解映射给案主，专注地聆听案主自己的感受。每个人的成长经历不同，对社会的建构也不同，同一个物件，咨询师的理解和案主的理解也有差异。咨询师事后跟社工说，她以为那个骷髅头代表"死亡、消极"，但她没有说出来，听到案主讲述后，才知道是"幽默和开心"的象征。咨询师不会带入自己的理解，只在觉得困惑时，提出自己的疑问，促进案主的思考。

②对案主评估

人性观：根据罗杰斯的看法，对人性都有着非常积极的肯定，[①] 从这次沙盘及交流中，我们也感受到案主 X 的善良和美好。在机器猫部分，案主描述了大雄被欺负时是怎么解决矛盾的，表示对这种有智慧的化解方式非常羡慕，反思自己以前打斗的行为，觉得很没意思。还有海贼，虽然这个群体在外界听来很不好，但是这个群体中的人都很善良，很有正义感，会帮助别人。从案主的描述可以看出，案主表现了一种对善良、正义、智慧的肯定，对暴力、争斗的抨击。

自我概念：案主对自我的认知会随着成长而改变，在这次沙盘及交流中，可以发现案主对自我、对同伴关系和对周围环境的认知。案主 X 觉得自己像沙盘里的海龟，"孤独的、安静的，没有妈妈陪伴，想找个伙伴聊天，但只会找同类聊天，还不知道会不会聊得来"。对于同伴关系，是强大与弱小、保护与被保护的关系，这在对机器猫、海贼、柯南的表述中都明显地提到了，就连海龟也有大小的差异。而且只有同类才能成为朋友，海龟会跟同类聊天，但是不会跟螃蟹交流。对于周围的环境，案主 X 觉得是不安全的，他会像贝壳一样把自己掩藏一些，默默观察了解周围的人，不会展示自己，是一个单向联系的状态，只接收信息但不输出信息。

实现倾向：每个人都有需求，有实现的倾向，案主展现出来的是安全的需求。马斯洛认为，人整个有机体是一个追求安全的机制，安全的身体、安全的环境。[②] 案主表现的倾向是渴望平和的环境，反对以前以恶制恶的方法，希望能和平解决；希望强大，能够保护自己也能保护别人；希望能够静下来找个伙伴聊天；希望像海龟一样是宽容的、温和的，像大雄一样友好地跟朋友一起玩。

---

① 罗杰斯：《论人的成长》，石孟磊等译，世界图书出版公司北京公司，2014。
② 王绍文：《社会个案工作理论与案例》，经济科学出版社，2009。

2. 产生积极的感受

（1）沙盘计划

沙盘的主题为"悠闲的一天"，让案主想象悠闲的一天的生活，让案主发现积极的感受。上一盘回忆让案主表达出了一些消极的感受，但是通过交流也发现了案主对积极生活的向往、对同伴的需求，因此，这一盘让案主想象悠闲的一天，探寻自己内心的追求，展现出内心积极的感受。第二次沙盘作品见图 9 - 4。

图 9 - 4　第二次沙盘作品

（2）案主对沙盘的解读

①这是一个夏季的傍晚，有晚霞，心情很放松。很多小伙伴在这个时间里愉快地玩耍，有的在打拳，有的在弹琴，有的在看书，有的在下棋。小时候有晚霞的傍晚是最喜欢、最放松的时候，下午放学回家，我会走一条田野里的小路回家。夕阳西下，我们开心地跑跳着回家，景色很美，心情很好。

②内圈有三个着彩色衣服的小孩，弹琴、下棋、看书。这里缺少一个画画的小人，中心的小人应该是第四个，这样琴棋书画才是全的。内圈里的三个小孩，是很好的伙伴，他们有相同的爱好，能够彼此了解内心，非常谈得来，他们内心的距离很近。生活中，我信任的人很少，连我妈妈也不信任。在大队里，以前还和其他的学员玩一下，最近有两个学员因为玩游戏输不起，不理我了，我觉得和他们不是一类人，不玩也好，不想和他们玩那么幼稚的游戏。我特别渴望能有彼此信任的伙伴，就像这个红衣服的小孩儿，弹琴给他们听，他们因为琴声忘记复杂的现实，只用心读书、用心下棋，做自己喜欢做的事情，没有杂念；这个红衣

服的小孩也因为他的琴声可以让其他人听到，让其他人舒服，而获得自己内心的喜悦，他的心情也很好。

③外圈白衣的小人，他们离中心的人物是有距离的，他们只是在其中烘托氛围的，与内圈里的三个人是没有太多关系的。生活中只要有两三个很信任的人就可以了，其他的人只是一种环境，自己可以与他们无关。

④四个角落里都有植物。我原本想要四棵高大的树，但是只找到两棵，所以找了两盆花，一盆红色的、一盆黄色的。看到这两盆花感觉心情比较好，所以选了它们，植物分布在四个角落很稳定。

⑤我觉得这一次的沙盘与上一次的有很大的不一样。上次好像都是一些负面的，孤独、需要安全感，这一次更阳光些、更有活力些。现在也觉得自己的心情与上周比有了变化，感觉开阔些，感觉自己站得也高些。上次摆完后，我也老想起那个沙盘，我觉得沙盘很神奇，能看见自己内心的样子。

⑥这周心情好可能也与和妈妈通话有关。和妈妈打了电话，她说上次因为打牌输了，所以挂了我的电话，其实妈妈不是不关心我，只是她太关心，只想让我按她的想法去做才能够觉得安全，只要我超出她可以掌控的范围她就很害怕。

⑦我感觉我能戒毒。妈妈总觉得必须关满两年才能戒毒，我觉得戒毒不是依靠关的时间长短决定的，而是靠自己的决心，我可以戒掉，只要下决心，离开以前的圈子，到外地找一份工作，年底我才满十八岁，一切都还不晚。

（3）沙盘分析

傍晚放学，没有学校让他担心的欺负，没有功课，像一只小鸟飞奔在田野，天边有晚霞，那是他童年最放松的记忆，他一直渴望这种内心自由无忧的环境。

案主不希望受外界的干扰，只想专注自己喜欢的事情。他想用自己的方式影响自己身边的人，让他们也不受外边的干扰，他能够与同自己观念不一样的人保持距离，他说以前在外面他喜欢热闹，现在不是这样了，只想要内心互相了解的朋友，想要观念一样的朋友。他在渐渐厘清自己的思路，让自己不受别人的干扰和诱惑，这样的思维方式对戒毒是很好的。

案主做事认真，追求完美。一是内圈的小人，他说缺少一个画画的"因为要琴棋书画才是完整的"，并且他想到了如果找到画画的小人，他会四角对称地摆放。二是周围的四棵植物，他想找四棵树，只找到两棵，虽然还有其他的树，但他说不是他想要的，于是他找到了两株鲜艳的花。虽然看上去树和花不是同类，但是在能量上感觉这两株花旺盛的生命力是可以和高大的树相等的，所以他用了花，他说花看上去让人心情好。

这盘与上一盘相比有很多积极的变化。一是上一盘的植物矮小、生命力不旺盛，这一盘生命力更强了，他说感觉这次"一下站得更高一些、心情更阔一些"。二是上次沙盘中都不是现实中的人物形象，基本上都是童年看的动画人物，这次他摆的是现实的人物，从回忆慢慢关注到现在的内心。三是上一盘的主题是孤独、是强弱对比、是安全感的需要，这一次他关注到的是自己和他人的关系、距离和独立。四是他意识到自己与上次心态上、情绪上的不同，开始觉察自己的内心。

（4）社工对服务的评估

①对咨询师服务评估

咨询师像一面镜子，扩展案主对自我的了解。维护人本治疗模式的自我疗愈性，建立来访者对自我的探讨和觉察，咨询师的引导非常重要。引导不是指导，咨询师帮助案主从沙盘中找到通往内心的线索，增加对自我的探索和了解，不要向案主灌输咨询师的想法和评价。

咨询师不提戒毒，但案主自己会思考。对于戒毒的学员，戒毒话题不可避免，但咨询师几乎没有提这个话题，不会把谈话引向戒毒。但是这不代表案主不会思考，戒毒是案主 X 目前生活中最主要的事情、想得最多的事情，当我们谈到他的生活、经历、感受时，他会自己想到戒毒。咨询师不必去强调，案主自己的感悟和体会才是最重要的。

②对案主评估

人性观：这次的沙盘和谈话，可以体现出积极的人性，追求完整、规律。案主在选择中心圈的小人时，追求琴棋书画的完整，四周的植物想找一样的四棵大树，由于沙盘摆件的缺失案主还觉得很遗憾；对于物件的摆放，案主同样很仔细，中心的三人、中间圈的五人、外圈的四棵植物都是等间距摆放，树与花两两对称。根据弗洛伊德自我、本我、超我的划分，这里体现的是对超我的追求，追求完美、遵循规律。①

自我认知：通过这次谈话，可以发现案主对自我又进行了思考，产生了新的认知。一是对自我的肯定，相信自己能够戒毒，而且对如何戒毒有一定的思考，"不取决于隔离时间的长短，而是与自己内心的坚定和周围的环境有关"。案主对自己有信心，这种信心不是盲目的，而是经过理性思考得出。二是对人与人关系的认知，"有两三个很信任的人就可以，其余人都是烘托"。这与费孝通的差序格局一致，人的社会关系，就像一个石头扔入水面扩散的水波纹，一圈一圈向外扩展，中心圈是最核心、最紧密的关系。② 案主自己感受到了这一次沙盘与上一次沙盘的变化，正在逐渐厘清自己的思绪，他正在进步。

实现倾向：根据马斯洛的需要层次理论，人的需要是呈渐进式的，满足了低层需要后，会追求更高的需要满足，最终达到自我实现。③ 案主的需求较上一次也呈现提升，案主在上一盘中表现出对交流、安全的强烈渴望，这一次上升为对情感、信任关系的需求。上一次，案主表示"希望能有人可以聊天、有人关心和保护"，这一次沙盘前，案主刚跟妈妈通过电话，感受到妈妈的关心，满足了他的需求，于是他开始进一步地希望能加深关系，获得信任的人。

3. 信任感受的变化

（1）沙盘计划

沙盘的主题为"出航"，意味着对未来的希望，重新起航！展现案主对自己的信心。前期的服务，案主已经意识到自己感受的

---

① 陈志霞：《个案社会工作》，华中科技大学出版社，2006。
② 费孝通：《乡土中国》，北京出版社，2005。
③ 王绍文：《社会个案工作理论与案例》，经济科学出版社，2009。

变化，心态变得更积极，这次服务会强化案主的这种感受变化，让案主相信自己有所改变、有所成长，更加积极、更加自信地面对生活。第三次沙盘作品如图 9－5 所示。

图 9－5　第三次沙盘作品

（2）案主对沙盘的解读

①沙盘有两个部分，形成对峙的局面，一边的人物来自以前看过的动漫《海贼王》，另一边是几条凶恶的鲨鱼。海盗的船即将出海，但是前面充满了各种危险，海盗此时的心情澎湃，对未来充满了向往。

②海贼王人物按照与主要人物路飞相识的先后顺序排列，排列有条理。在人物最中间的是主人公路飞，路飞从小寄养在别人家里，没有与自己的父母、亲人住在一起，在与寄宿主人家的孩子相处时经常受欺负，但是他还是傻傻地追着这个孩子玩儿，虽然他不愿被欺负，但更怕孤独。我很喜欢他有爱心、做事说干就干、对他人很好的性格特点。其他人物有厨师，象征滋养补给；有一只鹿，担任医生，负责疗愈修复；有航海者，确定航行的方向；有考古学家，拥有丰富的知识，能够解答大家很多疑问；有一个剑客，代表着强大和勇敢；有着卷发的骷髅头，代表幽默。每个小人都有自己的故事，每个人对这艘船都有非常重要的意义。人与人之间的关系是相互补充，共同在大海上的一艘船上，以自己的方式作用于集体。几个人要想达到自己的目标，要有正确的方向、智慧、幽默、及时的自我修复，只有这样才能够走向未来。

③鲨鱼代表着海上的危险，表明会有很多困难。现在的生活

中，我性格变得沉默，对自己未来的思考越来越多了，对于出去后的生活也感觉到了困难。一是出所以后的就业问题，自己对生活过高的物质要求与自己所能赚的钱之间存在很大的差距；二是尊严和脸面，在外地可以当服务员，在本地就不可能了，觉得面对熟悉的人拉不下面子；三是与妈妈的沟通存在问题；四是自己很后悔以前因为一点小事为了自己的尊严就去打架，现在感到自己慢慢成熟起来了。

（3）沙盘分析

第三盘的故事是一个整体，出现了海盗和鲨鱼对峙的状态。鲨鱼挡住了海盗的去路，但是他们仍然勇往直前。这个沙盘主题是"出航"，意味着新的开始，将要有新的生活。鲨鱼意味着将要面临的困难，虽然困难重重，但是起航势不可当。案主觉得自己也面临很多困难，但是这并不能阻碍他重新开始新的生活，他对未来充满向往。

跟案主一起分享每个小人的故事，发现每个人对这艘船的意义。理想和象征的发现需要在交谈中挖掘，每个物件都有自己的意义。八个人物角色还有一艘船，每个都有自己的故事经历，都有自己的目的梦想，但是他们作为一个团体相互帮助，发挥自己的能力，共同作用于整体。

案主的心境发生了转变。谈话时，案主与咨询师的交谈比较放松，双腿伸直，没有端坐，身体的完全放松也说明内心的敞开。沙盘人物同样来自《海贼王》，第一盘他的主题是"回忆"，他用了剑客做自己最喜欢的人物。第三盘他引入了这艘船上的所有成员，由路飞作为核心，并且最喜欢路飞。一艘船的领导者被喜欢，有很多表面的理由。但是深入地了解才能发现，路飞从小与案主有很相似的地方，一是没有父母陪伴，二是受周围孩子欺负，三是深深的孤独感。但路飞仍然傻傻地跟着欺负他的孩子玩，并在这个过程中与那个孩子产生了感情，在失去这个朋友的时候伤心欲绝。这次沙盘中宽恕与欺负相融洽，表现了他正在把对被欺负的受伤害感慢慢变向宽恕的心路历程。

案主脱离沙盘考虑现实问题。案主表示每一次沙盘摆放的时候什么也没想，但是事后通过交谈总能感受到一些启发。沙盘的治疗性不是简单地摆物件就能完成的。咨询师是陪伴者、见证者、引导者，以包容的态度与安全的环境，打开一扇扇可能与案主内心相连的门，带领他寻找与自己内心深处的连接。沙盘的非指导性、不评价，不是不关注、不讨论现实问题和现状，而是不把沙盘呈现出来的事物意象化。但是案主离开沙盘自然需要讨论现实问题，在这次谈话中，X 呈现出来现实里的问题，一是与家人的沟通；二是学员间的距离感；三是自己内心逐渐关注、思考未来，而且为之担忧。

（4）社工对服务的评估

①对咨询师服务评估

咨询师继续保持着非指导性、不评价、不批判原则，营造安全、轻松、信任的氛围，尊重、接纳案主，真诚聆听、理解案主的讲述，引导案主对自我的思考，促进案主的成长。

②对案主评估

人性观：罗杰斯强调，人的行为是理性的、是有目的地向着自我实现的方向发展。[①] 案主这一次的沙盘比较简单，更多的是对未来的理性思考。他罗列了出所后可能会遇到的困难，也结合自身和环境思考了解决困难的办法，他对未来充满向往和担忧。但即使困难重重，他也已经做好了准备。

自我认知：案主在这一次展现出来的自我概念的发展有两项。一个是宽恕，对以前被欺负的经历产生宽恕，案主再次提到对以前打斗行为的感受，觉得以前那种行为很幼稚，自己现在慢慢成熟，不再想着报复回去；对妈妈的宽恕，之前的几次服务，X 都抱怨妈妈脾气不好、不理解他、不信任他，这一次他不再是单方面地埋怨妈妈，而是思考自己与妈妈的沟通，意识到这是双向的问题，这是一个很大的转变。二是对未来职业发展的规划，X 开始思考自己出所后的生活，想到会出去找工作，对自己的能力有清楚的认识，也意识到自己的物质要求过高，会做出改变。

---

① 罗杰斯：《论人的成长》，石孟磊等译，世界图书出版公司北京公司，2014。

实现倾向：这次谈话，发现案主被尊重的需要。马斯洛把尊重分为内部尊重和外部尊重。[①] 内部尊重就是人的自尊，是指一个人希望在各种不同情境中有实力、能胜任、充满信心、能独立自主。案主曾经被人欺负觉得很自卑，于是在自己强大之后，为了尊严因一点小事就跟别人打架，现在觉得这种行为并不是有实力、有尊严的表现，所以不会再这样争斗。外部尊重是指一个人希望有地位、有威信，得到别人的尊重、信赖和高度评价。案主觉得在本地打工当服务员被熟人看到很没有面子，所以会出去找工作；跟妈妈的沟通问题，其实也是没有得到妈妈的尊重，觉得跟妈妈的关系很不平等，被妈妈强行控制着。这两项都是来自外部对案主的尊重。人人都希望自己有稳定的社会地位，有要求个人的能力和成就得到社会承认的倾向。

第四节　结案及评估

1. 结案

结案指的是结束服务过程，回顾之前的服务内容，肯定案主发生的积极改变，增强案主对自己的信心，促进人格完善。

通过几次的服务干预，案主创作的沙盘及感受发生了明显的变化。在沙盘结构上，表现出案主的心境从独立逐渐走向联系。第一盘是四个独立的部分，各自占据着沙盘的一条边，四个部分之间几乎没有什么联系。第二盘表现的是圆圈包围的形势，画面上呈现共通性、融合，但是案主解释两圈人之间没有联系，各不相关。第三盘表现的是一个完整的故事，虽然呈现对峙的画面，但是双方来自同一个动漫，相互间有联系。从沙盘的感受上，展现出案主对自我社交概念的变化。初始展现的同伴感受是强大与弱小，欺负与被欺负；然后对于同伴的感受是物以类聚人以群分，有共同兴趣的为一类，不同类之间界限分明；最后展现出的是融合，一个团体中，人们各有所长，相互配合，共同作用于整体。

[①] 何雪松：《社会工作理论》，人民出版社，2007。

在第二盘开始时已经有大队民警反映他现在能够融入戒毒生活中，已经不需要咨询，可以换其他人。但咨询师和社工还是按照计划完成三次沙盘服务。服务要注重完整性，确定达到了服务的目标，不能够用现实的危险性来衡量。在服务结案后，并不意味着对案主的联系就此中断，只是社工退出了有计划的干预，咨询师作为案主的"警察妈妈"，还会持续关注案主，在案主需要时为其提供支持。

2. 评估

评估是指工作者及相关专家对个案工作的整个过程及其结果的评定过程，既要考虑服务过程的介入是否合理，也要考虑服务效果是否达到预期目标。评估不只是在个案结束阶段进行，而应贯彻在整个服务中，从个案接手时便已开始，直到个案终结。[①] 在本研究中，笔者将服务分为接案、干预、结案三个阶段，共进行了五次服务，为了使服务的开展更加符合案主的需求，笔者在每一次服务后都进行了阶段性评估。在此，笔者将对整个服务过程进行综合评估，包括服务提供评估和服务效果评估。

（1）服务提供评估

服务提供评估有时也称为行动评估，评估为达到案主某种程度的改变而提供的一切行动。在本研究中，主要是咨询师提供服务，因此，在此对咨询师的服务方法、技巧进行评估。

①营造促进成长的氛围

人本治疗模式认为，每个人天生有自我实现的能力，只要营造出富有支持性的心理氛围，人的潜能就会被调动出来。因此，服务的首要任务是提供一个安全、信任的服务环境。罗杰斯强调营造促进改变的氛围必须具备三个要素：真诚、接纳、共情。本研究中，J警官充分展现了人本治疗师的素质，在第一次会谈中，就与案主相谈甚欢，建立了良好的服务印象。第二次会谈刚开始咨询师就用真诚和共情直击案主的内心真实感受，虽然很直接，

---

① 法利、史密斯、博伊尔：《社会工作概论》，隋玉杰等译，中国人民大学出版社，2010。

但是并没有引起案主的反感，还让案主感受到理解，这就是咨询师的魅力。在每次的会谈中，咨询师都注意营造安全、轻松的会谈氛围，这些表现不是咨询师刻意为之，而是基于对案主的尊重、专注和理解自然而然表现出来。在这个安全、信任、促人成长的氛围中，案主能够自由、开放地表达自己的感受，促进自我认知。

②非指导性服务

指导建立在指导者比被指导者优越的基础上，前者为后者进行选择、制定目标。人本治疗模式信任人的能力，发挥案主的主观能动性，让案主自己努力承担改变的责任。非指导性不是任由案主自由发挥，而是对案主加以引导，让案主自己去思考现状、发现问题、解决问题，注重开发案主的潜能。在本研究服务中，每次服务前都没有限定会谈的主题，而是在会谈中根据案主 X 自我表述时反映的情感，指出特定的问题进行交流。在会谈中，案主 X 反思自己以前打斗的行为，J 警官没有对他的行为进行评判，而是说明他的行为所反映的情感。案主最后一次会谈提到自己的困惑，J 警官没有明确建议他采取哪些具体行动，而是引导他思考解决问题的方法。在实践过程中，根据案主的特点适当调整引导方式，从而促进当事人的自我发展。

（2）服务效果评估

人本治疗模式的服务目标是协助当事人更加独立，恢复本性和自我，能依照自己的意愿办事，使其性格更为统合。罗杰斯相信，通过工作员的帮助，案主会达到五种改变，[1] 以下会结合本研究中案主 X 的情况逐一进行评估。

①对经验的开放，能更直接地表达自己的意见和情绪

案主在工作员提供的安全、宽容的环境中，会放下心里的防备，比较自在、真实地表达。最初案主的语言会比较隐晦，倾向于对经验进行取舍、歪曲、否认。经过咨询师的帮助后，会更自由地体验个人内部世界，直接表明自己的观点和情感。案主 X 在第二次会谈开始时，表示自己过得挺好，否认了自己的真实感受，

---

[1]　陈志霞：《个案社会工作》，华中科技大学出版社，2006。

在 J 警官真诚地表现关心理解后，才表现出真实的感受。

②能更准确地评估自己的经历及周围的事物

案主变得能够有勇气坦然面对自己过去那些与自我概念不相符或不愉快的经历，更准确、更客观地认识周围事物、体验与评价相关经历、探讨相关原因。在前几次会谈中，案主 X 认为自己与妈妈存在很多矛盾，抱怨妈妈脾气不好、不理解他、不信任他。通过几次会谈，案主意识到妈妈对自己控制太强也是因为过于关心自己，开始思考自己与妈妈的沟通问题。

③能重整自我概念，与经历更为调和

案主综合自己的体验，重新考虑他的自我形象，减少自我概念与经历之间的矛盾，不再需要否定或歪曲经历。案主重新建立对外界事物的真实反应，这些反应是基于自己真正的意愿，而不是基于那些被称为有价值的条件，因而他能够处理过往困惑他的处境，逐渐迈向成熟，他会选择一些增强自己积极体验的行动，充分发挥自己的功能。案主 X 以前被同学欺负觉得很自卑，为了挽回自己的尊严，他逐渐变得强大，经常与别人打斗以证明自己的能力。通过服务，他表现了自己真正的意愿，内心里并不喜欢争斗，案主开始反思自己的行为，并决定采用智慧、平和的方法解决矛盾。

④更信任自己，不再害怕自己的情感

对自己的信任和接纳不再是有条件的，而是完全由衷的。虽然每个人都会犯错，但由于对经验的开放，犯错后可以迅速觉察和纠正。案主不再害怕出错，不再害怕自己的情感，相反，他可以欣赏和体验源于内部的丰富情感。案主越来越相信自己能够在任何新环境下找到最适当的行为方式。案主相信自己能够戒毒，他觉得自己虽然犯错了，但出去后能改正错误，出所后换个环境，离开以前的朋友圈子，换个新环境自己能很好地生活。

⑤愿意体验生命的变化，而不是追求一个固定的、理想的目的地

案主承认生命如流水，生命的意义就在于这种流动和运动变化的过程，而不是单纯地追求目的地，不是用最终结果来评判生

命的价值和意义。案主开始享受生命过程的欢乐，体验成长过程中的变化，获得内在收获，达到自我实现。这一改变在本研究服务中没有明显表现，但是案主对未来生活的向往和无惧，可以展现案主的积极心态。

第五节　结论与反思

本研究通过以人本主义理论为理论基石来干预戒毒学员，将人本主义理念和社会工作的方法相结合，来探讨强制隔离戒毒中人本主义的适用情况。一方面，从专业社工角度、以人本主义模式来干预强制隔离戒毒学员，验证了沙盘模式的适用性，对于我国戒毒方法的探讨、对于人本主义模式应用领域的延展，都具有理论上的意义。

另一方面，作为实务模式本土化应用的一种尝试，有利于进一步探讨这种治疗模式在本土服务中的可行性。强制隔离戒毒是我国戒毒体系中至关重要的一个环节，是关系社会民生的政府举措，也是一项实现社会文明、促进人的发展的必要工作。在强制隔离戒毒所中，研究者的重点大都锁定在戒毒上：戒毒动机、戒毒信心、戒毒行为等。然而，诸多研究表明，彻底戒毒难在"心瘾难除"，片面地只关注戒毒，并不能真正解决问题，在学员回归社会后，难以继续保持操守。要彻底地除掉"心瘾"，必须实现戒毒学员的自我成长，需要其自觉抵御毒品的诱惑。因此，能否汲取"人本主义"的精神营养，将人本治疗模式落实到强制戒毒的具体工作中去，达到人的自我实现的终极理想，这些是本研究的意义。运用人本主义理论来干预戒毒，为禁毒社会工作提供新思路、新模式，对现实戒毒工作的开展、对戒毒社工队伍的建设、对戒毒成果的巩固等，都有实践意义。

1. 结论

（1）人本治疗模式干预能促进戒毒青年学员的人格完善、自我成长

运用人本治疗模式介入强制隔离戒毒所学员，工作者的任务

是在一段时间内尽量与学员建立起良好的关系，让学员能够敞开心扉，宣泄自己的感受，汇聚自我的力量，改变一些自我的价值观，从而成为守法公民。与案主的关系是人本服务的精髓，这就是说，工作者要接纳案主，要理解和尊重他，让他对工作者产生信任，愿意如实倾诉自己的想法、感受和问题。通过这一温暖的、有支持性的纽带，案主可能会改变。服务者要相信，只有案主自己才是真正了解自己的人，而工作者只能通过建立和谐的、接纳的合作关系帮助求助者更好地理解自己，从而获得自我成长。在本研究服务中，咨询师 J 警官抱有非批判的态度，能够敏锐察觉案主 X 的需求，不管案主的想法、行为表现如何，都会表现出尊重他的完整性和个性。通过几次服务，案主 X 的自我概念有了很大的改变，更加切合自身的经历，对自己有了更加深刻的认知，实现了人格的完善。

（2）人本主义理念在戒毒所中的推广有重要意义

社会对待罪犯的传统观点是要对他们采取强硬的态度，最大限度地控制罪犯。然而，这种敌对的立场造成了"他们与我们"的情形，[①] 这只会加重许多罪犯改变行为的矛盾心理。动机性会谈是一种直接的但以当事人为本的会谈方式，它的要点是温暖、感同身受、提关键性问题和反思性倾听。动机性会谈用于犯罪工作，通过移除外在束缚罪犯的力量，重点从社会要求罪犯做改变转成了罪犯自己想要做改变。有研究显示，权威取向的促进行为改变的方法比以内在动机为目标的方法效果略逊一筹。如今，社会工作越来越多地参与到吸毒者的矫正中，但对吸毒者仅把目标设定为戒毒是不现实的，成瘾者经常会在出现危机时重新使用毒品。工作者必须相信个人是向着自我实现努力的，要意识到戒毒目标的达成是需经过多次反复的，要意识到不管戒断期坚持了多久，都是向前迈进了一步，对吸毒者、家庭、社区来说都有重要意义。

---

① 法利、史密斯、博伊尔：《社会工作概论》，隋玉杰等译，中国人民大学出版社，2010。

（3）马斯洛的需要层次理论在服务中有很好的体现

马斯洛把需要分成生理需要、安全需要、社交需要、尊重需要和自我实现需要五类，[①] 依次由低到高。生理需要，只想让自己活下去；安全需要，对人身安全、生活稳定以及免遭痛苦、威胁或疾病等的追求；社交需要，对友谊、爱情以及隶属关系的需求；尊重需要，既包括对成就或自我价值的个人感觉，也包括他人对自己的认可与尊重；自我实现需要，对于真善美至高人生境界获得的需求，如自我实现、发挥潜能等。一般来说，某一层次的需要相对满足了，就会向高一层次发展，但这并不表示低层次需要的消失。同一时期，一个人可能有几种需要，但每一时期总有一种需要占支配地位。案主第一次沙盘主要展现对安全的需要，在学校被同学欺负，变得不敢表现自己、不敢拥有社交生活，以借此来保护自身安全。第二次沙盘展现对社交的需要，渴望有两三个信任的人，获得情感上的交流。第三次沙盘展现对尊重的需要，反思以前用暴力证明自己强悍以让别人认同自己、获得尊严的行为，思考出所后找工作的面子问题。咨询师并没有刻意引导，案主自身的思考过程完全契合需要的发展。

（4）家人、同伴关系对于儿童青少年的个人成长有着重要影响

建立良好的关系、营造促进成长的氛围不仅适用于治疗师与来访者，它们适用于以个人发展为目的的任何情景。[②] 家人、同伴良好关系的建立以及健康的家庭成长氛围对于青少年个人的成长和发展有积极影响。一个孩子的成长面临很多挑战和困难，父母除了让孩子衣食无忧，还要给予心灵的陪伴，在他们无助时给予力量，在他们不被信任时给予宽容，在他们走错路后仍可以给予希望。虽然生活的艰辛让很多父母不得不外出打工，让自己的孩子成为留守儿童，但是通过电话、通信也可以和孩子沟通，可以

---

① 何雪松：《社会工作理论》，人民出版社，2007。
② 法利、史密斯、博伊尔：《社会工作概论》，隋玉杰等译，中国人民大学出版社，2010。

让他们少些内心的孤独感，实际的距离很远，但心理的距离可以拉得近些。服务中，案主 X 小时候缺失父母的呵护，没有感受到家庭的保护和家人的情感支持，才会开始打斗、结交坏孩子，以获得安全、情感和尊重。人的成长过程中会有许多困难或创伤，创伤可以通过人生后面的时间来修补，家人是一个非常稳固的亲密关系，对个人的完善和成长有重要价值。

2. 反思

（1）社会工作者在服务中的角色

社会角色是指与人们在社会关系体系中所处位置相适应的一整套行为规范，或者说，是反映社会位置的一套行为模式。一般认为社工扮演的角色有服务提供者、支持者、倡导者、管理者、资源获取者、政策影响人。在本研究服务中，社工的角色比较特殊，更像是一个幕后策划者。社工主要为本服务提供理论模式指导，让服务更专业化。在服务前，社工与咨询师共同确定本次服务的目的、要注意的事项，以及人本主义模式的价值观、理念和方法。在服务过程中，社工会充当观察者，观察记录服务的内容，咨询师及案主的行为、情绪表现。在服务结束后，社工与咨询师评估服务的过程、专业化程度、案主的情况，并制定接下来的服务计划。笔者首次尝试这种三人的服务形式——社工、咨询师、案主，社工提供专业的理论模式指导，咨询师有着丰富的咨询经验，两者在服务中共同合作、各展所长，为案主提供良好的服务。然而笔者也反思这种形式的合理性，由两个人作为服务提供者是否多此一举，如果仅由社工来提供服务是否能达到同样的服务效果。

（2）沙盘在人本治疗模式中的使用

笔者在查阅以往的研究和服务时，并没有看到将沙盘运用于人本治疗的实务，但是笔者发现沙盘游戏与人本治疗模式有着许多共通点。沙盘游戏与人本治疗都是以案主为中心，发挥案主的主观能动性，在整个服务过程中不做解释、指导和评价，要做的就是让求助者发挥自己的想象力和思考，将自己的想法或感受展现出来，然后对求助者积极地鼓励和关注，进而求助者可以自己关注自己并改变自己，从而达到服务的目标。在本研究服务中，考虑到咨询师比较擅长沙盘艺术治疗，结合沙盘，咨询师更能理解案主内心的想法、感受，反映案主真实的自我。而且通过沙盘，服务内容被具象化，案主能更明显地感受到自己的变化，并思考这种变化，有利于促进案主变化的正强化。沙盘的使用在服务中展现良好的效果，但是没有前人研究服务的借鉴和参考，笔者需要反思在人本治疗模式中借用沙盘治疗方法的合理性。

（3）服务会谈的次数

面谈的次数十分重要。许多社会工作者都和当事人一起视工作的进展情况而确定面谈次数。也有些人先规定面谈的次数，这样就可以预期结案时的目标，并产生动力。常见的模式是每周进行面谈，随着当事人在改过自新过程中的需要，面谈次数可能会有所增减。但在实际服务中，咨询要做多少次才能够结案，什么时候结案，由谁说了算？在第二盘开始时，已经有大队民警反映案主现在的状况已经不需要咨询，可以换其他人，但社工和咨询师还是坚持按照计划完成三次沙盘服务。服务什么时候结案，应由案主和服务者共同来决定，并且案主的感受是最应该充分考虑的，不能够用现实的危险性来衡量。服务结案后，笔者也反思仅仅五次会谈是否达到了服务目标，社工在此时退出是否可行。本研究服务是对人本治疗模式的一次实践运用，对强制隔离戒毒所青年的一次服务干预，希望能够为后来者的实践研究提供一个参考。

第十章　理论总结与实务方向

第一节　强制干戒与矫治模式的比较

1. 理论范式与吸毒行为的解释

关于吸食毒品的理论诊断模式，目前存在以下五种理论上的感知解释范式（如表 10 - 1 所示）。从实践应用来讲，这五种理论范式并没有优劣、主次之分。

表 10 - 1　关于酒精和药物使用的感知模型

道德范式	使用酒精和其他药物是弱点和缺乏品格的标志，而禁欲则被视为美德的标志。社会将毒品依赖视为一种犯罪，因此应予以对待
医学或疾病范式	关于使用仍然存在残余的道德化，但毒品依赖不再被视为道德问题，而是被视为一种疾病。成瘾被认为是个体的问题，而不是药物本身的问题
理性主义范式	受资本主义影响，毒品依赖是自我控制失败的结果，非理性行为的规范性观念
公共健康范式	重点不是毒品使用者的个人问题，而是环境和所有毒品使用者以及与使用相关的问题。根据不同的使用模式和一般健康政策对行动进行集体查看。主要关注的是减少消费和整体后果
社会学范式	毒品依赖被视为苦难和社会不公正的结果，因此应被视为社会问题

资料来源：Telmo Mota Ronzani, *Drugs and Social Context*：*Social Perspectives on the Use of Alcohol and Other Drugs*（New York：Springer International Publishing AG, 2018）, p. 5.

道德范式更强调政治和意识形态的审判与个人品性的批判，[1]

---

[1]　Levin, S. & van Laar, C., *Stigma and Group Inequality*：*Social Psychological Perspectives*（New York：Psychology Press, 2004）.

因此将对个人的惩罚视为首要矫正任务,① 理性主义则受到经济学与行动论的重视, 公共健康是卫生学与心理学更强调的理论范式。② 亚当斯 (Adams) 从人际关系与社会交往的意义来理解吸毒成瘾, 视之为社会性行动,"我们可以在特定的背景下理解吸毒或成瘾的问题, 主要是在一个人与另一个人之间或与他/她的团体之间的关系中"。③ 从公认影响力来看, 1973 年, 毒瘾 (drug addiction) 被世界卫生组织统一命名为"药物依赖性"的接受度比较高, 在美国等主要毒品泛滥国家也被称为药物滥用 (drug abuse)。

成瘾就是对药物产生依赖性, 根据美国《精神障碍诊断与统计手册》④ 第五版 (DSM - 5), 物质使用障碍的症状可能包括:

经常使用过量的药物

渴望使用这种药物

控制、减少或停止药物使用的欲望或不成功的尝试

正在进行需要增加使用以达到同样的效果

社会关系受药物使用的负面影响

在危险情况下经常使用药物或毒品

药物使用已经干扰个人履行社会义务

尽管存在问题, 仍继续使用药物

因使用药物而停止或减少重要活动

获取、使用或康复所花费的时间过长

如果停止使用药物, 则引起戒断反应类症状

① Fiore, M., "A Medicalização da Questão do Uso de Drogas no Brasil: Reflexões Acerca de, Debates Institucionais e Jurídicos," in Venancio, R. P. and Carneiro, H, eds., *Álcool e Drogashistória do Brasil* (Belo Horizonte: Editora PUC-Minas, 2005), pp. 257 – 290.

② Ronzani, T. M., Furtado, E. F., & Higgins-Biddle, J., "Stigmatization of Alcohol and Other Drug Users by Primary Care Providers in Southeast Brazil," *Social Science & Medicine* 69, 7 (2009): 1080 – 1084.

③ Adams, P. J., *Fragmented Intimacy: Addiction in a Social World* (New York: Springer, 2008).

④ 美国精神医学学会:《精神障碍诊断与统计手册》第五版 (DSM - 5), 张道龙等译, 北京大学出版社, 2016。

从医学的角度来讲，毒品之所以被称为"毒"是因为"瘾"，显然，汉字的"瘾"字是"病"旁，它首先是一种疾病，而且是一次性沾染、终身成瘾、慢性（chronic）、生理（脑部与消化器官为主）与心理俱占的依赖性、进展性、演变性疾病。[①] 因为生理可检测"阳性"的药理基础，生理脱毒（detoxification）往往被视为一个医学问题，在《诊断学大辞典》中，"脱毒"是指"使个人从精神活性物质的作用中摆脱出来的过程"[②]。

但纵观毒品生产国与消费大国的禁毒、扫毒实践成效，毒品战争措施，包括诸如严厉打击消费者、将农民从种植毒品的土地上驱逐出去、某些地区的军事化等措施，并没有显著减少世界流通的毒品总量，反而毒品使用与贩运、社会边缘化、通过招募最贫困人口加强准军事团体以及增加这些地区的暴力行为相关的腐败现象增加，所以，毒品战争成效或许提示我们，禁毒本身是必要的，但更重要的是强调"药物不仅是某种化合物，而且其作用取决于获取它的社会条件"[③]。

2. 主要国家戒毒模式比较

从世界各国的戒毒模式来看，类型繁多，各有特色。目前不同国家与地区的戒毒模式普遍存在自然戒毒（干戒）、医疗戒毒[病理为主，如美沙酮（MMTP）治疗法、应用纳曲酮（nahrexone）进行麻醉的拮抗疗法]、心理咨询（沙盘游戏、正念小组帮扶等）等模式。根据戒除治疗依据及其多元性，本研究着重比较英国的医学模式、美国的 BPS 三位一体模式，并与中国相比较（见图 10 - 2）。

（1）英国医学模式

视毒品使用为疾病的医学模式强调"科学"精神为指导、强

① Gipson, Cassandra D. & P. W. Kalivas, *Drug Abuse in Adolescence* (Berlin: Springer International Publishing, 2016).
② 杨志寅:《诊断学大辞典》，华夏出版社，1993。
③ Escohodato, A., *Historia Natural de Las Drogas* (Madrid: Alianza Editorial, 1998), p. 492.

化神经刺激变异的"慢性脑病"[①] 之功能障碍的生理解释，或者说吸毒就是以"精神疯狂"（madness）为外衣的"生理实体"（entity）疾病。[②] 因此，医学模式主要认为毒瘾就是一种疾病，那么戒毒所要做的主要就是发现其病理，在治疗方案上以"解毒酶"（Detoxification Enzymes）为主要方向。在戒毒管理的实务操作方面，英国政府则建立国家戒毒总署，归口卫生部负责管理。戒毒总署主要由医疗服务、自愿戒毒 NGO 组织、商业戒毒机构三个部分的管理构成。[③] 医疗服务主要由国家提供，自愿戒毒 NGO 属于民间力量，相当于中国的义工组织，商业机构则是民办戒毒机构。从戒毒的操作实体动作程序上讲，英国又可以划分为监狱戒毒、社区治疗、互助小组三种。[④]

监狱戒毒主要是国家执行模式，是以吸毒人员在监狱中服刑的模式执行。吸毒人员被判刑入狱后，由政府部门警备人员针对吸毒人员进行以药物治疗为主要依托的毒瘾戒治工作。

社区治疗则是针对没有触犯刑法或刑满释放的吸毒人员进行戒毒治疗，其执行主体不是政府，而是民间 NGO 组织，主要工作是对吸毒人员进行生理脱毒、信息采集、经济困难与无家可归人员的资源协调等。

互助小组则是没有政府部门监管，也没有民间专门组织参与的、吸毒者自己组建的互助群，他们会在戒毒信心、生活方式矫正等方面进行自我干预，相互监督，生活困难与相关资金完全靠自筹解决。

英国总体上是以监狱戒毒为主导，以社区治疗为配套，少量戒毒人员以互助小组为辅助形式。但总体上缺少专业的心理学干

---

① Volkow, N. & Morales, M., "The Brain on Drugs: From Reward to Addiction," *Cell* 162, 4 (2015): 712 - 725.

② Telmo Mota Ronzani, *Drugs and Social Context: Social Perspectives on the Use of Alcohol and Other Drugs* (New York: Springer International Publishing AG, 2018).

③ 王竞可：《析英国社区戒毒模式 探我国禁吸戒毒新路》，《云南警官学院学报》2005 年第 3 期。

④ 李一黎、万长智、郑明、张榕芳、邓刚：《英国禁毒戒毒法律制度及启示》，《中国司法》2012 年第 9 期。

预与社会支持，是以医疗为主要目标的专业型戒毒模式。

近年来，有关戒毒的公共卫生政策执行实践与临床方案的实际效果表明，"虽然最近在药理学和神经科学方面取得了进展，但关于如何制定针对毒品的预防、治疗和公共政策行动，总体上仍然属于一个未知的黑盒子"[1]。也就是说医学领域对于毒瘾的答案目前还是非常有限，因此美国生理、心理等多维度结合的治疗体系更为广泛接受。

（2）美国生理心理社会三位综合模式

美国比较公认的戒毒模式是 BPS（Biological, Psychological, Society）三合一分析模式[2]、TC（治疗社区）模式[3]及 MI（动机访谈）[4] 等。以美国药物滥用管理局（National Instritue on Drug Abuse）提供的戒毒治疗[5]理念为例，主要包括以下几条：

> 行为矫正与药物治疗；
>
> 用于治疗戒断症状或提供技能培训的医疗器械和应用；
>
> 评估和治疗共同出现的精神健康问题，如抑郁和焦虑
>
> 长期随访，以防止复发；
>
> 通过量身定制的治疗方案和社会支撑对戒毒成功至关重要，具体应包括所需的医疗和心理健康服务，护理可能包括基于社区或家庭的恢复支持系统。

---

[1] Telmo Mota Ronzani, *Drugs and Social Context: Social Perspectives on the Use of Alcohol and Other Drugs* (New York: Springer International Publishing AG, 2008).

[2] Gerrig, R. J. & Zimbardo, P. G., *Psychology and Life* (New York: Pearson Education Company, 2002).

[3] Edwards, G., "Seeing America—Diary of a Drug-Focused Study Tour Made in 1967," *Addiction* 105, 6 (2010): 984 – 990.

[4] Sussman, S. et al., "One-year Outcomes of a Drug Abuse Prevention Program for Older Teens and Emerging Adults: Evaluating a Motivational Interviewing Booster Component," *Health Psychology* 31, 4 (2012).

[5] National Instritue on Drug Abuse. 2019. "Treatment Approaches for Drug Addiction." Revised January 2019. https://www.drugabuse.gov/publications/drugfacts/treatment-approaches-drug-addiction.

　　在行为治疗与医疗戒治方面，美国医学界对吸毒问题的理解是以"科学"理念为指导的，一方面是想探究成瘾本身的药物机理，另一方面认为是功能受损、行为失控的慢性脑病，[①] 其治疗呈现渐进性、反复性特征。在医学条件有限的前提下，美国更倾向于药物加心理干预与社会支撑的综合戒治模式。因为成瘾疾病不仅会影响个体的生物学水平，还会影响其心理、精神和社会层面。成瘾可能会对个人的身体健康、心理健康、灵性、人际功能、职业功能、学业功能和家庭功能产生负面影响。例如，一个人可能患上肝炎，变得沮丧，经历信仰危机，与配偶疏远，失去工作，失败，被赶出家门，和/或被送进监狱，至少部分原因应该是他们上瘾。根据 ASAM（American Society of Addiction Medicine）[②]，成瘾是一种发展性疾病，如果没有治疗或参与康复工作，成瘾可能导致残疾或过早死亡。

　　BPS 模式虽然是把生理排在第一位，[③] 但并不能认为生理就是起决定作用的。

　　首先，在吸毒引发过程中，并不一定是身体上有生理缺陷的人才会发生吸毒，比如大量残疾人包括残疾青少年并不会吸毒，而往往是身体健康的人由于心理、社会因素迈入毒品圈。皮格尼的研究表明，吸毒行为往往是经历恐惧（对不公平歧视、破坏性忧虑并影响到生活与工作安排）、责备、内化的责备（因为我弱势所以吸毒），最终降低个人自尊与自我效能感。[④] 因此，心理往往

① American Society of Addiction Medicine. 2011. "Public Policy Statement: Definition of Addiction." Accessed February 11. https://www.asam.org/resources/definition-of-addiction.

② ASAM 成立于 1954 年，是一家专业医学学会，代表着 6000 多名成瘾医学领域的医生、临床医生和相关专业人士。ASAM 致力于增加获取和改善成瘾治疗的质量，教育医生和公众，支持研究和预防，以及促进医生在成瘾患者护理中的适当作用。

③ Gerrig, R. J. & Zimbardo, P. G., *Psychology and Life* (New York: Pearson Education Company, 2002).

④ Pingani, Luca et al., "Stigma and Discrimination toward Mental Illness: Translation and Validation of the Italian Version of the Attribution Questionnaire – 27 (AQ – 27 – I)," *Social Psychiatry* 47, 6 (2012): 993 – 999.

在吸毒者的行为决策中起着更为决定性的作用，只是在戒毒的治疗过程中，比较强调以生理脱毒的"物质过程"为前提，其实在中外戒毒实践中，吸毒者要想康复，生理脱毒不是最关键的环节，摆脱"心瘾"的心理过程才起着决定作用，[①] 而社会支持对摆脱心瘾、不再复吸具有重要的外在保障功能。[②] 正是有这样的理论认识与心理指导，美国戒毒实践政策特别注重吸毒者的"标签心理与社会反应"过程，经验研究表明，耻辱标签文化导致吸毒者不敢或不愿意接受卫生干预。污名可能会削弱对减少危害的策略的支持，例如安全注射设施和针头交换计划[③]，从而在暗流中促进毒品泛滥与人群扩散规模的增加。对于可能招致的社会耻辱的担忧影响了吸毒人群寻求公共、公开组织的救助，美国流行病学研究表明，只有25%的吸毒患者参加了相关护理计划。[④] 无菌注射器交换项目的参与率也比较低。

其次，从实践操作层面来看，生理戒治目前并没有特殊的治疗药物，大多是替代性药物逐步衰减的过程，比如应用美沙酮治疗，法国等国家自20世纪80年代以来就反对这种治疗方案，因为美沙酮也是一种公认的管理毒品——麻醉药品，它也具有较强的毒性与副作用，但大多数国家之所以并没有放弃这一方案就是因为目前为止还没有发现更为科学有效的治疗药物；[⑤] 彻底地对应治疗人类的"药物成瘾"目前在医药的开发研究方面还没有看得见的研发成功时间表，明确对应药物的成功似乎还是比较遥远的事

① 李翔：《打造平台 形成合力 创建社区防复吸帮教网络体系》，《中国药物依赖性杂志》2015年第6期。
② 杨朝阳、李灿东、李陵军：《福州地区吸毒人群高危行为特征和复吸原因调查》，《中国药物依赖性杂志》2009年第2期。
③ Rivera, Alexis V. et al., "Nternalized Stigma and Sterile Syringe Use Among People Who Inject Drugs in New York City, 2010 – 2012," *Drug and Alcohol Dependence* 144 (2014): 259 – 264.
④ Dawson, D. A. et al., "Recovery from DSM - IV Alcohol Dependence: United States, 2001 – 2002," *Addiction* 100, 3 (2015): 281 – 292.
⑤ 程建平：《美沙酮替代递减疗法临床应用10年的回顾性研究》，《中国药物滥用防治杂志》2007年第5期；刘悦：《美沙酮维持治疗存在的问题和应对的思考》，《中国药物滥用防治杂志》2008年第6期。

情，正如斯科特·安娜·劳伦所批评的"仅仅关注成瘾者的临床症状管理，不能让其体验到人生的意义与生命的价值"[1]。

底根（Deegan）将这种丧失自我决定能力和希望感的灾难描述如下：

> 没有希望，没有过去或未来，它生活在黑暗中。这是自怜。它憎恨一切美好和生命的东西。它转向内心。它是一个没有嘴巴的伤口，一个没有哭泣的伤口，它不会从中散发出来。痛苦是一种似乎没有复活的死亡。因为没有希望，这种惯性会使人瘫痪并完成。它是残疾人，不是疾病或受伤，而是绝望。[2]

相比于单一的医疗模式，综合"认知、情绪、行动"的心理干预与亲情治疗的社会支持已成为实践应用比较成熟的操作模式。这种综合模式更有利于成瘾者找到自己生活选择与前进的方向，并建立卓有成效的社会关系网络、生活目标与人生价值寄托。[3]

最后，美国综合模式的实践表明医疗、心理与社会三者的关系不是彼此独立的，而是一剂"复合"药方。机能恢复与心理康复、社会恢复[4]是彼此相互支撑、相互补充的一套系统性治疗方案。这跟医院解决普通疾病的治疗方案完全不同，医院就是以医药、手术等为主体治疗路径，其他都不过是辅助而已——虽然有时候这种辅助也比较重要。

---

① Scott, A. L. et al. , "What Does Recovery from Mental Illness and Addiction Mean? Perspectives from Child Protection Social Workers and from Parents Living with Mental Distress," *Children & Youth Services Review* 87（2018）.

② Deegan, Patricia E. , "Recovery: The Lived Experience of Rehabilitation," *Psychosocial Rehabilitation Journal* 11, 4（1988）: 11 – 19.

③ Bonney, S. & Stickley, T. , "Recovery and Mental Health: A Review of the British Literature," *Journal of Psychiatric & Mental Health Nursing* 15, 2（2010）: 140 – 153.

④ Le Boutillier et al. , "Staff Understanding of Recovery-orientated Mental Health Practice: A Systematic Review and Narrative Synthesis," *Implementation Science* 10, 1（2015）: 87.

　　总体而言，本研究并不想就医疗等生理层面做进一步的讨论，特别是在医疗领域内很多问题本身就存在医学内部的争论，如瑞典、荷兰、德国等国家开展的"海洛因（可卡因）处方疗法"——由专业诊所每日数次为吸毒者提供专业性、药理性海洛因吸食性或注射性治疗的方法，普遍被认为是"以毒攻毒"。这些模式彼此并不是线性的并列关系，也不是彼此割裂的对立关系，而是一种彼此互补、整合的多元体，本研究着重想讨论心理与社会支撑因素对自然戒断（干戒）的完善与补充。

表 10 - 2　中国与美国、英国戒毒模式对比

	中国	美国	英国
1. 政府的戒毒理念	犯罪与惩罚	病理治疗与心理、社会支持统筹、系统化	病理
2. 戒毒对象意愿	强制为主	自愿与强制结合，但低毒性在部分地区合法化	强制性
3. 戒毒过程	隔离囚禁	约一半隔离，一半开放的社区戒毒、自然化感悟	以药理为主导，监狱式囚禁
4. 精神支撑	干戒与强制消除	社会关系替代与转换	病理指导下心理应用
5. 就业技术	强制性习艺生产	劳动较少或自然劳动（蔬菜、花卉等栽培）	不强制劳动
6. 社会交往与友情支持的社会参与	隔离到排斥，少量亲情矫正	福音协会与教会组织，社会工作者、志愿者参与相对广泛	社会参与少

　　但无论哪种治疗模式，戒毒都是事后的工作。毒品的危害与防范重在提前预防，所以，世界大多数国家有针对性、全民性防毒宣传。

　　英国是较早开展禁毒现代教育的国家，为了实现毒品控制与酒精销售的规范化，英国于1916年颁布了针对毒品与酒精进行严格限制性管理条例，并将医务人员之外的社会成员持有鸦片等毒

品视为非法勾当进行打击。与中国一样，英国也是将毒品教育预防工作的重点放在青少年人群身上，特别是社区、学校、家庭多重防控的戒毒宣传。2002 年英国开展的"邻里关爱"（your neighborhood）运动就包括戒毒宣传与帮扶吸毒青少年人群的项目，并保持每个月一次社区居民宣传教育大会，由警员宣传相关政策并听取居民在安全、环境等方面的反馈意见。美国联邦政府将每年10 月 6 日确定为全境内"肃清毒品教育日"，这一概念的含义是指毒品应当在日常生活中被肃清，教育人们提防毒品的诱惑。但事实上，美国毒品泛滥相当普遍，特别是在底层居民当中，正如万斯（J. D. Vance）在《乡下人的悲歌》当中描绘的那样，大量底层百姓陷入毒品泥潭不可自拔。① 美国自 1986 年就组建了针对"雇员场所无毒化"专业管理机构，负责无毒化运动的开展与贯彻工作。特别针对兵役服务人员、大中学生入学教育及日常管理（安全课程）、雇员聘用等环节加入专业的毒品监测。在发达国家的戒毒宣传教育当中，最成功的预防模式是日本模式。日本的戒毒预防教育及戒治管理是由健康、劳动与福利部制定颁布"防治药物滥用战略"，具体分工由行政管理机关、医疗机构、民间机构和志愿者共同组建、合作与参与的综合化、系统性立体预防与监治体系，其戒治与预防的重点人群也是青少年，将各级学校的预防教育程序化、标准化，总体上取得了较为理想的防控效果。②

中国采用国际禁毒日作为主要宣传动员日，每年 6 月 26 日被定为国际禁毒日来自 1987 年 12 月第 42 届联合国大会的决议，而且每年都会有不同的主题宣传口号。2018 年中国的禁毒宣传主题为"健康人生、绿色无毒"，并由国家最高领导人发出宣传指示。2018 年 6 月国际禁毒宣传日之前，"中共中央总书记、国家主席、中央军委主席习近平就禁毒工作作出重要指示强调，要坚持关口前移、预防为先，重点针对青少年等群体，深入开展毒品预防宣

---

① 　J. D. Vance：《乡下人的悲歌》，刘晓同、庄逸抒译，江苏凤凰文艺出版社，2017。
② 　课题组：《国外禁吸戒毒模式述评》，《云南警官学院学报》2010 年第 1 期。

传教育，在全社会形成自觉抵制毒品的浓厚氛围"①，这充分说明中国人民禁毒战争的决心。但目前中国戒毒禁毒宣传的范围广度还有待拓展，特别是对学校与社区之外的普通社会人群的宣传还很欠缺；同时宣传的人群针对性还有待加强，比如，美国在戒毒宣传中针对学生与社会就业人群的宣传内容是不一样的，针对性工作者与普通人群的宣传内容也是不一样的；中国的宣传在不同场合、不同人群中的广告策划文案是一样的，是以讲解毒品危害为主，这样难以达到精准的宣传效果。另外，中国戒毒宣传还应该结合当代社会生产与生活节奏、健康生活方式理念综合进行，而不是单纯地说教毒品危害，例如，怎么样打发时间、怎么面对生活无聊、怎么解决空虚的精神状态，这些问题往往会成为尝试吸毒的诱因，只有这样综合预防，才能达到实在的"关口前移"。

3. 模式比较的启发：中国戒毒体制改革的方向

中国戒毒相对是以政府为主导，戒毒机构比较单一，社会参与不足；在政府主办的戒毒机构内，以行政力量运转为主，戒毒专业理念有待提升，"干戒"为普遍模式，专业技术支撑与心理、医疗、社会支持等方面亟待改革。

（1）人本思想与"病人"理念

以人为本，首先要将吸毒人员视为"受害的病人"，而不是仅仅将其视为违反法律的"违法者"。吸毒人员与侵犯财产的盗窃、诈骗、抢劫等入狱犯在形式上具有共同点，但是更重要的是吸毒者"行为控制"能力明显下降，② 并且具有明确医学诊断的大脑受损情况。③ 所以，对待普通的吸毒人员、以贩养吸的犯罪人员，在戒毒这一问题上应该改变"惩罚"为主的管理理念，至少将"病人"与"惩罚"并列看待，将戒毒学员视为病人，注意对戒毒学

① 《习近平就禁毒工作作出重要指示》，中国政府网，http://www.gov.cn/xinwen/2018-06/25/content_5301084.htm，最后访问日期：2019年2月25日。
② 肖聪阁、施娟娟、宁军妮：《强制隔离戒毒人员自我控制能力及其与应对方式的关系研究——以冰毒吸食者为例》，《中国药物滥用防治杂志》2018年第2期。
③ 刘晓霞、韩明蕊：《60例吸毒者的脑电地形图异常改变与分析》，《黑龙江医学》2010年第3期。

员的教育和治疗，而不能简单地以惩罚为主线制定管理政策。这就要求在戒毒工作中采取弹性的、治疗的、教育的方式对戒毒学员的心瘾进行心理治疗，并帮助他们获得拒绝毒品和摆脱毒友圈的技能、习得应对社会风险的能力，从生理、心理和社会三个方面对吸毒人员进行教育、治疗与矫正，这样才能取得人本主义的矫治效果，帮助吸毒人员从毒瘾这一"疾病"中康复。

（2）戒毒意愿与"矫治"效果

有实证调查发现，在影响复吸的因素中，最为重要的是成瘾者本人的主观心理因素，即戒毒意愿。[1] 主动才能更有益于祛除"心瘾"，被动往往会导致吸毒者的"逆反心理"，或者是为了早日解除监禁而配合警官进行理想化表演。采取刚性的"堵"使他们没有机会接触到毒品、不得不服从管理规范，但一旦解除强制隔离之后，原先强制的约束力量不再存在，被动戒毒的吸毒人员获得了行动的自由之后则立即现出原形，不会再维持形式上的服从，这是短期内复吸的普遍现象。只有戒毒人员具有了戒毒意愿，才有可能主动地与"毒瘾"做斗争。戒毒意愿是保持戒毒操守的重要条件，如何激发戒毒人员的戒毒意愿对降低复吸率有着重要意义，是戒毒工作的难点。[2] 因此，即使戒毒工作在抓捕的时候是强制的，在收监的过程中也是强制的，但是在实际的矫治过程中应当逐步开展心理治疗与攻心为主的干预，运用专业的治疗和辅导方式帮助戒毒人员转变错误的认知，并树立戒毒意愿，变"被动戒毒"为"主动戒毒"，才能使其达到由内而外的戒毒治疗效果。

（3）生产劳动与感化、生产与生存

劳动创造了人类自身，影响着人们认识的立场、观点和方法，也影响着人的道德品质和生活技能。[3] 劳动生产在矫治违法行为中

---

[1]　章震宇：《海洛因成瘾者复吸倾向的研究》，《心理科学》2004 年第 3 期。
[2]　阎晓丽、王凤兰、郝学敏：《"6＋1"心理戒毒及防复吸干预模式的构建及实践——一项基于山西太原的实证研究》，《中国药物滥用防治杂志》2016 年第 1 期。
[3]　辛国恩：《毛泽东改造罪犯理论研究》，人民出版社，2006。

确实存在必要性与合法性,[1] 对戒毒学员的教育具有一定的改造功能，特别是在生活作息的规律化调节、树立劳动意识、形成良好生活习惯、思考人生和改造人生方面。劳动安排应当遵循"契合戒治"原则：劳动操作形式、劳动时间、劳动强度甚至劳动环境布置都应当与戒毒人员的生理、心理健康程度、矫治需求相契合。矫治期间的核心任务应该是对戒毒学员的吸毒动机、心瘾进行治疗，生产劳动不得以牺牲戒毒人员的教育矫正为代价，而应该服务于感化学员、矫正行为。

（4）社会支持与学员回归

戒毒人员在戒毒期间所进行的一切身体康复、心理矫正，最终都要落实到回归社会上，但恰恰社会排斥往往成为戒毒人员回归社会的最大阻力，因为"药物成瘾者在一般人群中会引起更多的社会排斥和负面情绪，并且特别容易受到社会力量的结构性歧视"等排斥。[2] 因此，戒毒矫治工作从基本理念到具体路径都要紧紧围绕"回归社会"这一基本要求。戒毒人员回归社会有三个基本判断指标：家庭的接纳与认可、社会的接纳与认可和戒毒人员本人的接纳与认可。[3] 与家庭关系的修复往往是戒毒人员的顾虑所在，家庭不接纳是该群体在回归社会过程中最基本的障碍。[4] 在社会接纳方面，调查显示，吸毒者的社会认同程度显著低于健康人群，戒毒人员回归社会之后缺乏亲密的人际交往和情感交流，归属剥夺是导致复吸的危险性因素，[5] 可见社会的接纳和认可对于戒毒学员的回归具有极其重要的影响。

① 刘柳：《论我国监狱制度中的劳动改造手段》，《江苏社会科学》2011 年第 3 期。
② Schomerus, G. et al. , "The Stigma of Alcohol Dependence Compared with Other Mental Disorders: A Review of Population Studies," *Alcohol and Alcoholism* 46, 2 (2011): 105 – 112.
③ 姜祖桢、李晓娥：《戒毒人员回归社会的理论选择与实践探索》，《中国药物依赖性杂志》2017 年第 2 期。
④ 段伟：《强制隔离戒毒人员回归社会的现实困境及其解决路径问题研究》，《中国药物依赖性杂志》2011 年第 6 期。
⑤ 杨玲、李鹏程：《吸毒者回归社会的过程：归属与认同的剥夺》，《心理学探新》2007 年第 2 期。

第二节　青少年戒毒的建议

毒品问题已经蔓延成一个世界性难题，无论是发达国家还是发展中国家，青少年人群都越来越成为吸毒人群的主力，中国也不例外。结合本研究中的上述讨论，针对青少年吸毒人群的特征，建议从以下方向着手改进禁毒工作。

第一，从吸毒青少年的家庭背景特征来看，对离婚、家暴等问题家庭中的青少年及其父母应当共同干预与救助。除了着力倡导以家风家教为主题的家庭观念建设外，国家对于问题家庭应当给予系统化、专业化的关注与支持。在吸毒人群尤其是青少年人群中应当对焦点人群如家庭离婚、再婚、有家庭暴力等问题的家庭由妇联、团委等部门或委托第三方社会团体（社工机构等）进行专业化、系统化跟踪与服务，对问题家庭中的青少年给予相应的治疗、矫正，着重对亲子关系、同伴群体关系等交往方面进行干预与辅导，以达到事前更具体、更有实效地预防青少年滑入不良人群圈。同时，教育和引导青少年家长形成正确的毒品知识，一旦发现青少年吸毒，不能隐瞒，而是应该积极配合治疗，树立早治疗更容易康复的理念，还应当广泛宣传作为家庭成员的父母没有力量为子女提供有效戒毒手段等。

第二，从吸毒问题形成途径来看，毒品泛滥主要在于毒品流通的可得性甚至易得性，[1] 所以应加强社会动员，动员多元化的社会力量参与涉毒举报，遏制私人场所涉毒增加趋势；同时通过立法，降低不法分子对新型毒品原材料的可得性。由于吸毒青少年不但可通过娱乐场所，还可以通过私人聚会场所获得毒品，[2] 这一方面需要对毒品的流动渠道加强监控，另一方面说明社会成员的举报等参与戒毒也很重要，因为国家机关的力量很难介入私人场

---

[1]　罗斯、库柏：《非法毒品市场研究》，《云南警官学院学报》2016 年第 4 期。

[2]　林臻、张潮：《"减压阀"到"朋友圈"：台湾青少年毒品防治的发展与经验》，《中国青年研究》2016 年第 7 期。

所，另外警力也有限。而通过动员社会公众的举报积极性，既可以减少国家行政力量的运转成本，又可以提高对吸毒人员的监控与监督力度。同时，对现有吸毒人员的连锁犯罪也要加强立法、加大处罚力度，比如因吸毒盗窃、抢劫者从严、从重处罚，针对毒驾人员可以借鉴发达国家的处罚力度给予三年以上十年以下刑期的处罚并且终身不得申请驾照，否则吸毒人员驾车的危害无法引起重视，具体可以由司法部门研究可靠性、可行性。

第三，对吸毒人员首次发现不用"经济处罚"，而代之以社会处罚，并进入社区矫正记录。对首次发现的吸毒者不应该用罚款等经济手段处置，经济处罚不进入相关不良记录，这对大多数富裕家庭被父母溺爱或有包庇的孩子来说会导致其对吸毒问题性质的"误判"，他们会认为吸毒只是"罚款"，罚款交完后他们照样吸毒，即有钱就任性；或者不再有钱的情况下会用盗窃来填补罚款的窟窿。国家应该立法，对首次发现的吸毒人员必须用做义工等社会处罚来代替经济罚款，比如直接到强制隔离戒毒所打扫卫生、为强制隔离戒治人员洗衣服，或者到医院照顾临终病人等社会慈善类服务，而且必须有志愿者、管理人员进行相关考核。这样的社会处罚如果保持一个数周或数月的时间段，会促使吸毒者感悟生活、警醒人生，其教育意义远远大于经济处罚。

第四，取消传统毒品替代药物美沙酮的10元使用费"门槛"，并由国家补贴。国家虽然支出了一笔费用，但从预防犯罪、减少犯罪的角度来讲，这个成本是非常值得的。吸毒人员如果没有钱，但想用这个传统毒品替代物，10元钱就会成为一个"障碍"，所以他们往往需要通过"非法"途径，比如偷盗来排除这个障碍；但真正等他们偷盗了，获得不止几十元钱的时候，他们会"复吸"，而不是只拿出其中的10元钱来喝"美沙酮"这种替代药物。

第五，通过社会动员与国家投入健全戒毒系统工程。对于已经吸毒的人群则应加大投入戒毒的人力与物力，促进戒毒人员再就业与梯度回归社会，尤其是针对家庭群体性吸毒贩毒、"以贩养吸"的情况应该给予研究、破解。由于丧失融入按部就班的常规生活状态所需要的责任感，有毒瘾者康复过程牵涉到一系列具体而必须坚持不懈的努力，但遗憾的是毒品成瘾者大多处于自暴自弃状态，[①] 因此，吸毒人员的矫治工作应当包括其家庭成员而不是单单吸毒者一个人。梯度回归主要是对吸毒人员进行分类，分阶段进行再社会化：一是检查有传染病如丙肝、艾滋病、肺结核等严重疾病者，专门划归一类机构进行矫治；二是针对回归社会后又在短期内（如三个月）重新吸毒的，需要强制隔离或延长强制隔离期限；三是过渡性就业机构与过渡性社会化，国家应该通过免税等办法鼓励企业专门招聘吸毒人员再就业，而且建立对口的帮扶机制，使其强制隔离戒毒之后有一个平衡康复、过渡就业转化期；四是建议公安部门的身份证信息管理"吸毒记录"不对劳动力聘用等社会用途开放，而仅限于公安或司法部门侦查等行政用途，以此消除吸毒人员再就业过程中的社会歧视，减小其回归社会的障碍。

第六，把吸毒者视为"病人"而逐步消除相关的社会歧视与排斥。政府和社会公众舆论应当"去道德化"科学宣传，尤其是对预防新型毒品危害的宣传，应该以提高公众的毒品知识与倡导科学态度为导向，而取消目前媒体宣传过程中的道德化、娱乐化倾向。毒品之所以叫毒品，是因为吸毒者对毒品的生理依赖与心理依赖都是一种"病患"，毒瘾的实质是一种慢性脑疾病，是一种非常规性心理依赖，[②] 吸毒者自己是丧失"自我控制能力"的。所以，媒体与公众舆论导向方面应该是同情"患者"而不是嘲笑，将吸毒者定位成一个"患者"是消除社会歧视的前提，而消除社会歧视和社会排斥又是其回归社会正常生活的基础。

总之，戒毒是项系统的社会工程，不能缺少民众的参与。[③] 通过宣传教育，使民众对毒品、吸毒人员、戒毒患者有一个更加理性的认识，不仅自身能够严于律己，远离毒品，而且对于吸毒患

---

① Weinberg, Darin, "Out There: The Ecology of Addiction in Drug Abuse Treatment Discourse," *Social Problems* 47, 4 (2000): 606–621.

② 刘建平：《参与式心理护理方法对戒毒人员作用构思》，《中国药物经济学》2013 年第 5 期。

③ 高如军：《构建戒毒工作多元化社会支持系统的难点与对策思考》，《中国司法》2015 年第 11 期。

者也心存一定的包容和接纳；全民参与戒毒是国家戒毒工程不可缺少的动力。

第三节　划类分级与精准戒毒

本节是针对中国强制隔离戒毒所改革管理模式的一种设想方案。目前我国的戒毒管理是"一刀切"混合管理，主要是基于管理的方便而在原来的劳教管理组织的基础上进行改造。但从戒治的效果尤其是降低复吸率来讲，应该进行划类分级管理。具体应当在传统毒品与新型毒品分类、男女分类的基础上，进一步加强从戒断反应、健康等级、自制能力、戒毒态度、习艺能力等角度进行分级管理。划类分级的戒毒管理体制主要功能在于避免同伴歧视与交叉感染、分类实施矫治手段与进程等，进而达到精准戒毒、提升社会回归率、降低复吸率的目的。[①]

1. 混合关押戒毒管理的困境

根据 2008 年《戒毒法》与相关管理条例，中国戒毒人员的收治与关押统一采取强制隔离的办法，分类主要考虑性别、年龄进行女所单独关押，未成年人单独关押。例如，湖北省 18 个强制隔离戒毒所中，有两个女所，一个是武汉市女子强制隔离戒毒所，主要收治武汉市属管辖范围内的女子吸毒人员；另一个是湖北省女子强制隔离戒毒所，收治除武汉市以外湖北省以内的女子吸毒人员。其他 16 个所均为男所，其中包括 1 个未成年强制隔离戒毒所和 15 个成年男性强制隔离戒毒所。性别与年龄均属于"自然人口属性"，戒毒所在这两个人口特征上的分类与监狱其他的罪犯管理一致——监狱也单独建立女子监狱、未成年犯罪人员（少年犯）监狱。由此可以看出，戒毒强制管理，机构基本是按照罪犯关押的司法体制执行，在具体对应的自然人口属性条件下，不论吸毒年限长短、毒品类型、健康状况与习艺劳动能力等，均"一刀切"混合关押戒毒。

---

① 陈玉海：《强制隔离戒毒人员分级处遇工作的价值与实践》，《中国司法》2014年第 7 期。

　　这样管理设置的优点是成本较低、管理难度较小、易于集中等，但缺点也非常明显。例如，不同吸食年限、不同毒品类型的吸毒人员存在交流经验进行交叉感染的可能，不同健康水平、不同劳动能力的人员存在相互不公平比较的可能，整体管理上比较粗放、针对不同人群的管理需求比较模糊，等等。①

　　比如，不同类型毒品、不同吸毒年限的学员对毒品的使用经验不一，认知差别也非常明显，相对那些吸毒年限较少、毒品使用类型较为单一且毒品危害性相对较小的学员来说，那些吸食年限长、毒品使用较为复杂、体验较为多元化并且毒品危害程度较深的学员就容易将自己吸毒的经验、欺骗家人的经验、以贩养吸的经验，甚至是反侦察手段、盗窃与抢劫的作案手法等传递给其他学员，对这些资历浅、年龄小、经验少的人员进行教唆、诱导，并且极有可能会在短期内共同合谋策划两年强制隔离期间如何"表现好"而争取加分、减天数，从而得以提前释放；也有的会阴谋联合共同"对抗"警官的管理。这些问题出现的前提逻辑是不同人员的交叉感染让新人、单纯的吸毒者容易在"学习"的心理下依附资深的吸毒者，彼此形成团伙、非正式组织，并在期满释放后形成更为严重的组织化吸毒贩毒盗窃等犯罪团伙、群体集聚型吸毒联合团伙，"为组织化、群体性违法犯罪提供了组织机会与酝酿空间"②。

　　同时，高复吸率也是中国戒毒矫治的一个困境，当然，这也是世界难题。而混合型关押与交叉感染则为复吸提供了社会网络基础与群体氛围。他们在与外界隔绝的情况下，隔离环境内的社会交往需求则更为强烈，缺乏心理矫正与网络支持本身就易导致戒毒人员"空虚"而会有更强烈的心理需求与社会交往需求，释放后"补偿心理"在相当一部分戒毒人员当中是存在的，混合型关押管理的交叉感染环境与组织空间更是让这种"补偿"的责任扩散于"群体"而让个人失去自我约束。

---

① 倪振雄、林霖、樊佳珺、李松：《戒毒人员分期分类戒治模式实践与探索》，《中国司法》2017年第8期。
② 刘成斌：《农民工的终结》，社会科学文献出版社，2017。

2. 如何划类分级

（1）传统毒品与新型毒品及其吸食年限

传统毒品与新型毒品学员应当分别关押，彼此隔离，并且在吸食新型毒品吸食学员内部，应当根据个人吸食的毒品类型与吸食的年限数进行二级分类，具体为从年限较短、毒品类型毒性较低逐步到年限长、毒性高形成一个梯度系列。监区、监舍可以动态划分，但人员的级别、分类处置应当建立分布比较均衡的梯度分级、分类处置体系，具体要根据实践部门的情形进行操作。

（2）毒品危害程度与戒断反应的分级

根据笔者这几年对吸毒人员的调查与研究，毒品至少可以划分四类毒性级别，具体可参照医学、化学等实验数据制定梯度分级处置方案。例如，下面是一种设想：

一级：海洛因、吗啡；

二级：安非他命、摇头丸、大麻；

三级：K他命、FM2；

四级：其他毒性更弱的毒品。

不同毒性级别的人员在监区划分与监舍管理中可以区别、隔离处置，并且对人员的彼此空间距离、交流限制等方面做出可行性操作规定。

（3）自制能力分级

自制能力分级主要的指导思想是将有一定伤害倾向、行动自我控制、生活自制能力较弱的戒毒人员单独聚类处置。具体级别划分可参照以下设想，结合实践条件制定操作细则。

风险高级：感染传染性疾病、健康状况较差、具有较强的自我伤害甚至自杀倾向，也对其他人员具有攻击性等风险级别较高、基本行动自我控制与生活自制能力不完整的人员。

风险中级：以专业评估、医学与心理评估为参照，健康相对较好，但具有一定的伤害自我、攻击他人的可能性，自制能力相对较差的人员。

风险低级：低风险的普通戒毒人员，即医学与心理评估没有明显伤害他人或自残倾向、生活自制能力没有缺陷的戒毒者。

（4）戒毒认知和态度分级

前三条分级原则都是客观的，第四、第五条则相对主观。对于戒毒人员，应当依据专业医学、心理学量表对戒毒人员关于毒品的认知与态度进行测验，并分级处置。关于毒品认知的测量应包含毒品种类、毒品识别、毒品来源、毒品危害等与毒品相关内容；关于戒毒人员的态度，除了外显态度的测量，更要关注内隐态度。研究发现，内隐态度与外显态度往往存在分离现象，这或许是由间接测量使得被试无法对自动加工进行内省造成的，也有可能是由被试在外显测量时难以接受自己的"真实"态度而引起的。[1] 对海洛因戒断者态度的测量显示，测量对象的外显态度和内隐态度相关很低，且不显著。[2] 内隐态度是"个体无法内省识别，或无法精确识别的过去经验的痕迹，这种痕迹调节着个体对社会对象的喜欢或不喜欢的感受、思考和行为"[3]，常用的测量方法有内隐联想测验（IAT）[4]、内隐关系评估程序（IRAP）[5] 等。

（5）习艺与就业能力分级

不同专业技能、同一专业技能类型中不同等级应当在戒毒学员中进行分级管理，并且每一类型、等级形成一个梯度，让戒毒学员在劳动技能等级的"升级"中逐步康复。例如，技术能力与劳动能力可以进行"进退"双向机制：如果劳动能力好、成效高、技术能力强，向释放方向激励；如果减退，则"退回"前一等级。最终释放前必须达到一个相对较高的劳动能力等级。

---

① Fazio, R. H. & Olson, M. A., "Implicit Measures in Social Cognition Research: Their Meaning and Use," *Annual Review of Psychology* 54 (2003): 297-327.

② 高屹:《海洛因戒断者对毒品的内隐态度和外显态度研究》,《中国健康心理学杂志》2012 年第 2 期。

③ Greenwald, A. G. & Banaji, M. R., "Implicit Social Cognition: Attitudes, Selfesteem and Stereotypes," *Psychology Review* 102, 1 (1995): 4-27.

④ Greenwald, A. G. et al., "Measuring Individual Differnces in Implicit Cognition: The Implicit Association Test," *Journal of Personaliy and Social Psychology* 74, 5 (1998): 1464-1480.

⑤ Barnes-Holmes, D. et al., "Do You Really Know What You Believe? Developing the Implicit Relational Assessment Procedure as a Direct Measure of Implicit Belief," *The Irish Psychologist* 32, 7 (2006): 169-177.

3. 精准戒毒的预期收益

精准戒毒管理的主要功效是戒毒组织的专业化、立体化、分工细化，虽然精细化管理会导致管理成本上升，特别是警察工作程序更为复杂、组织成本加剧，但分级管理的效果与收益预计是比较显著的。

首先是可以避免同伴歧视。前文曾经提到，吸食不同种类毒品的戒毒学员之间往往存在歧视，吸食新型毒品的学员和吸食传统毒品的学员之间相互瞧不起、首吸的学员往往看不起那些数次戒毒失败的老学员、精神问题严重的学员也往往被其他学员歧视。如何建设戒毒人员的良好人际关系尤其是在隔离期间的同伴关系是实现顺利矫治的重点问题之一，[①] 分级管理、精准戒毒的方式可以在一定程度上减少场域内的冲突、矛盾和歧视现象，为戒毒学员营造一种相对对等的环境。

其次是同类管理可以避免交叉感染。将不同违法程度、毒品危害程度的学员隔离在同一场所两年之久，难免会产生"交叉感染"的情况。交叉感染的结果往往是"出院"后"犯病"更严重——犯罪手段更高级、社会危害更严重、组织性计划性更强、更可能走向团伙犯罪。[②] 对毒品种类、毒品危害程度、自制能力等方面的种类划分，能够将戒毒学员从复杂纷乱的人群中分类，可以有效地减少违法经验丰富的吸毒人员对那些年龄小、经验少的戒毒人员的教唆和同化。

此外，分类矫治（时间进程与矫治手段）使管理方案更为有效。"一刀切"的粗放型管理方式忽略了不同人群的管理需求，忽视了戒毒学员的个性化特征，增加了交叉感染的可能性，更降低了戒毒管理的有效性。分类矫治对症下药、因人而异，能够高效地、科学地解决不同特征群体的不同问题，有助于规范管理体制，并强化戒毒人员管理和教育的有效性。

---

① 刘露、魏碧：《青年女性戒毒者同伴关系研究——基于 H 省女子强制隔离戒毒所的调研》，《中国青年研究》2018 年第 1 期。

② 刘成斌：《农民工的终结》，社会科学文献出版社，2017。

更为重要的是，精准戒毒是降低复吸率的有效且必要的选择。分级分类的管理能够有效利用现有的人力、物力和财力资源，以达到最佳的矫治效果和社会效果。[①] 目前国内已有一些地区实行了分类分级的戒毒模式，其本质上正是践行精准戒毒的理念，并且已经有实证研究发现这种戒毒模式能够高效地、有针对性地矫正戒毒学员存在的问题，增强戒毒效果，降低复吸率。[②]

第四节 戒毒社工发展的未来

1. 积极犯罪学（Positive Criminology）和积极受害者学（Positive Victimology）

近年来，美国等发达国家中越来越多的学者采用积极的视角来理解违法行为的矫正和转变，质疑学术研究和临床实践中对"消极"的过度关注，[③] 并提出"积极犯罪学"这一新术语。[④] 本质上，积极犯罪学认为个人积极的经验和社会包容的力量具有治愈作用，有助于个人或群体内部的积极变化，能够减少负面情绪，促进个人发展，并对犯罪越轨行为具有抑制作用。[⑤] 积极犯罪学审视个人的整体（如挑战、力量、才干、福祉、保护因素等），而不是主要关注风险因素和个体的犯罪行为，还试图为个人提供积极经验。这些经验有利于改变他们对自己和与他人关系的理解，提

---

① 倪振雄、林霖、樊佳珺、李松：《戒毒人员分期分类戒治模式实践与探索》，《中国司法》2017年第8期。
② 祝强、钱颖军：《强制隔离戒毒人员分类戒治研究》，《犯罪与改造研究》2013年第9期；陈玉海：《强制隔离戒毒人员分级处遇工作的价值与实践》，《中国司法》2014年第7期。
③ Maruna, Shadd, "Why Do They Hate Us? Making Peace Between Prisoners and Psychology," *International Journal of Offender Therapy and Comparative Criminology* 55, 5 (2011): 671.
④ Ronel, N. & E. Elisha, "A Different Perspective: Introducing Positive Criminology," *International Journal of Offender Therapy and Comparative Criminology* 55, 2 (2011): 305–325.
⑤ Ronel, N. & Toren, Y. T., "Positive Victimology—An Innovation or More of the Same," *Temida* 15 (2012): 171–180.

高他们解决自身所面临的问题的能力。[1] 从某种意义上说，个人经历的积极体验能够产生积极的力量和影响，引导他们走出犯罪。[2] 积极犯罪学的视角拓宽了传统犯罪学的视野，同时它对积极体验的强调也为我们矫正吸毒这一违法行为提供了启示。

除了违法者之外，吸毒人员同时也是一名受害者。积极受害者学（Positive Victimology）延续积极心理学（Positive Psychology）和积极犯罪学（Positive Criminology）的理念，强调对受害情况做出积极经验的社会反应。[3] 积极的经验与消极的经验一样，可以对个人、家庭和社区产生影响，有时积极的经验可以克服消极的经验。[4] 受害者应该得到社会和学术上的重视，社会应尽可能地为这些受害者提供积极经验，例如，接受和承认他们所受的不公正、为他们提供支持、保持他们的权利、协助和支持他们的生存等。[5] 积极受害者学还重新使用了victims、victimology 的定义方法，强调从受害者自身的角度关注受害者的需要、愿望和福祉。[6] 积极的受害者强调受害者的基本权利和社会对他们的责任，这也启发我们在面对吸毒人员时，要从吸毒人员的角度关注他们的需求和权利，并给予充分的社会支持。

2. 积极戒毒

受积极犯罪学和积极受害者学的启发，我们在此提出"积极戒毒"这一理念。"积极戒毒"是以现在戒毒体系的"惩罚性戒

[1] Ronel, N. & E. Elisha, "A Different Perspective: Introducing Positive Criminology," *International Journal of Offender Therapy and Comparative Criminology* 55, 2 (2011): 305-325.

[2] Bensimon, M., Baruch, A., & Ronel, N., "The Experience of Gambling in an Illegal Casino: The Gambling Spin Process," *European Journal of Criminology* 10 (2013): 3-21.

[3] K. Jaishankar, *Interpersonal Criminology* (Boca Raton: CRC Press, 2017).

[4] Ward, T., Mann, R. E., and Gannon, T. A., "The Good Lives Model of Oender Rehabilitation: Clinical Implications," *Aggression and Violent Behavior* 12 (2007): 87-107.

[5] K. Jaishankar, *Interpersonal Criminology* (Boca Raton: CRC Press, 2017).

[6] Ben-David, S., "Needed: Victim's Victimology," in P. C. Friday and G. F. Kirchho, eds., *Victimology at the Transition from the 20th to the 21st Century* (Germany: Shaker Verlag & WSVP, 2000), pp. 55-72.

毒"模式为参照的，惩罚性戒毒重点是立足于"戒毒者是应当受到惩罚的违法者"，而"积极戒毒"则主要强调戒毒人员的积极体验及社会支持的重要性。这是一种积极的干预模式，这种模式与惩罚为主导的消极模式对比，显得更为积极。

第一，积极戒毒着眼于未来与康复，而不是立足于过去与惩罚。戒毒的目的是"重建和改善"，而不是对吸毒人员"施加痛苦或进行报复"①。强制隔离戒毒的判决虽然制止了吸毒人员的吸毒行为，并阻止他们继续吸毒，但是他们对执法的外部妥协不足以实现根本的改变。康复是一个过程，在这个过程中消极的自我叙述转化为积极的和规范的，② 行为问题将通过身体、情感、精神、关系等方面的发展而逐渐得到解决。③ 戒毒要从"仅限于问题和治疗"的范式转变为更全面的恢复范式，比如匿名戒酒协会（AA）的 12 步计划将物质滥用视为在生理、心理和精神层面影响个人的疾病，以重视整体的康复方法来戒断物质滥用。④ 有实证研究发现，个人自身犯罪行为的改正是由于从他们周围的教育和管教机构获得的教育。⑤ 在经历了囚犯生活中为数不多的规范性成功之一后，这种自我形象的改善可能有助于减少释放后的累犯。⑥ 教育是

① Thompson, G. J. & Jenkins, J. B., *Verbal Judo: The Gentle Art of Persuasion* (New York: William Morrow and Company, 1993).

② Maruna, S., "Desistance from Crime and Explanatory Style: A New Direction in the Psychology of Reform," *Journal of Contemporary Criminal Justice* 20 (2004): 184 – 200.

③ Best, D., "Mapping Routes to Recovery: The Role of Recovery Groups and Communities," in R. Yates & M. S. Malloch, eds., *Tackling Addiction: Pathways to Recovery* (London: Jessica Kingsley, 2010), pp. 32 – 43.

④ Chen, G., "The Meaning of Suffering in Drug Addiction and Recovery from the Perspective of Buddhism, Existentialism and the 12 Step," *Journal of Psychoactive Drugs* 42 (2010): 363 – 375.

⑤ Ubah, C. B. A., "An Examination of Academic, Policy and Social Considerations of Correctional Education and Offender Recidivism: Lessons for 21st Century Criminology," *Justice Policy Journal* 2, 2 (2002): 3 – 17.

⑥ Openhaim, M. & Timor, U., "Imprisonment, Education and Self-image: The Influence of Studying in Prison Learning Centers on Convicts' Self-image," *Mifgash—Journal of Social-Educational Work* 22 (2005): 57 – 73.

康复的重要途径，向戒毒人员提供教育能够帮助其解除毒瘾，并降低复吸的概率。

第二，增加戒毒学员的积极经验体验。通过增强目标对象的积极情绪和经验，可以更有效地帮助他们脱离痛苦、成瘾、精神疾病、犯罪或行为偏差。[①] 让违法犯罪者接触积极的体验和接受社会接纳、宽恕、爱、同情，以及做出改变的选择机会（如治疗、社会服务）[②]，这才是一种积极的解决办法。可以利用正式和非正式的治疗方案和干预措施，通过关注并增加戒毒学员自身的积极体验、强化积极的社会因素（如暴露于善良、社会接受等），从而达到戒毒矫治的效果。[③] 过去和目前的其他研究已经证明，增强积极要素（如接纳、利他主义、希望、自我效能）能够促进个人的积极发展，并促进越轨行为的停止和改正。[④]

第三，对戒毒"患者""受害者"角色的理解。吸毒人员在刚开始吸毒的时候如果是主动吸毒，更可能是一种其个人主观界定的"积极情感"——比如可以减少烦恼、减轻病痛、寻求心灵升华，虽然这是戒毒人员的误解，但也确实是一部分人接触毒品的内在动机。这种对吸毒人员的"正向动机"之理解能够对吸毒人员产生同理心，有助于走进吸毒人员的内心世界，从而理解他们的"滥用"心理。由此，才能将滥用界定为一种个人主观的创伤。但是，积极经历的反应是主观的定义，因此对于某些个体而言，积极的经历可能是有害的。[⑤] 所以在对戒毒学员的矫正中，要帮助他们树立正确的"积极"的价值观念。危机和压力事件能够成为

① Duckworth, A. L. , T. A. Steen , and M. E. Seligman, "Positive Psychology in Clinical Practice," *Annual Review of Clinical Psychology* 1, 1 (2005): 629.

② Ronel, N. and E. Elisha, "A Different Perspective: Introducing Positive Criminology," *International Journal of Offender Therapy and Comparative Criminology* 55, 2 (2011): 305 – 325.

③ Ronel, N. & E. Elisha, "A Different Perspective: Introducing Positive Criminology," *International Journal of Offender Therapy and Comparative Criminology* 55, 2 (2011): 305 – 325.

④ LeBel, T. P. et al. , "The 'Chicken and Egg' of Subjective and Social Factors in Desistance from Crime," *European Journal of Criminology* 5 (2008): 131 – 159.

⑤ K. Jaishankar, *Interpersonal Criminology* (Boca Raton: CRC Press, 2017).

朝着积极和发展的方向转变的机会，但这是通过积极地解释一个人生活中的压力事件来实现的，而不是将绝望、受害、无助和被动结合在一起的消极解释。①

第四，积极戒毒包含吸毒人员个人反应、人际关系层面，具体包括个人认知、家庭关系和同伴关系、社区接纳。关于吸毒人员个人，首先要重视犯罪者的个人认知，不仅仅是关于毒品的认知，更是要帮助他们树立正确的世界观、人生观和价值观，这样才能减少复吸。同时也要注意初级社会群体的修复，帮助戒毒人员修复家庭关系、实现家庭回归，并帮助戒毒学员走出毒友圈，发挥初级群体的防线作用。违法行为的改变并不是一个单一的事件，而是一个渐进的过程，其中包括从一个违法的社会网络过渡到一个规范的社会网络。② 吸毒者戒除毒瘾后面临回归社会的问题，会遭遇社会歧视、就业歧视等各类因"贴标签"而引发的不平等待遇。面对这种情况，社会理应为他们提供支持，应建立综合的态度、方法和机制，以促进他们的社会融合和康复，这种社会融合被视为社会的责任。③

第五，积极戒毒强调对戒毒人员的赋权。通过实证调查发现，许多吸毒成瘾者将其停止吸毒和重建生活的转变归因于外部一方的赋权，例如机构当局（比如给他们提供康复和治疗机会的法官）、照顾者、伴侣、儿童、亲属或其他相信他们的人。④ 从积极受害者学和积极犯罪学来看，戒毒人员需要社会支持，需要拥有权利，对戒毒者的赋权有利于吸毒行为的矫正和康复。根据赋权理论，个人的无权或失权状态是外部社会环境的压迫和排挤造成的，环境中的直接、间接障碍限制个人自我能力的发挥，然而这

---

① K. Jaishankar, *Interpersonal Criminology* (Boca Raton: CRC Press, 2017).

② Delisi, Matt, "Career Criminals and the Antisocial Life Course," *Child Development Perspectives* 10, 1 (2015): 53 – 58.

③ Braithwaite, J., "Shame and Criminal Justice," *Canadian Journal of Criminology* 42 (2000): 281 – 298.

④ Maruna, S., "Making Good: How Ex-convicts Reform and Rebuild Their Lives," *Theoretical Criminology* 6 (2002): 227 – 234.

种障碍并非不可逾越，弱势群体在适当的协助之下，完全可以提升自己的权利和能力。① 保证在司法干预和法庭上为受害者提供正当程序，这可能会增加恢复受害者的积极经验的可能性。②

积极戒毒虽然也无法完全愈合其个人创伤，但其治疗、矫正的方向是以人为本的，是以治疗模式为主导的宽恕与回归的结合，而不是强调惩罚导向。更积极和更具恢复性的方法——包括那些促进社会联系和支持、为他人服务、精神体验和身份改变的方法——可能比盛行的惩罚策略更为有效。③

3. 戒毒社会工作

"积极戒毒"关注戒毒人员的积极体验及其社会支持，强调发展戒毒人员的个人能力，认为他们拥有可以为自己和他人的利益而发挥的力量。社会工作的价值理念和专业方法与"积极戒毒"这一理念具有很强的亲和性。

（1）戒毒社会工作

戒毒社会工作就是在社会工作的专业理念支持下，专业社会工作者借助于社会工作专业方法对吸毒人员进行干预，从而促使他们成功戒毒，最终回归社会。④ 简而言之，戒毒社会工作就是将社会工作的专业理念和方法综合运用于戒毒领域中的具体实践。⑤通过实证调查发现，戒毒社会工作者在实务中往往扮演着为案主提供支持鼓励的促进者、协调矛盾冲突的调停者、传递信息以提升能力的教育者、链接宏观系统资源的经纪人以及为案主争取合法权益的呼吁者的角色。⑥ 越来越多的学术研究揭示了社会工作介

---

① 程萍：《社会工作介入农村精准扶贫：阿马蒂亚·森的赋权增能视角》，《社会工作》2016 年第 5 期。

② K. Jaishankar, *Interpersonal Criminology* (Boca Raton: CRC Press, 2017).

③ Ronel, N. & Segev, D., *Positive Criminology* (New York: Routledge, 2015).

④ 王瑞鸿：《戒毒社会工作：理念、原则及其方法》，《华东理工大学学报》（社会科学版）2006 年第 4 期。

⑤ 王瑞鸿：《戒毒社会工作：理念、原则及其方法》，《华东理工大学学报》（社会科学版）2006 年第 4 期。

⑥ 张翼、王静怡：《戒毒社会工作者的角色承担及面临的困境》，《社会工作》（理论）2009 年第 10 期。

入戒毒领域的可行性和优越性，强调社会工作服务吸毒人员戒除毒瘾、回归社会的重要性。① 尤其是介入强制隔离戒毒领域的社会工作队伍是一支有益的社会补充力量，在化解强制隔离戒毒所内各种危机事件中也发挥重要作用。②

（2）戒毒社会工作的功能

首先，社会工作的价值理念有利于戒毒工作的开展。"平等、尊重、真诚和接纳"是社会工作的基本价值理念，社会工作强调人具有可塑性，相信戒毒人员的潜力并对其进行全面评估，接纳和尊重服务对象，不对戒毒人员"贴标签"，致力于为其谋求最大的福利，正是契合了积极戒毒所倡导的"让戒毒人员接触积极的体验和社会接纳、拥有做出改变的选择机会（例如治疗、社会服务）"。社会工作的着眼点不是"问题本身"，而是"人"，戒毒社会工作是一种以人为本的戒毒模式。更重要的是，社会工作所强调的优势视角和"助人自助"，使"积极戒毒"的理念得以充分发挥，相信戒毒学员拥有可以为自己和他人的利益而发挥作用的力量，而不是把其看作要管理的一组风险。

其次，社会工作有着专业的理论和方式，在服务的过程中强调增能，注重对戒毒人员的全面提升，通过个案社会工作、小组社会工作、个案小组相结合等专业方式有针对性地、全面系统地对戒毒学员进行干预，能够有效地帮助戒毒人员实现康复，帮助戒毒人员发挥自身的能力，从而加强戒毒矫正的效果，帮助戒毒学员面对自己的生活和周围的环境。戒毒矫正是一个系统性的工程，需要强化戒毒学员的戒毒动机、对其进行毒品教育、培养其拒绝毒品的能力、构建社会支持网络等，而不是仅仅对其进行惩罚和监控。

不仅如此，社会工作关注人与社会环境的互动，这与将吸毒从纯粹的个体行为上升为一种社会现象，从家庭、同伴群体、社会变迁等中观和宏观社会环境来解释吸毒现象的社会学视角，正

---

① 厉济民、傅鹏鸣：《以人为本戒毒帮教服务模式的实践与探索》，《禁毒研究》2012年第2期。
② 高巍：《社会工作介入强制隔离戒毒领域的重要意义》，《中国司法》2014年第9期。

好不谋而合。① 社会工作不仅仅注重个人认知、心理、能力等层面，还关注环境资源的整合和完善。社会工作能够链接家庭、社区、社会等资源，不仅能够更好地引导戒毒学员戒除毒瘾，还能够帮助其更好地回归社会，延续、强化戒毒矫正的效果，从而减少其复吸的危险，这正满足了"积极戒毒"对于初级群体和社区接纳的关注。

此外，戒毒人员虽然具有违法者的角色特征，但是其依旧具有受教育权、就业权、申诉权等权利，然而戒毒人员的这些权利往往受到忽视，并且在社会上丧失话语权。社会工作强调赋权，戒毒社会工作者作为案主利益福祉的维护者、为案主争取合法权益的呼吁者，能够充分履行社会倡导的职责，为戒毒人员的权力和利益而发声。这有利于增加戒毒人员的积极经验，帮助戒毒人员积极地解除毒瘾、改正吸毒这一违法行为。

目前中国的戒毒工作主要依靠司法系统的警官进行管理，属于法律范畴，但存在戒毒人员的医学结合不足、社会参与不足的问题。其中一条重要方向是依据专业社会工作者促进戒毒管理的专业化、社会化，致力于实现"积极戒毒"。

（3）戒毒社会工作的困境和发展方向

目前我国的戒毒社会工作也存在一些难题和困境。首先是社会工作者在戒毒社会工作中自主能力过低、权限受限的问题。② 笔者在实地调查和实习中发现，戒毒系统中留给戒毒社会工作开展服务的空间是十分有限的。以 MSW 实习生在强制隔离戒毒所的实习为例，专业实习的过程中进入戒毒所的时间、次数、接触到的学员等都受到很大的限制。出于安全管理的考虑，社工各项活动的开展都需要经过戒毒所的审核，服务对象也往往由警官挑选，社会工作者可以接触到的学员和可以进行的干预活动都是有限的，也无法链接家人、社会力量等资源，许多专业方法和模式无法在

---

① 高巍：《社会工作介入强制隔离戒毒领域的可行性》，《中国司法》2014 年第 12 期。
② 孙秀兰：《戒毒所的社会工作介入方式研究——以 Y 强制隔离戒毒所为例》，《社会工作与管理》2016 年第 5 期。

戒毒所内实施，这就为社会资源对强制隔离戒毒的介入造成了很大的难题，并且社会工作与强制隔离戒毒还存在一定程度上的理念冲突，从而对社会工作的服务介入有所限制。

此外，在戒毒社会工作中还常常出现社会工作者的角色与地位不明晰的问题，导致社会工作者在实际工作中工作重心有所偏移，影响戒毒工作的成效。比如有些戒毒社工在日常工作中不得不承担很多司法行政事务，甚至社工由"助人者"变成"管控者"，有时还会演变成"二警察"和"协管员"，这难免令其专业身份模糊，无法开展专业工作。①

就社会工作专业关系而言，与戒毒人员的信任关系的建立也常常面临困境。一方面，在毒品的影响下，吸毒人员往往具有抑郁、敌对、偏执的心理问题；② 另一方面，吸毒人员会将戒毒社会工作者视为"派来监视、考察自己的人"，心存防备。尤其是在强制隔离戒毒的高压管束下，戒毒学员担心社工将其真实情况汇报给警官而影响自己的诊断评估，对社会工作者的戒备心较重，往往对社会工作者表面服从、敷衍了事，甚至隐瞒撒谎，难以建立起社会和案主之间的信任关系，从而导致戒毒社会工作的干预效果并不理想。

戒毒社会工作者要加强自身的专业性，要严格遵循"平等、尊重、真诚和接纳"的价值观念，并发挥同理心，利用专业科学的方式对戒毒人员展开交流和服务，同时也要加强自身对于戒毒领域的知识学习，从而促进与案主建立信任关系。戒毒社会工作自身专业性也是突破戒毒社会工作在目前的戒毒系统内角色和地位尴尬的关键。强制隔离戒毒是具有中国特色的戒毒模式，其封闭性和强制性的特点为社会工作的介入造成了一定的困难，戒毒社工应当寻求本土化的服务方式和服务技巧，逐渐与戒毒系统磨合。同时，戒毒系统也要转变"惩罚"和"封闭"的状态，引进

---

① 赵芳：《社区戒毒社会工作模式的探索与实践》，《社会工作与管理》2015 年第5 期。

② 郭秀丽、姜峰：《87 例女性劳教吸毒人员心理健康水平分析》，《中国健康心理学杂志》2010 年第 3 期。

社会资源，发挥社会力量、专业力量，走向开放性的戒治。

社会工作者在对戒毒领域进行介入的过程中，应当积极发挥政策倡导者的作用，指出现有戒毒模式、方法和理念等运行过程的不足，保护和争取戒毒人群的利益和福祉，为整个戒毒工作系统做出政策建议。药物成瘾者往往面临着社会排斥和负面情绪，容易受到社会力量的结构性歧视。① 戒毒社会工作者也要注意戒毒人员的社会回归问题，动员一切力量和资源致力于减少社会对戒毒人员的歧视，帮助戒毒群体实现社会融入。社会工作者可以发动和组织志愿者，在社区中进行宣传与倡导，以缓解社区对吸毒者的偏见与污名化，改善社会环境，减少对戒毒人员的社会排斥。

此外，戒毒社会工作者要在实践中不断积累经验，反思工作开展过程中的不足，在理论上加强对专业方法、伦理困境、成瘾机制、戒毒动机等问题的研究，弥补现有理论的不足，丰富戒毒社会工作乃至戒毒领域的研究成果。通过戒毒社会工作的实践经验和研究，多学科、多角度地为我国的戒毒工作出谋划策，在总结经验和教训的基础上推动戒毒工作的改善和创新。

第五节　结语

毒品，作为"美洲大陆与欧洲、东方商业关系开拓、伟大航程建立的主要推动力之一"②，其发现与使用是一个充满人类冒险与斗争、探索与医治等多重矛盾的历史过程。中国近代史上的鸦片战争更是让人唏嘘不已。如今，戒毒是一个世界难题，但中国面临的人口规模大，吸毒人群社会背景多元化、复杂化，复吸率高，整体社会新发现吸毒人员增长较快等问题更是亟待更为专业化、系统化的处置与管理。

---

① Schomerus, G. et al., "The Stigma of Alcohol Dependence Compared with Other Mental Disorders: A Review of Population Studies," *Alcohol and Alcoholism* 46, 2 (2011): 105 – 112.

② Escohodato, A., *Historia Natural de Las Drogas* (7th edition.) (Madrid: Alianza Editorial, 1998).

有学者认为，某些吸毒人群可能是经济矛盾与结构失调的具体体现而已，比如巴西近年来一直将历史上被边缘化的群体隔离和惩罚，巴西全国监狱信息调查数据显示，巴西的监狱人口每年都在增加，如今已经是世界上第四大监禁规模国家。在监狱中，有46%来自执法毒品法。

从微观的个人行动层面来看，心理学视角的发现与探讨表明戒毒不仅仅是一种疾病更是一种心病。正如本章第二节所提到的，不少美国吸毒者基于对社会耻辱的顾虑而不敢接受公开的社会救助，但这种心理活动长期内化为个人自卑而成为一种自我耻辱的精神疾病时，会对个人心理健康造成更大的伤害，也会对其矫正、回归社会造成更大的阻碍。比如"公众认为吸毒成瘾者是危险人群"属于公共耻辱，而"我是一个成瘾者所以我也是一个危险分子"就是一种内化心理标签，"我是一个危险的病人""人们的歧视是公认的""我为什么要找工作、我不配找工作"[1] 就是已经内化到潜意识层面的精神障碍。[2]

从戒毒人员回归社会过程中的就业、接受救助等公共性的社会耻辱与排斥，到家庭与亲友交往过程中的个人歧视，使公共耻辱与自我耻辱结合，[3] 造成戒毒者无法得到应有的公共救助，导致黑暗中的毒品传播与自我强化，而且随着逃避专业化、活动随机性加强[4]而越来越脱离公共视野的监督。所以，吸毒者的耻辱化应

① Corrigan, P. W. et al. , "Developing a Research Agenda for Understanding the Stigma of Addictions. Part I: Lessons from the Mental Health Stigma Literature," *American Journal on Addictions* 26 (2016): 59 – 66.

② Luoma, J. B. et al. , "Stigma Predicts Residential Treatment Length for Substance Use Disorder," *The American Journal of Drug and Alcohol Abuse* 40, 3 (2014): 206 – 212; Luoma, J. B. et al. , "Self-stigma in Substance Abuse: Development of a New Measure," *Journal of Psychopathology and Behavioral Assessment* 35, 2 (2013): 223 – 234.

③ Luoma, J. B. et al. , "Self-stigma in Substance Abuse: Development of a New Measure," *Journal of Psychopathology and Behavioral Assessment* 35, 2 (2013): 223 – 234.

④ Scott, A. L. et al. , "What Does 'Recovery' from Mental Illness and Addiction Mean? Perspectives from Child Protection Social Workers and from Parents Living with Mental Distress," *Children & Youth Services Review* 87 (2018) .

当有所扭转——让这一问题的"疾病属性"得到社会阳光的照射与公开呈现，即我们不但要重视医疗属性，也必须重视社会结构诱因与社会歧视、结构排斥等因素的矫正。[1] 从而实现机能恢复与心理康复、社会恢复[2]的有机统一，让成瘾患者的自尊、希望在社会支持中得到增长，并有望彻底实现由内而外的身份转变。

美国等国在吸毒问题上的教训是吸毒本身难以治理，吸毒引发侵犯财产、人身安全等犯罪的连锁反应更是难以遏制，而且美国家庭观念中代际彼此独立，父母吸毒或犯罪后，子女往往无人照顾，中国在家庭代际相互支持方面具有一定的优势，如何在研究针对吸毒问题本身进行治理的同时，防止吸毒人员代际传递、防范吸毒人员子女成为"毒二代"等方面需要付出更多的投入。

[1] Heather, N. , " Q: Is Addiction a Brain Disease or a Moral Failing? A: Neither," *Neuroethics* 10, 1 (2017): 115 – 124; Henderson, S. et al. , "Social Stigma and the Dilemmas of Providing Care to Substance Users in a Safety-net Emergency Department," *Journal of Health Care for the Poor and Underserved* 19, 4 (2008): 1336 – 1349.

[2] *Le Boutillier* et al. , " Staff Understanding of Recovery-orientated Mental Health Practice: A Systematic Review and Narrative Synthesis," *Implementation Science* 10, 1 (2015): 87.

参考文献

安玲：《新戒毒制度帮助戒毒人员重返社会》，《人民公安报》2008 年 6 月 2 日，第 5 版。

北京市女子强制隔离戒毒所：《戒毒人员"心瘾"戒治初探》，《中国司法》2014 年第 11 期。

边燕杰、芦强：《阶层再产生与代际资源传递》，《人民论坛》2014 年第 2 期。

曹殿朕：《社会角色理论对青少年网络游戏行为的解读》，《河南师范大学学报》2007 年第 6 期。

曹立群：《答吴宗宪教授"论 criminal justice 的汉语翻译问题"》，《青少年犯罪问题》2012 年第 5 期。

曹立群：《以国际化视野做中国研究：社会学研究的去魅与回归》，《清华社会学评论》2018 年第 10 期。

曹立群：《中国犯罪学的几个基本问题》，《青少年犯罪问题》2014 年第 3 期。

曹立群：《重置秩序：法理情——走向法治的中国犯罪学》，《光华法学》2016 年第 10 期。

曹霞：《"小组社会工作"方法在本土禁毒社会工作中的应用——嘉定"亲子平行小组"的例子》，《中国药物依赖性杂志》2007 年第 5 期。

曾娇艳、李志雄：《差别交往理论与青少年犯罪防治》，《河北青年管理干部学院学报》2006 年第 1 期。

曾恕：《越红团体沙盘游戏对促进小学高年级学生心理健康的实验研究》，硕士学位论文，四川师范大学，2010。

陈和：《人本主义取向的社会工作模式及其本土化过程》，《首都师范大学学报》（社会科学版）2005 年第 5 期。

陈青山：《国家宏观调控过程中的角色定位、偏差及矫正》，《黄冈职业技术学院学报》2014 年第 2 期。

陈少华、周宗奎：《同伴关系对青少年心理健康的影响》，《湖南师范大学教育科学学报》2007 年第 6 期。

陈玉海：《强制隔离戒毒人员分级处遇工作的价值与实践》，《中国司法》2014 年第 7 期。

陈正良：《同辈群体环境对青少年发展的影响》，《宁波大学学报》2004 年第 10 期。

陈志霞：《个案社会工作》，华中科技大学出版社，2006。

程建平：《美沙酮替代递减疗法临床应用 10 年的回顾性研究》，《中国药物滥用防治杂志》2007 年第 5 期。

程萍：《社会工作介入农村精准扶贫：阿马蒂亚·森的赋权增能视角》，《社会工作》2016 年第 5 期。

邓巍：《一例出监焦虑服刑人员沙盘治疗过程及效果》，《心理技术与应用》2014 年第 7 期。

段伟：《强制隔离戒毒人员回归社会的现实困境及其解决路径问题研究》，《中国药物依赖性杂志》2011 年第 6 期。

法利、史密斯、博伊尔：《社会工作概论》，隋玉杰等译，中国人民大学出版社，2010。

范志海、李建英：《青少年吸食合成毒品问题与对策研究：基于上海市 100 个吸毒青少年个案的调查》，《青少年犯罪问题》2012 年第 4 期。

范志海、吕伟、余金喜：《社区戒毒康复模式的初步探索——以上海禁毒社会工作为例》，《中国药物依赖性杂志》2009 年第 2 期。

费梅苹：《意义建构：戒毒社会工作服务的实践研究——以上海社区戒毒康复服务中的同伴教育为例》，《华东理工大学学报》（社会科学版）2011 年第 2 期。

费孝通：《乡土中国》，北京出版社，2005。

冯旭：《默顿理论与我国青少年犯罪预防》，《法制与社会》

2011 年第 1 期。

福柯:《规训与惩罚》,刘北成、杨远婴译,生活·读书·新知三联书店,2012。

高浩:《论我国劳动教养制度的改革与完善》,硕士学位论文,华南理工大学,2016。

高如军:《构建戒毒工作多元化社会支持系统的难点与对策思考》,《中国司法》2015 年第 11 期。

高巍:《社会工作介入强制隔离戒毒领域的可行性》,《中国司法》2014 年第 12 期。

高巍:《社会工作介入强制隔离戒毒领域的重要意义》,《中国司法》2014 年第 9 期。

高巍:《中国禁毒三十年》,法律出版社,2011。

高屹:《海洛因戒断者对毒品的内隐态度和外显态度研究》,《中国健康心理学杂志》2012 年第 2 期。

高志勤、余海鹰、赵汉清、陈洪生:《海洛因依赖者复吸的社会心理因素及预防复吸的综合性干预研究》,《中国健康心理学杂志》2010 年第 10 期。

谷高科:《社会角色理论视野下的我国公众科学素养状况分析——基于对七个城市 3981 名居民的问卷调查》,硕士学位论文,华中科技大学,2007。

谷湘东:《强制隔离戒毒工作模式的探索与研究——以湖南省某劳教所为例》,硕士学位论文,国防科学技术大学,2010。

郭国祯、骆芳美:《希望咨商团体对女性药物滥用者戒瘾希望感、认知与行为改变与自我尊重之影响》,《辅导与咨商学报》2013 年第 35 期。

郭秀丽、姜峰:《87 例女性劳教吸毒人员心理健康水平分析》,《中国健康心理学杂志》2010 年第 3 期。

国家禁毒办:《2017 中国禁毒报告》,中国禁毒网,http://www.nncc626.com/2017-03/30/c_129521742.htm,最后访问日期:2019 年 2 月 2 日。

何雪松:《社会工作理论》,人民出版社,2007。

胡伟、林丹华、汪婷:《父母、同伴因素与工读生吸毒行为的关系》,《中国特殊教育》2010 年第 10 期。

黄延峰:《未成年偏差行为者社会化矫正研究》,博士学位论文,西南政法大学,2016。

黄晓芬、张耀中:《试评台湾具修复式正义精神之相关制度》,《犯罪与刑事司法研究》2012 年第 19 期。

J. D. Vance:《乡下人的悲歌》,刘晓同、庄逸抒译,江苏凤凰文艺出版社,2017。

江振亨、林瑞钦:《认知行为团体疗法对滥用药物者辅导成效之研究》,《犯罪学期刊》2000 年第 5 期。

姜添:《音乐沙盘疗法对高中生考试焦虑干预效果的研究》,硕士论文学位,四川师范大学,2014。

姜祖桢、李晓娥:《戒毒人员回归社会的理论选择与实践探索》,《中国药物依赖性杂志》2017 年第 2 期。

卡尔·马克思:《资本论》,姜晶花、张梅译,人民出版社,2006。

课题组:《国外禁吸戒毒模式述评》,《云南警官学院学报》2010 年第 1 期。

孔大为、刘志远:《2015 中国禁毒报告》,《人民公安》2015 年第 12 期。

李希慧:《论教唆犯的概念及其成立要件》,《中南政法学院学报》1986 年第 3 期。

李翔:《打造平台形成合力创建社区防复吸帮教网络体系》,《中国药物依赖性杂志》2015 年第 6 期。

李向阳、孙亚杰:《强制隔离戒毒工作转型分析》,《中国药物依赖性杂志》2015 年第 2 期。

李晓凤、马瑞民:《我国戒毒社会工作的发展历史及实务运作模式初探》,《社会工作与管理》2014 年第 6 期。

李晓凤、张强、马瑞民:《吸毒人员的现状及禁毒社会工作介入探究——以珠江三角洲地区为例》,《社会工作》2014 年第 6 期。

李雄鹰、杨玲:《青少年吸毒的社会心理学透析》,《河西学院学报》2003 年第 1 期。

李阳：《人本主义心理咨询理论在高校思想政治教育中的运用》，硕士学位论文，吉林大学，2013。

李一黎、万长智、郑明、张榕芳、邓刚：《英国禁毒戒毒法律制度及启示》，《中国司法》2012 年第 9 期。

李遵清、张仲荣、李四劝：《认知行为综合干预对戒毒者不良心理的作用》，《中华护理杂志》2006 年第 11 期。

厉济民、傅鸥鸣：《以人为本戒毒帮教服务模式的实践与探索》，《禁毒研究》2012 年第 2 期。

廖龙辉：《当前青少年吸毒行为现状及其成因的社会学分析》，《青年探索》2001 年第 4 期。

林丹华、范兴华、方晓义、谭卓智、何立群：《自我控制、同伴吸毒行为与态度与工读学校学生毒品使用行为的关系》，《心理科学》2010 年第 3 期。

林文肯、茅彭年：《共同犯罪理论与司法实践》，中国政法大学出版社，1987。

林晓萍：《毒品亚文化与福建省青少年群体性吸毒行为及其预防教育对策》，《福建论坛》（人文社会科学版）2016 年第 11 期。

林臻、张潮：《"减压阀"到"朋友圈"：台湾青少年毒品防治的发展与经验》，《中国青年研究》2016 年第 7 期。

刘成斌、季小天：《青少年吸毒的社会构建及其治理》，《华中科技大学学报》2015 年第 4 期。

刘成斌：《农村青少年辍学及其原因研究》，《人口研究》2014 年第 2 期。

刘成斌：《农民工的终结》，社会科学文献出版社，2017。

刘成斌：《农民工流动方式与子女社会分化》，《中国人口科学》2013 年第 4 期。

刘哈兰：《高校"双肩挑"干部的角色冲突：原因及其消解》，《科学》2010 年第 5 期。

刘建宏：《禁毒干预评估系统回顾研究》，人民出版社，2015。

刘建平：《参与式心理护理方法对戒毒人员作用构思》，《中国药物经济学》2013 年第 5 期。

刘柳：《论我国监狱制度中的劳动改造手段》，《江苏社会科学》2011 年第 3 期。

刘露、魏碧：《青年女性戒毒者同伴关系研究——基于 H 省女子强制隔离戒毒所的调研》，《中国青年研究》2018 年第 1 期。

刘晓霞、韩明蕊：《60 例吸毒者的脑电地形图异常改变与分析》，《黑龙江医学》2010 年第 3 期。

刘悦：《美沙酮维持治疗存在的问题和应对的思考》，《中国药物滥用防治杂志》2008 年第 6 期。

柳阳：《社工介入强制隔离戒毒中的工作模式探究》，硕士学位论文，南京大学，2014。

卢晓丹：《正念干预对戒毒人员人际关系的促进性研究》，硕士学位论文，南京大学，2014。

陆士桢、王玥：《青少年社会工作》，社会科学文献出版社，2010。

罗健、李建华、施怀海：《云南省 2207 例吸毒者药物滥用状况调查》，《中国药物滥用防治杂志》2003 年第 6 期。

罗杰斯：《论人的成长》，石孟磊等译，世界图书出版公司北京公司，2014。

罗斯、库柏：《非法毒品市场研究》，《云南警官学院学报》2016 年第 4 期。

马斯洛：《人的动机理论》，华夏出版社，1987。

美国精神病学会：《精神障碍诊断与统计手册（第五版）：DSM－5》，邓明昱博士译，北京大学出版社，2015。

孟娟：《对立与融和：人本主义心理治疗与科学模式心理治疗比较研究》，《吉首大学学报》（社会科学版）年 2007 第 4 期。

孟明娟：《禁毒社会工作者介入社区戒毒研究》，硕士学位论文，苏州大学，2012。

倪振雄、林霖、樊佳珺、李松：《戒毒人员分期分类戒治模式实践与探索》，《中国司法》2017 年第 8 期。

庞岩、焦志伟：《从循证矫正角度解析吸毒人员心理成因问题》，《法制与社会》2014 年第 17 期。

普丽春、马敏艾：《浅谈戒毒人员心理和行为的治疗及矫正模式》，《云南公安高等专科学校学报》1998 年第 4 期。

邱奥杰：《湖南省青少年吸毒现状、原因及对策分析》，《湖南公安高等专科学校学报》2006 年第 4 期。

曲如杰、林霖、王文忠：《吸毒者心理健康状况及与复吸原因的关系》，《中国临床心理学杂志》2006 年第 1 期。

施奈德：《犯罪学》，吴鑫涛、马君玉译，中国人民公安大学出版社，1990。

石杨：《厉行禁毒严打毒品犯罪》，《人民公安报》2015 年 3 月 1 日。http://news. china. com. cn/2015 – 06/24/content_35894067. htm，最后访问日期：2019 年 2 月 2 日。

史景轩：《外国矫正制度》，法律出版社，2012。

史书：《强制隔离戒毒所戒毒人员个别心理治疗研究》，硕士学位论文，湘潭大学，2009。

宋雅婷：《社区矫正中的社会角色研究——以 HZ 区社区矫正为例》，硕士学位论文，华中师范大学，2012。

孙飞飞：《戒毒社会工作中的依恋关系研究》，硕士学位论文，华东师范大学，2012。

孙立平：《利益关系形成与社会结构变迁》，《社会》2008 年第 3 期。

孙秀兰：《戒毒所的社会工作介入方式研究——以 Y 强制隔离戒毒所为例》，《社会工作与管理》2016 年第 5 期。

唐斌：《青少年吸毒的群体诱因及防治对策分析》，《北京青年政治学院学报》2005 年第 1 期。

王爱莉：《沙盘疗法对女性暴食症及非典型性暴食症患者的疗效研究》，硕士学位论文，华东师范大学，2011。

王进英：《当前我国青少年吸毒的原因及防治对策》，《云南警官学院学报》2007 年第 3 期。

王竞可：《析英国社区戒毒模式　探我国禁吸戒毒新路》，《云南警官学院学报》2005 年第 3 期。

王来喜、曹立群：《简论历史和文化因素在翻译英汉概念时的重要性》，《天津商学院学报》2003 年第 1 期。

王敏：《矫正基本原理研究》，博士学位论文，西南政法大学，2010。

王瑞鸿：《戒毒社会工作：理念、原则及其方法》，《华东理工大学学报》（社会科学版）2006 年第 4 期。

王瑞山：《吸毒的病原学分析及青少年涉毒预防——基于上海市某区吸毒人员初次涉毒成因的调研》，《青少年犯罪问题》2015 年第 6 期。

王绍文：《社会个案工作理论与案例》，经济科学出版社，2009。

王志亮：《美国矫正制度概要》，苏州大学出版社，2014。

魏家克：《略论教唆犯》，《中国政法大学学报》1983 年第 2 期。

魏智彬：《教唆犯的概念与成立要件问题研究》，《社会科学研究》2000 年第 3 期。

文军：《社会工作模式：理论与应用》，高等教育出版社，2010。

吴先超：《青少年吸食新型毒品成因个案研究》，《中国青年研究》2015 年第 2 期。

武银平：《人本主义视角：来访者中心疗法在社区戒毒中的应用》，硕士学位论文，苏州大学，2012。

夏国美、杨秀石：《社会学视野下的新型毒品》，上海社会科学院出版社，2003。

向楠：《"娱乐糖衣"遮掩合成毒品 青少年成最大受害人群》，《中国青年报》2015 年 1 月 12 日，第 5 版。

肖聪阁、施娟娟、宁军妮：《强制隔离戒毒人员自我控制能力及其与应对方式的关系研究——以冰毒吸食者为例》，《中国药物滥用防治杂志》2018 年第 2 期。

谢邦宇：《行为法学》，法律出版社，1993。

辛国恩：《毛泽东改造罪犯理论研究》，人民出版社，2006。

《关于加强禁毒工作的意见》，《人民日报》2014 年 7 月 7 日，第 1 版。

《习近平就禁毒工作作出重要指示》，中国政府网，http://www.gov.cn/xinwen/2018-06/25/content_5301084.htm，最后访问日期：2019年2月25日。

许春金：《修复式正义的实践理念与途径：参与式刑事司法》，《犯罪与刑事司法研究》2003年第1期。

徐瑷：《戒毒同伴教育实务干预模式研究》，硕士学位论文，深圳大学，2017。

许莉娅：《个案工作》，高等教育出版社，2004。

许书萍：《强制隔离戒毒的治理理念纠偏及创新——基于社会工作与强制隔离戒毒相融入的视角》，《政法学刊》2014年第3期。

严红英、陶志阳：《吸毒者家庭环境因素分析》，《青年研究》2005年第10期。

阎晓丽、王凤兰、郝学敏：《"6+1"心理戒毒及防复吸干预模式的构建及实践——一项基于山西太原的实证研究》，《中国药物滥用防治杂志》2016年第1期。

《走进戒毒所》，央视网，http://tv.cctv.com/2015/11/25/VIDE1448461976065411.shtm，最后访问日期：2019年2月2日。

杨朝阳、李灿东、李陵军：《福州地区吸毒人群高危行为特征和复吸原因调查》，《中国药物依赖性杂志》2009年第2期。

杨晶：《人本治疗模式与社会工作》，《贵州师范大学学报》（社会科学版）2006年第1期。

杨玲、李鹏程：《吸毒者回归社会的过程：归属与认同的剥夺》，《心理学探新》2007年第2期。

杨晰：《人本主义视角下大学生自主学习研究》，硕士学位论文，兰州大学，2013。

杨志寅：《诊断学大辞典》，华夏出版社，1993。

余功才：《强制隔离戒毒中的教育矫治方法研究》，《上海政法学院学报》2011年第1期。

张爱华、韩丹：《亚文化视角下的青少年吸毒行为分析及干预》，《青少年犯罪问题》2015年第3期。

张国仁：《甘肃省戒毒人员心理康复系统建构》，硕士学位论文，西北师范大学，2010。

张玲博、沈杰：《72 例 16 岁以下未成年人吸毒原因调查》，《中国药物依赖性杂志》2008 年第 2 期。

张刃、新华：《音乐心理剧对海洛因依赖者戒毒动机的干预》，《中国药物依赖性杂志》2008 年第 1 期。

张日升：《箱庭疗法》，人民教育出版社，2008。

张善跟：《法律信任论》，中国法制出版社，2018。

张雯、张日升：《对一名社交恐怖症青少年的箱庭治疗个案研究》，《心理与行为研究》2013 年第 6 期。

张县城：《心理社会治疗模式下社工介入社区戒毒过程的实务探究》，硕士学位论文，郑州大学，2017。

张钘铭、徐光兴、林榕发：《沙盘疗法在儿童心理咨询中的应用研究述评》，《西北师大学报》（社会科学版）2011 年第 1 期。

张翼、王静怡：《戒毒社会工作者的角色承担及面临的困境》，《社会工作》（理论）2009 年第 10 期。

张昱：《构建吸毒人员的社区康复社会工作体系——对上海市禁毒工作经验的思考》，《禁毒研究》2008 年第 62 期。

章震宇：《海洛因成瘾者复吸倾向的研究》，《心理科学》2004 年第 3 期。

赵芳：《社区戒毒社会工作模式的探索与实践》，《社会工作与管理》2015 年第 5 期。

赵婧：《同伴教育在社区戒毒中的应用模式探析》，硕士学位论文，复旦大学，2009。

浙江省公安厅禁毒总队调研组：《加强社会帮教工作 巩固禁吸戒毒成果——对杭州市西溪、武林派出所社会戒毒帮教工作的调查与思考》，《浙江公安高等专科学校学报》2006 年第 3 期。

郑璐：《社区化戒毒康复研究——以广东省戒毒康复所的实践为例》，硕士学位论文，华南理工大学，2014。

中国国家禁毒委员会办公室：《2015 年中国毒品形势报告》，中国禁毒网，http://www.nncc626.com/2016 - 02/18/c_128731173.htm，最后访问日期：2019 年 2 月 2 日。

周立民：《好奇心与青少年吸毒及预防好奇心吸毒的对策》，《中国药物滥用防治杂志》2016 年第 5 期。

祝强、钱颖军：《强制隔离戒毒人员分类戒治研究》，《犯罪与改造研究》2013 年第 9 期。

附录一：戒毒司法管理相关条例

1. 司法行政强制隔离戒毒所强制隔离戒毒人员行为规范

司法部关于印发《司法行政强制隔离戒毒所强制隔离
戒毒人员行为规范》的通知

（2014 年 11 月 24 日　司法通〔2014〕136 号）

各省、自治区、直辖市司法厅（局），新疆生产建设兵团司法局：

《司法行政强制隔离戒毒所强制隔离戒毒人员行为规范》已经 2014 年 11 月 20 日司法部部长办公会议通过，现印发你们，请认真贯彻执行。

司法行政强制隔离戒毒所强制隔离戒毒人员行为规范

第一章　总则

第一条　为了规范司法行政强制隔离戒毒所强制隔离戒毒人员（以下简称戒毒人员）行为，教育引导戒毒人员养成良好行为习惯，促进戒毒人员顺利回归社会，根据《中华人民共和国禁毒法》、《禁毒条例》、《司法行政机关强制隔离戒毒工作规定》等法律、法规和规章，制定本规范。

第二条　戒毒人员行为规范是戒毒人员在所期间生活、学习、医疗康复、生产劳动时应当遵守的行为标准，是对戒毒人员进行诊断评估的重要依据。

第三条　戒毒人员应当遵守法律法规和本规范，服从强制隔离戒毒所工作人员的管理教育。

第四条　戒毒人员不得交流吸毒信息，不得传授犯罪方法，发现其他戒毒人员有违反规定和违法犯罪行为的，应当立即报告和制止。

第五条 戒毒人员应当正确行使权利，依法维护个人合法权益。

第二章 生活规范

第六条 保持个人卫生，定期换洗衣物、被褥。按照规定统一着装、衣着整齐。

第七条 按时打扫宿舍卫生，洗漱用品及其他生活用品摆放整齐，保持环境整洁。

第八条 听到起床号令立即起床、整理内务。听到就寝号令立即按指定床位就寝，保持安静。

第九条 列队行进时保持队列整齐，不喧哗打闹。

第十条 就餐时按照指定位置入座，保持安静。爱惜粮食，不乱倒剩菜剩饭。

第十一条 自由活动时在规定区域内从事健康有益的活动。

第十二条 按照规定使用亲情电话或者网络视频通讯，不得使用无线、移动通讯设备。

第三章 学习规范

第十三条 遵守学习纪律，自觉维护课堂秩序。尊重教师，认真听讲。

第十四条 认真接受入所教育，学习强制隔离戒毒有关法律法规、强制隔离戒毒所所规所纪和戒毒人员权利义务等内容。

第十五条 按时完成学习任务，接受社会主义核心价值观、卫生、法治、道德和形势政策等教育。

第十六条 认真参加职业技能培训和职业技能鉴定，掌握实用技能，增强就业能力。

第十七条 认真参加强制隔离戒毒所组织的文娱活动，阅读健康有益书刊。按规定收听、收看广播电视，使用内部计算机网络。

第十八条 认真接受出所前的回归社会教育，学习戒毒康复、戒毒药物维持治疗等相关知识，参加强制隔离戒毒所组织到戒毒所康复场所及戒毒药物维持治疗场所的参观、体验活动。

第四章　医疗康复规范

第十九条　陈述病情，配合医务人员做好各项检查和治疗，不自伤自残。遵照医嘱按时服药，不私藏药品。

第二十条　积极参加心理辅导和心理治疗，逐步改善和消除心理问题。

第二十一条　积极参加康复训练，正确使用训练器材，恢复身体机能，重塑健康体格。

第五章　生产劳动规范

第二十二条　按时参加康复劳动，遵守操作规程，按照规定佩戴、使用防护用品。

第二十三条　按照规定区域、工位参加劳动，不擅自串岗离岗。

第二十四条　爱惜生产工具、生产材料和生产设施，发现工具遗失应当立即报告。

第六章　文明礼貌规范

第二十五条　言谈举止文明，使用文明用语。规范称呼，戒毒人员之间称呼姓名。

第二十六条　尊重警察、医务人员、管理服务人员、来宾和其他戒毒人员，相遇时主动礼让。进入警察、医务人员、管理服务人员办公室应当敲门并喊报告，经准许方可进入。

第二十七条　诚信友善，团结互助，建立和谐人际关系。

第七章　附则

第二十八条　本规范自印发之日起施行。

2. 强制隔离戒毒人员班组长和监督岗管理规定

强制隔离戒毒人员班组长和监督岗管理规定（试行）

第一章　总则

第一条　为规范强制隔离戒毒人员（以下简称"戒毒人员"）班组长、监督岗管理工作，发挥其在民警直接管理下的协助管理、自我管理作用，根据司法部戒毒局《司法行政强制隔离戒毒所安全管理工作规定》相关要求，结合我省实际，制定本规定。

第二条 戒毒人员班组长主要包括班长、组长、寝室长，监督岗主要包括值班人员、包夹人员、卫生员。

第三条 戒毒人员班组长、监督岗的主要任务是协助民警做好戒毒康复、教育学习、习艺劳动、生活卫生等事务性工作，不得代行民警职权、代办管理事务或掌管危险物品。

第四条 戒毒人员班组长、监督岗的配备使用应遵循"先遴选后报批"、"先培训后上岗"的原则，做到从严控制、从严管理、从严考核、从严奖惩。

第五条 强制隔离戒毒所所政管理科负责本所戒毒人员班组长、监督岗的管理考核工作。戒毒大队负责本队戒毒人员班组长、监督岗日常管理考核的具体实施。

第二章 选举使用

第六条 戒毒人员具备下列条件的，可选用为班组长、监督岗：

（一）带头遵规守纪，服从管理教育，显示表现较好；

（二）办事公道，有一定文化水平和组织能力，热心集体事务；

（三）社会关系稳定，具备家庭和社会帮教条件；

（四）与其他戒毒人员关系融洽，敢于检举、揭发他人违规违纪行为；

（五）身体健康、心理稳定，心理测试正常；

（六）自控力好，无暴力倾向；

（七）入所时间在四个月以上；

（八）入所后每月行为表现考核在 B 等次以上；

（九）戒毒人员投票选举得票率在 70% 以上。

第七条 戒毒人员具有下列情形之一的，不得选用班组长、监督岗：

（一）真实身份未经确认的；

（二）有负案在戒、涉黑涉恶、流窜作案、信奉邪教、暴力犯罪等情形的；

（三）前科（包括劳动教养、刑罚以及强制隔离戒毒）次数在四次以上的；

（四）因严重违规违纪行为受到警告、训诫、责令具结悔过、延长强制隔离戒毒期限等处罚的；

（五）在戒毒人员投票选举中得票率低于 70%；

（六）社会关系复杂，思想不稳定，无帮教条件的；

（七）急性脱毒期评估不合格的；

（八）其他不适合担任班组长、监督岗情形的；

第八条 戒毒人员班组长、监督岗一般在初次戒毒人员中选用，特殊情况可在前科次数在三次以下的戒毒人员中慎重选择。

戒毒大队中同一地域的戒毒人员担任班组长、监督岗应从严掌握控制。同案、同伙、同学、同宗族戒毒人员不得同时担任班组长或监督岗。

第九条 戒毒人员班组长、监督岗选用应以戒毒大队为单位，采取竞争上岗的方式进行，选用程序为：

（一）选举公示：张榜公示选用条件、岗位及要求；

（二）资格审查：戒毒大队对推荐或自荐戒毒人员进行资格审查，按差额选举的要求，确定候选人名单并予以公示；

（三）投票选举：组织召开戒毒人员大会，候选人进行演讲、答辩、参会戒毒人员投票，并公布投票结果；

（四）大队研究：戒毒大队根据民主投票结果和民警提名，集体研究确定人员名单；

（五）审核批准：戒毒大队填报《强制隔离戒毒人员班组长、监督岗审批表》报所政管理科审核，所政管理科审核后报分管所领导批准；经批准后，由所政管理科统一制作岗位标志，下发戒毒大队；

（六）岗前培训：戒毒大队对批准使用的戒毒人员班组长、监督岗进行上岗前培训教育，主要内容为戒毒人员守则、行为规范、行为表现考核办法、职责任务、纪律要求等内容，并进行考核测试，不合格的不得选用；

（七）宣布上岗：召开戒毒人员大会，由大队教导员宣布使用决定，上岗班组长、监督岗宣誓表决心，大队长颁发上岗标志。

第十条 戒毒人员每个班应至少配备一名组长，监督岗人数应控制在本队戒毒人员总数的8%以下。

第十一条 班组长转任为监督岗或监督岗转任为班组长的，应重新报批。

第三章　职责纪律

第十二条 戒毒人员班组长职责

（一）协助民警维持本班组的戒治秩序；

（二）了解并如实向民警反映本班组戒毒人员思想动态和戒治表现；

（三）带头遵守纪律，协助民警完成本班组戒治康复、教育学习、习艺劳动等各项任务；

（四）及时向民警反映本班组戒毒人员的合理要求、矛盾纠纷和违纪违规行为；

（五）收集本班组戒毒人员对执法管理、戒治康复、教育学习、习艺劳动等方面的意见或建议。

第十三条 戒毒人员监督岗职责：

（一）带头遵规守纪，积极参加戒治康复、教育学习、坦白检举等活动；

（二）协助民警维护好大队日常管理秩序；

（三）按大队设置的警戒区域，在指定地点警戒，坚守岗位，认真履职；

（四）按规定协助民警清点人数，关注警戒区域内戒毒人员动向，防治戒毒人员超越警戒区域；

（五）对戒毒人员违纪违规行为及时制止并向民警报告。

第十四条 戒毒人员班组长、监督岗纪律：

（一）不准弄虚作假、欺骗民警；

（二）不准假借民警名义发号施令；

（三）不准拉帮结伙、称王称霸；

（四）不准打击报复、诬告陷害他人；

（五）不准打骂体罚、敲诈勒索；

（六）不准隐瞒他人违纪违规、包庇坏人坏事；

（七）不准擅离岗位不负责任；

（八）不准指使、怂恿他人违纪；

（九）不准自行处理戒毒人员之间的纠纷或违纪；

（十）不准有其他危害安全戒治秩序的行为。

第四章　考核奖励

第十五条　戒毒人员班组长由分管民警负责日常管理、教育、考核工作，监督岗由戒毒大队领导负责日常管理、教育、考核工作，考核工作纳入当月戒毒人员行为表现考核评定中。

第十六条　所政管理科按季度对戒毒人员班组长、监督岗开展日常考核和现场考核相结合的综合考评，主要内容有遵规守纪、履职尽责、行为养成、民主测评等，考评结果分为优秀、合格和不合格三个等次。季度综合考评结果为不合格的，应当立即予以撤换，考评结果为优秀等次的，可在诊断评估和兑现将来时予以优先考虑。

第十七条　戒毒人员班组长、监督岗的任期一般为 6 个月，任期届满后，所政管理科考核优秀且确有需要的，最多可以连任或者转任一次，不得在原岗位连任。

第十八条　戒毒人员班组长、监督岗有下列情形之一的，应当及时予以撤销：

（一）严重违反纪律规定，经查证属实的；

（二）有一般违纪行为，经教育后仍不改正的；

（三）擅自为戒毒人员传递物品、信息的；

（四）教育学习考试成绩或诊断评估结果不合格的；

（五）殴打或辱骂其他戒毒学员的；

（六）欺压、敲诈、勒索或栽赃陷害其他戒毒人员的；

（七）拉帮结伙的；

（八）唆使、纵容、默许其他戒毒人员实施违规违纪行为的；

（九）对安全隐患或其他戒毒人员严重违规违纪知情不报的；

（十）散布消极言论或煽动对抗情绪的；

（十一）在季度考评、民主测评中满意率低于 70% 的；

（十二）具有其他严重违规违纪行为，不适宜继续担任的。

第十九条　戒毒人员班组长、监督岗被撤销的，应按照大队分管民警提出意见，经大队队务会集体研究，所政管理科审核批准的程序处理。撤销的班组长、监督岗应当调队执行，并且三个月内不得再次选用。

第五章　附则

第二十条　本规定中的"以上"和"以下"均包含本数。

第二十一条　本规定自下发之日起执行。

第二十二条　戒毒人员勤杂人员的选用管理可参照本规定执行。

第二十三条　本规定由湖北省戒毒局负责解释。

3. 强制隔离戒毒诊断评估办法

关于印发《强制隔离戒毒诊断评估办法》的通知
（2013 年 9 月 2 日　公通字〔2013〕32 号）

各省、自治区、直辖市公安厅、局，司法厅、局，卫生厅局（卫生计生委），新疆生产建设兵团公安局、司法局、卫生局：

为认真贯彻落实《禁毒法》、《禁毒条例》，进一步规范强制隔离戒毒诊断评估工作，切实保障戒毒人员合法权益，公安部、司法部、国家卫生计生委共同制定了《强制隔离戒毒诊断评估办法》，现印发给你们，请遵照执行。

强制隔离戒毒诊断评估办法
第一章　总则

第一条　为规范强制隔离戒毒诊断评估工作，科学评价戒毒效果，帮助强制隔离戒毒人员（以下简称戒毒人员）消除毒瘾，有效保障戒毒人员合法权益，根据《中华人民共和国禁毒法》、《戒毒条例》以及相关规定，制定本办法。

第二条　本办法所称强制隔离戒毒诊断评估，是指强制隔离戒毒所对戒毒人员在强制隔离戒毒期间的生理脱毒、身心康复、行为表现、社会环境与适应能力等情况进行综合考核、客观评价。

第三条 强制隔离戒毒诊断评估结果，是强制隔离戒毒所对戒毒人员按期解除强制隔离戒毒、提出提前解除强制隔离戒毒或延长强制隔离戒毒期限意见以及责令社区康复建议的直接依据。

第四条 强制隔离戒毒诊断评估应当坚持依法、科学、公正公开的原则。

第五条 县级以上人民政府公安机关、司法行政部门、卫生计生行政部门应当在各自职责范围内对强制隔离戒毒诊断评估工作进行监督和指导。

公安机关和司法行政部门应当分别设立强制隔离戒毒诊断评估工作指导委员会，负责指导、监督所辖强制隔离戒毒所的诊断评估工作。

卫生计生行政部门应当对诊断评估中的生理脱毒、身心康复评估工作进行指导，必要时可以指派专业医师参与诊断评估工作。

第二章 诊断评估内容和标准

第六条 诊断评估内容包括生理脱毒评估、身心康复评估、行为表现评估、社会环境与适应能力评估。

生理脱毒评估、身心康复评估、行为表现评估结果分为"合格"、"不合格"两类；社会环境与适应能力评估结果分为"良好"和"一般"两类。

第七条 戒毒人员生理脱毒评估标准：

（一）毒品检验结果呈阴性；

（二）停止使用控制或缓解戒断症状的药物；

（三）急性戒断症状完全消除；

（四）未出现明显稽延性戒断症状；

（五）未出现因吸毒导致的明显精神症状或者原有精神障碍得到有效控制；

诊断评估时，戒毒人员同时达到上述五项，生理脱毒评估为"合格"，否则为"不合格"。

第八条 戒毒人员身心康复评估标准：

（一）身体相关机能有所改善；

（二）体能测试有所提高；

（三）戒毒动机明确，信心增强，掌握防止复吸的方法；

（四）未出现严重心理问题或者精神症状；

（五）有改善与家庭、社会关系的愿望和行动。

诊断评估时，戒毒人员同时达到上述五项，身心康复评估为"合格"，否则为"不合格"。

第九条 戒毒人员行为表现评估标准：

（一）服从管理教育，遵守所规所纪；

（二）接受戒毒治疗，参加康复训练；

（三）参加教育矫治活动；

（四）参加康复劳动；

（五）坦白、检举违法犯罪活动。

对戒毒人员的行为表现，强制隔离戒毒所应当将上述考核内容分解量化，采取日积累、月好评、逐月累计的计分形式进行动态考核，达到规定分数的为"合格"，否则为"不合格"。

第十条 对戒毒人员社会环境与适应能力评估标准：

（一）有关部门签订社会帮教协议或者有明确意向；

（二）家属或者所在社区支持配合其戒毒；

（三）有主动接受社会监督和援助的意愿；

（四）掌握一定的就业谋生技能；

（五）有稳定的生活来源或者固定居所。

诊断评估时，戒毒人员同时具备上述三项以上的，社会环境与适应能力评估为"良好"，否则为"一般"。

第十一条 对生理脱毒、身心康复评估、行为表现评估均达到"合格"，社会环境与适应能力评估结果为"良好"的，强制隔离戒毒所可以提出提前解除强制隔离戒毒的意见。

第十二条 对被二次以上强制隔离戒毒的，应当从严控制提前解除强制隔离戒毒的期限。

第十三条 对具有下列情形之一的戒毒人员，不得提出提前解除强制隔离戒毒的意见：

（一）拒不交代真实身份和住址的；

（二）逃脱被追回或者有自伤自残行为的；

（三）所外就医、探视、请假外出等期间或者回所时毒品检验结果呈阳性或者拒绝接受毒品检测的；

（四）被责令接受社区康复的人员拒绝接受社区康复或者严重违反社区康复协议，因再次吸食、注射毒品被决定强制隔离戒毒的；

（五）其他不宜提前解除强制隔离戒毒的。

第十四条 对强制隔离戒毒所提出提前解除强制隔离戒毒的意见后戒毒人员有逃脱、自伤自残或者殴打其他戒毒人员等严重违反所规所纪行为的，强制隔离戒毒所应当撤回提前解除强制隔离戒毒的意见。强制隔离戒毒决定机关已批准的，强制隔离戒毒所应当建议强制隔离戒毒机关撤销该决定。

第十五条 对强制隔离戒毒期满前，强制隔离戒毒所应当对戒毒人员进行综合诊断评估。

对生理脱毒、身心康复、行为表现评估结果达到"合格"的戒毒人员，强制隔离戒毒所应当按期解除强制隔离戒毒；对生理脱毒、身心康复评估结果中有一项以上为"不合格"的，强制隔离戒毒所可以提出延长强制隔离戒毒期限三至六个月的意见；对行为表现评估结果尚未达到"合格"的，强制隔离戒毒所根据其情况，可以提出延长强制隔离戒毒期限的意见，延长时间不得超过十二个月。

第十六条 强制隔离戒毒所对解除强制隔离戒毒的人员，可以根据其综合诊断评估情况提出对其责令社区康复的建议。

对社会环境与适应能力评估结果为"一般"的，强制隔离戒毒所应当提出责令其社区康复的建议。

第十七条 戒毒人员在强制隔离戒毒期间被依法收监执行刑罚、采取强制性教育措施或者被依法拘留、逮捕执行完毕后，因强制隔离戒毒尚未期满继续执行强制隔离戒毒的，该期间的行为表现由相应的羁押场所作出评估，并随戒毒人员移交强制隔离戒毒所。

第三章　诊断评估程序

第十八条　戒毒人员入所七天内，强制隔离戒毒所应当为其建立诊断评估手册，记载其生理脱毒、身心康复、行为表现、社会环境与适应能力等情况，作为诊断评估依据。

第十九条　公安机关强制隔离戒毒所向司法行政部门强制隔离戒毒所移交戒毒人员时，应当同时移交戒毒人员诊断评估手册。

司法行政部门强制隔离戒毒所接收公安机关强制隔离戒毒所移交的戒毒人员后，对其后续的戒毒情况应当继续在公安机关移交的戒毒人员诊断评估手册上进行记载。

第二十条　强制隔离戒毒所应当成立由管理、教育、医疗等多岗位工作人员参与的诊断评估办公室。

强制隔离戒毒所可以邀请政府有关部门工作人员、社会工作者以及本所外的执业医师参加诊断评估工作。

第二十一条　执行强制隔离戒毒三个月后，强制隔离戒毒所应当参照生理脱毒评估标准对戒毒人员生理脱毒情况进行阶段性评价，评价结果应当作为一年后和期满前生理脱毒诊断评估的重要依据。

第二十二条　执行强制隔离戒毒一年后，强制隔离戒毒所应当对戒毒人员进行综合诊断评估。

强制隔离戒毒所诊断评估办公室应当采取查阅戒毒人员诊断评估材料、与戒毒人员谈话、进行相关测试和社会调查等方式开展诊断评估工作。

第二十三条　强制隔离戒毒所应当将诊断评估结果向戒毒人员公示三日以上。戒毒人员本人或者他人向强制隔离戒毒所提出异议的，诊断评估办公室应当给予解释或者答复，对解释或者答复仍有异议的，七日内可以向强制隔离戒毒所所属机关的强制隔离戒毒诊断评估指导委员会提出复核要求。

第二十四条　诊断评估结果经公示并按有关规定审核后，强制隔离戒毒所提出提前解除强制隔离戒毒或延长强制隔离戒毒期限意见的，应当向强制隔离戒毒决定机关提交以下材料：

（1）提前解除强制隔离戒毒或者延长强制隔离戒毒期限的意

见书；

（2）强制隔离戒毒决定书的复印件；

（3）其他需要移送的材料。

第二十五条 强制隔离戒毒决定机关应当自收到提前解除强制隔离戒毒、延长强制隔离戒毒期限的意见之日起七日内，作出是否批准的决定，于作出决定后七日内将决定书送达被决定人，并通知强制隔离戒毒所。

对不批准提前解除强制隔离戒毒或者延长强制隔离戒毒期限的，强制隔离戒毒决定机关应当作出书面说明，并在七日内通知强制隔离戒毒所。

第四章 附则

第二十七条 本办法所称"以上"、"内"，包括本数。

第二十八条 各省、自治区、直辖市和新疆生产建设兵团公安机关、司法行政部门、卫生计生行政部门根据本办法并结合本地实际，可以制定实施细则，报公安部、司法部、国家卫生计生委备案。

第二十八条 本办法自印发之日起施行。

附录二：未成年戒毒所访谈
典型个案实录

个案 1

姓名：LYY

出生日期：1996 年

籍贯：湖北襄阳

家庭概况：3 岁时母亲走失，至今无音信。姐姐 21 岁，家中只有父亲一人，父亲脾气不好经常打骂他，"犯了错要跪在凳子上"，从小与奶奶的感情比较好。

入所时间：2014 年 2 月 13 日

第一次访谈：2014 年 1 月 27 日

案主从四年级开始便不想读书，六年级时进入镇小经常被人欺负，后来曾把别人砍了，但还是升入了初中，不过经常逃学去网吧或者河边玩。案主于 2009 年（13 岁、初二）辍学，退学后在当地的一个汽修厂工作了 2 个多月，因为家里的表哥和表姐都在深圳，所以后来去了深圳。初到深圳时在一个塑料袋厂里工作，每天工作 8 小时，根据客户下单数量安排加班，轮休制。因为觉得厂里的味儿难闻，加上 2010 年、2012 年家中的爷爷和二叔相继去世，当时很想回家，所以只在工厂里工作了半年。2010 年（14 岁），当时哥哥不允许他回家，所以他"非常恨哥哥"。从厂里出来后，就帮人"摇场子"，也就是帮人抢地盘，管理某一片的治安。每次收入在 200 ~ 300 元不等。

第一次吸毒是在一个酒吧（具体场景细节将在下次访谈中了

解），去之前知道里面提供这样的服务，当时是带着自己的朋友去的。据案主介绍，这个朋友是在老家就认识的，当时并不知道他也来了深圳，后来遇上了就邀请朋友一起去了酒吧。在外面的大厅蹦迪的地方看见别人在吸毒（据他介绍深圳的酒吧基本都提供这类服务，就看你有没有认识的人），有个女性问他要不要玩，并邀请朋友一起吸。朋友最初拒绝了，不过带了一两回也就开始吸了，只是吸得少，因为朋友第一次"打"K粉"打"吐了。案主第一次也是吸食K粉，隔了三四天吸食了第二次，总共吸食K粉四次，然后开始使用麻果，分量由少到多，最多有1克。吸食麻果时每天至少要1克，有时要更多，规律不定，有时一天一次，或一天多次、几天一次，在吸食麻果一个多月后，转向使用麻果加冰毒混合，这个方法是出售毒品的人向他介绍的。吸毒方式有吸食和烫吸，吸毒的工具基本是自己准备的，案主没有注射过，认为"那种方法对身体不好，很上瘾"。

案主在描述自己的吸毒史时，提到最初吸食的K粉，使用的是"用"，对后面的麻果和冰毒使用的是"吸毒"。

案主提到2012年的一次吸毒经历，当时知道家里出了事（具体什么事没有说明），感觉很混乱不知道该怎么办，心情不好，就开始吸毒，使用毒品让自己感觉很高兴，并会出现幻觉，觉得自己轻飘飘的，一下能跃很远似的。在清醒后会质问自己，他知道这样做不好，对解决事情没有任何帮助，但是又逃不开快感。

我们问他在吸食第一口的时候有没有想过会上瘾，他说自己用的是新型毒品，上瘾蛮难的。但是就现在的情况而言，他坦言还是会有一些上瘾的。不过表示自己不是随时就想到吸毒，不想也就没事儿，"就是想也没事儿，可吸可不吸的"，还是看自控力。

在他吸毒期间也会互相"请客"，一般五六个人要买一千多块钱的，不够还要再买。

2013年4月11日（17岁），案主在深圳住院，弄断了小指尾部，现已恢复，出院后就回到襄阳家中，回家后一直在吸毒。因为多次打架，2013年10月31日，对方提前报警，案主刚走到校门口就被警察抓住了，因为当地很多从外地回来的人都有吸毒经历，所以警察对其尿检，发现了他在吸毒。生理戒毒期在襄阳，2014 年 1 月 12 日（18 岁）转入武汉市南湖未戒所。

家里的人除了表哥以外都不知道他吸毒的事，表哥自己也在吸毒，当时在酒吧让案主吸毒的女性还曾经拿出几个人的名字问他认不认识，其中一个就是他表哥。据案主介绍，他的表哥在那边"混得很好，是有绰号的"。表哥在知道他吸毒后非常气愤，希望他不要吸毒了，并且劝他"没有经济基础吸什么毒"。表哥曾因吸毒被逮捕过，但是他的朋友圈大，拿了钱就出来了。当时家里也打算拿钱让他出去，但是他认为这是自己选择的路，当初吸第一口就该知道有这个结果，也想趁这两年躲避一下外面的环境。

家里其他人都是被抓当天才知道他吸毒的事情，都很伤心，"恨铁不成钢"。在襄阳时，来探视最多的是案主的堂姐。到武汉后，案主主要通过亲情电话、报告电话和家人联系。报告电话主要打给父亲，亲情电话一般打给三叔、小爹、姑姑等人，没有打给姐姐的原因是姐姐家里开了个商店，平时都很忙。这些电话都是一个月一次，一次 5 分钟左右，可以延长一两分钟。案主表示在所里想得最多的人是爸爸和奶奶。

在交友方面，案主表示在所内没有交到朋友，因为觉得和他们交谈就像"跟木头说话"。虽然也会交流外面的事情，但是不会说自己吸毒的经历。当我们问到在所内的表现时，他主动提到所内经常有打架的情况，但是他都没有参与过。在被问及和以前的朋友的关系时，开始他说没有因为吸毒和朋友疏远，而且有的朋友很想帮他戒毒，一直在想办法帮助他恢复。不过后面又提到那些不愿吸毒的朋友，他们也不会强迫人家，但是后面就不经常一起玩了。

关于出所后的安排，家里人希望案主出去后跟着家人做事，但是他自己是无所谓的态度。自己不想和以前吸毒的朋友有过多接触，但是又觉得这是不可避免的。当问到面对高危复吸环境怎么办时，他说其实别人吸毒的邀请是"很好拒绝的"，而且自己的

"自我控制能力强"，只要自己不想吸，一定没问题。

第二次访谈：2014 年 2 月 3 日（对第一次访谈的深入挖掘）

案主在所内的生活节奏：

6：30 起床，21：30 睡觉，起床后读所训然后到顶楼去晒衣服，衣服都是前一天晚上洗的。吃了早餐就去习艺所干活，11：30~14：00 是午休的时间。结束了习艺所的工作之后，晚上可以在大厅里集体看电视（一般看电影频道）。平时有空也会翻阅一些杂志（《特别关注》），不怎么爱看小说，阅读的书籍都是所里提供的，有教科书、杂志、小说等。

退学始末

案主小学一至三年级都是在当地的村小上的，四年级时因为村小只有一至三年级所以转去了定湾小学（只有一至四年级），五年级转到了镇小（镇小只有五年级），六年级又转到了另一个学校。

案主一至三年级时成绩可以到年级前 10 名，到了四年级因为学校校风很乱，经常有学生在教室里打架，他觉得受到了很大的影响，成绩下滑很多，当时就有退学的念头。但老师打了他一顿后，他觉得自己退学也确实干不了什么，又迫于来自老师和家长的压力就继续读书。（成绩下滑后，期末考成绩不理想，案主就把成绩单撕了，然后告诉父亲自己"没有考"，父亲听了之后会打他，平时一般交代姐姐辅导他的作业。案主的寒暑假作业基本靠放假前的抄袭和假后到学校去突袭。）但是在初一看到那些六年级后就退学的同伴们跑到学校里玩儿时，他感到非常羡慕，退学的念头再次冒了出来。这次他天天在父亲面前说，家里人也都劝他"好歹要把初中念完"，刚开始跟他讲道理，告诉他"不读书以后没出路，现在出去也什么都做不了"，后来就是说狠话"不给钱"。但是案主仍然坚持要退学，他对父亲说"以后不会恨你的"。最终家里拗不过他，他在期末考前自己到宿舍收拾东西就走了，班主任晚上才知道这个事儿，打了电话问了父亲的意见，当时家里人已经同意让他退学了。

退学后的夜生活

案主退学后到了一个汽修厂工作，但据他讲述，他们主要就

附录二：未成年戒毒所访谈典型个案实录 | 239

是各处逛，经常会到市里去玩。晚上常常在外面玩到深夜一两点，也会聚众斗殴，大多是因为兄弟们的女朋友，或是"别人把酒洒到自己身上了"之类的事情。也曾在半夜被朋友叫去帮忙打架，一般他会在远处先观望一下，如果有熟人就通过谈判解决，如果对方人多势众那自己也要多去找一些人来的。虽然以前在学校时也会与人打架，但他说这和社会上的打架是完全不一样的，学校里面只是"揍对方"，到了社会上是"用命整"。在这期间他身边的朋友也有在吸毒的。

两年中的重要人物

当问到关于退学有没有后悔时，他说很后悔，因为退学的两年里，认识了很多人，如果没有这些人他的生活会和现在很不一样。主要的事件他说了两件，一件是在汽修厂碰到以前三年级的一个同学，不过后来这个同学去了外地；另一件是他提到了自己在深圳第一次打架，当时自己在溜冰场里摔了撞了别人，那个人骂了他，他一个气不过就和别人打起来了。后来表哥来看望他，还帮他揍了对方一顿，然后表哥就让他退出了之前的厂，让他跟着自己。后来经表哥的女友介绍进了一个餐厅，又认识了表哥的朋友的弟弟，两人经常一起出去玩，又在网吧认识了更多的朋友，后面又在这些朋友的介绍下开始"摇场子""摆场子"。表哥身边的朋友也大多吸毒，不过表哥一开始就提醒他不要去碰这些，但是他经常看见这些人用毒品，内心也有向往。

第一次吸毒

在案主第一次吸毒前，也曾经有人要他吸毒，但是案主想到表哥曾劝说他别碰这些，他也就忍住了。第一次吸毒是和表哥朋友的弟弟以及一个网友一起去了酒吧，当时给他"用"的人说"这个不会上瘾，是新型毒品"，第一次只用了1/3包，当时感觉整个人轻飘飘的，这种感觉是会持续的，如果是比较纯的，甚至会持续3个小时以上。第一次醒来后感觉很害怕，不过后面又有人一起也就没想这么多了。吸食一段时间的K粉后，听说对身体不好，他转而开始使用冰毒和麻果，一般都会将这两样东西放一起吸，有时在酒吧包间，有时在宾馆。

总结：使用新型毒品的人大多有这个心理，觉得这个和传统的海洛因不一样，不会有明显的打冷战、流鼻涕等外显行为表现出来，所以他们都觉得不会上瘾。这里还体现了我国在毒品教育上的问题。现今使用的介绍毒品的教材多数还是介绍的传统毒品，青少年到了社会上一看，觉得"这和书上讲的不是一个东西嘛，而且我也没有出现如书上介绍那样的反应，所以这个不是毒品"，并且教科书对毒品的描述有些过于夸张，常用的词如"一口上瘾"之类的，一旦青少年发现不是这样的，他们就会觉得根本不会上瘾。而且我们还发现案主会不断地和那些吸食海洛因的人对比，因为海洛因的毒瘾发作起来会非常痛苦，而且到了后期常需要注射，所以他们觉得自己使用的是比较健康的，而且对身体也没有多大的伤害。

第二次吸毒到上瘾

第一次吸毒后案主"对这个还是有些怕"，但是经过之前玩的酒吧，他又忍不住想进去看看，"看不见的时候就不想，看见了就想吸"。后来因为和别人打架受伤住院了，那段时间他认真想了想觉得在外面混也不是事儿，还是回去学一门手艺。当时在深圳那边的朋友都劝他别回去，在深圳"好玩一些"，但是他还是选择回老家去了，刚回到老家的 2 个月，他没有碰毒品，但是不吸"感觉很困，吸了才有精神"。之后在 QQ 上遇到了之前的同学，这个同学不仅吸毒还贩毒，同学主动问他"玩不玩东西"，他一听就明白是什么事儿，一来二去地就和同学搭上了线，至于之前提到的学厨艺之类的，早已被他忘了。在家这段时间他基本两天要吸一次。

被抓经过

事情的起因是自己的一个上小学的弟弟在学校被欺负了，就喊他去帮忙，然后等到放学后他就和对方在校门口打起来了，被老师看见了就骂了他们几句，然后就和老师吵了起来。正好这时候他的一个朋友刚在家里吸了毒，跑到校门口很激动地参与了进来，不小心被老师手上的东西（他只说是捡垃圾的，前面有个尖尖）戳到了脚，流血了。他马上就很气愤想去和老师打架，但是被拉住了。然后他回到家找了个一米多长的砍刀，跑到学校想要找老师算账，刚进校门就遇见了校长，他还和校长说"这事儿和你没关系，我只找那个老师"，被校长赶走了。然后第二天他又寻着机会，在校门口等老师，不过校方已经提前报警了，他这才被抓了。

总结：看得出来他对小辈还是很关心的，他在动手前就跟弟弟交代了，如果出事儿了，千万不能承认和自己认识。在问他"你觉得整个事情有哪些地方处理得不好"时，他的回答是："我觉得那还是不应该在校门口打架，毕竟是人家门口。"

在戒毒所的生活

他说他现在还是很感谢派出所把他抓进来了，给了一个机会好摆脱毒品。进戒毒所的第一天，他"很莫名其妙地哭了"。不过经过在里面一段时间的学习，他认识到了毒品的危害，感觉身体也比以前好了，在戒毒所给他一种"很轻松的感觉"，并且他觉得自己脾气很急躁，他在这里有人压着他，他遇事就不会那么着急，会克制自己的脾气。

目前的家庭关系

在脱毒期间姐姐、姑姑和爸爸都去看过他，三叔（弟弟是三叔的孩子）一边很自责，一边又骂他不成器。对于没把他"弄出去"这件事，爸爸一直很自责，不过他自己觉得进来也好，因为自己沾染了毒品，家里人都很伤心，现在自己也平静多了，觉得这是个好机会。

出去后的打算

案主表示自己没有明确的计划，不过他觉得自己一定可以戒毒成功。因为这个"本来就没瘾的，只要我不看见就不会想它"。当问他"如果遇上以前的朋友还拉着你吸怎么办"的时候，他说"那就拒绝好了"，并表示"这个东西很好拒绝的"，别人看你是真不想也不会硬拉着你的。

个案 2

姓名：LYF

年龄：1996 年出生

家庭概况：2000 年父母离婚，离婚后他和父亲一起生活，妈妈去了上海。关于父母的婚姻，案主表示他没有特别的看法。

第一次访谈记录

这次访谈主要对案主的个人经历进行了解，记录并梳理如下。

2010 年初二退学。案主成绩一直不好，初中按成绩安排座位，他被安排在最边上，整日和一群所谓的"差生"在一起，很快产生了厌学情绪。在冬季学期他经常因为不愿起床就不去上课，爸爸也没有说他什么。

2011 年 8 月，案主在 KTV 第一次接触到了 K 粉。同年 10 月 25 日，案主第一次因抢钱被抓（在 KTV）。当时警员通知了家长，父亲交了钱把他领了回来，他也信誓旦旦地向父亲保证今后不再抢钱。但是 2011 年 10 月 31 日，案主又一次因抢钱被抓，关进了看守所。距离上次被抓不过一周就违背了自己的承诺，案主自己觉得很惭愧，但是感觉父亲的态度"看不大出来，因为他好像本来就不相信我"。2012 年 3 月 15 日，案主出看守所。在和父亲回家的路上，他再一次向父亲保证自己不会再抢钱了，这一次父亲仍然不是很信任他，不过在接下来的时间他坚持住了自己的承诺，没有再抢钱了。（在这段经历中，有关父亲的描述并不多，只有当问起时，他才会回答，他似乎不是很愿意提及父亲。）

2012 年 5 月 1 日，案主第二次吸毒，吸食毒品为冰毒；2013 年 1 月第二次使用 K 粉；2013 年 5 月后案主想戒除，最长坚持两个月不吸食毒品；2013 年 7 月、8 月再次使用 K 粉；2013 年 9 月去上海，3 个月吸食 K 粉六七次；2014 年初回老家过年。案主每个月吸毒的开销有两三千元，这些钱都靠父亲给。因为父亲担心他没钱就要去抢，所以他每次要钱父亲都会给，当然父亲并不知道他拿着这些钱是去吸毒，只当是和朋友出去玩。在这一段中，他反复提到吸毒的原因是无聊。

2014 年 2 月 17 日第一次因吸毒被抓。当时是在游戏厅被抓，其实在那个时候他并不知道被抓到吸毒意味着什么。因为是未成年人又是第一次被抓，所以判社区戒毒。当时抓他的警员把"社区戒毒保证书"给他时，告诉他如果签了这个就不会通知家长，所以他很爽快地就签了。"不过他后来还是通知家里人了，我那时候不知道，被他骗了"，对此他很是愤愤不平。

2014 年 3 月 10 日去北京玩，当时看见了以前的毒友正自行戒毒，并且效果不错，他也想过要戒，但那时"已经上瘾了，戒不掉了"，而且之前看见过太多复吸的例子，他觉得"强戒没用"。2014 年 4 月 22 日第二次因吸毒被抓，进入未戒所。他对中国禁止吸毒这个事情有自己的想法，首先他觉得自己吸毒没有错，更谈不上犯法，因为自己吸毒是个人行为，没有因为这个去影响他人，他是指去杀人抢劫之类的。而法律也是人制定的，世界上的很多国家在一定范围内的吸毒是合法的，因此他被判强制戒毒是法律有问题，并且他还说了一句"其实我们国家就应该把这个放开，因为法律规定不让人就多，让人吸就会少"。

第二次访谈记录

此次访谈主要分四个问题。

第一，从他的描述中我感到父亲在他的成长中缺乏关心，那么他自己是如何看待这种父子关系的呢？他心中理想的父、母亲又是什么样的，他以后想做什么样的父亲？

第二，他对父母的婚姻了解多少，父母的婚姻是否会影响他对婚姻、家庭的看法？

第三，因为在上一次的访谈中，他反复说自己父亲是一个没有责任感的人，那么他认为自己是不是一个有责任感的人，责任感体现在哪些地方？对于自己的未来有没有思考过呢？

第四，肯定他之前想自行戒毒的想法，询问他认为在社区戒毒或从戒毒所出去后，自己戒毒最大的阻力是什么。

根据案主的回答，记录并整理如下。

第一，案主自己认为和父亲的关系并没有什么问题，他说"心里理想的父亲就是自己父亲那样，估计自己以后和孩子相处的状态也是这样的"。但当我问他满分 100 分的话给父亲多少分，他给的答案是 50 分，因为他认为父亲只是养育了他，却没有给他足够的关心和爱。母亲的得分是 80 分，因为他觉得母亲时不时地还会关心一下他。这一阶段他提到的主要事件有三件。第一件是他 7 岁时独自一人从老河口市乘车去襄阳市的妈妈家玩，当时父母已经离婚，不过妈妈还没有去上海，奶奶（他 4~6 岁时都和奶奶一起住）把他送上了车，然后妈妈在襄阳的车站接他，整个过程他没有害怕，只有高兴。到了妈妈家，妈妈提前准备了很多零食，还下厨给他做饭，他觉得很开心。第二件事情是买衣服，爸爸不关心他也体现在这里，因为从小就只有姑姑带他去买衣服，就连妈妈有空也会带他去买衣服之类的，可是爸爸只是偶尔会去，"但只付钱"。不过他也提到爸爸有一点好就是"不看价格"，而且全凭他的喜好买（一方面他觉得父亲不陪他买衣服、不说话只给钱的行为是不关心他，另一方面陪他买衣服给意见的姑姑和妈妈，他又觉得她们很啰唆，内心又喜欢父亲直爽给钱的态度）。第三件是过生日，他觉得生日和谁过并不影响他的快乐程度，印象最深刻的生日是在强戒所里过的，因为那天正好是他进来的第一天。

第二，关于父母吵架的原因，案主似乎不是很清楚（不过也不排除他不愿意说的可能）。在他印象中爸爸不怎么爱说话，父母两人吵架一直都是妈妈在说，爸爸经常会大半夜才回家，这时候即使妈妈已经睡了也会骂爸爸。他们两人并没有吵架要避讳孩子的意识，当父母吵架时他感觉很害怕。一般他有了烦心事，会更愿意和妈妈说，因为觉得妈妈更开明，他还跟母亲透露过自己有喜欢的女生，妈妈没有责备他只是跟他说了责任、承担之类的话题，并且要他长大后再去表白。不过妈妈也有让他反感的地方，那就是一回家就让他写作业，相对而言，父亲就不怎么管这些，所以他说"上学时觉得爸爸这样比较好，一到放假，尤其是辍学后觉得妈妈更好"。

总体而言，案主 4 岁时父母就离婚了，之后他一直和奶奶一起生活，直到上小学才和父亲一起生活。从小爸爸就不怎么管他，他觉得爸爸是一个没有家庭责任感、没有责任心的人。不过他对姑姑、奶奶的感情比较好，并且妈妈在他心里的位置也是较高的。虽然他有时会觉得姑姑、妈妈管他太多，让他很烦，但是他还是希望有人关注他的。他在戒毒所期间，家人来探视过两次，但是他内心不喜欢家里人来，因为一看见他们就想出去。

第三，关于责任感，案主一直觉得自己是一个非常有责任感的人。但是有关这方面的问题，他都表现出不是很想说的样子。可能有两方面的原因，一个是熟悉度不够，不愿意表露自己；另一个是他自己也没有思考过这个问题。这时我接着上面"他跟母亲说有喜欢的女生"的话题，问了下他的恋爱史，他有点害羞地笑了一下，转而很认真地和我说了起来。他的第一个女友要追溯到小学时，那个时候觉得稀里糊涂地就这么成了情侣了，他自己感觉是"别人觉得我们是一对的感觉多一些吧"。不过他觉得这个女生太单纯了，而且有点内向，两个人在一起时，他不会主动提起话题，这个女生也不会找话说，所以大概两周后就分了。他还说了自己喜欢的女生要"性格开朗、清纯，父母要开明的，毕竟自己是吸过毒的人"。曾经有一个女生就很符合他的要求，这也是他自己最认可的一个，这个女生是反对他吸毒的，而且很关心他。案主表示这个女生"管我挺多的，但是我不烦她，我知道她是关心我"。他觉得这个女生和他很相似，很想追她，可是当时他们"身边有人"，也曾想过和女友分手和她在一起，但是这个女生没有同意。

第四，关于戒毒，案主相信现在自己能在戒毒所内把毒瘾戒掉，但是他对复吸存有很大疑虑，他见过太多复吸的人了，有的甚至是出去当天就复吸的。在他看来这些人复吸多出自两个原因。要么是觉得生活太痛苦要报复社会，要么是摆脱不了毒品带给他们舒服的体验，并且这些复吸的人都有一种侥幸心理，因为"被抓一次就多一次经验，下次就会注意，不会这么容易被抓了"。他认为自己成功戒毒最大的阻力就是时间，当他从所内出去后，必然要和以前的朋友接触，他没法保证自己出去后不会接触毒品。父母对于他出去后怎么办并没有详细的打算，父亲只说过等他出去会给他买车，不过他又提到里面有很多人的父母都这么承诺过，感觉可信度不高。

　　总结：他在这里提出的担忧是很多戒毒人员都有的：在所内戒毒容易，但出去后操守的保持是非常大的挑战。最关键的是对此他和他的家人都没有一个具体的方案，他只说了出去后让自己忙一点就不会想了，但是怎么让自己忙起来没有想过，并且引发复吸很关键的一个因素——以前的毒友，这个问题一直没有得到解决。

个案 3

访谈对象：未戒所 J 警官（简称为 J）

时间：2018 年 2 月 27 日

（本次访谈主要围绕一名叫 LYF 的学员而展开的，涉及对戒毒原因、戒毒模式的探讨。LYF 曾在该戒毒所执行强制隔离戒毒，出所一段时间后复吸，再次被强戒。）

　　L：LYF 进去的时候，你并不知道？

　　J：LYF 进去两天之后，其实我就知道了。因为我经常和他 QQ 聊天，突然发现发 QQ 没反应，打电话关机，关了两天。然后我就想估计有什么事情，我就给他的家人打电话，家人说是被抓了。

　　L：他是从这里出去的是吧？

　　J：是的。

　　L：他第一次出去的时候是未成年？

　　J：第一次出去是未成年。

　　L：那第二次是十九岁，他出去之后复吸的原因是什么？

　　J：他爸爸妈妈很早就离婚了，妈妈也没管过他。他爸爸就是在做大排档，白天在做准备工作，晚上要出摊到三四点钟。在家庭支持方面，爸爸很想，但是没有时间，也没有精力去看着他。

　　L：在他出去这一年半中，他在干什么？

　　J：在帮他爸爸，后来也不帮了，慢慢地又开始和那些人（毒友）混在一起，然后就复吸了。

　　L：一年半还是蛮长的了。

　　J：WZZ 你知不知道？我和她谈过。她说坚持一年半，其实已经很了不起了，也很难的。也许你中间不管的话，他早就吸了。这里面是有一些因素的，什么东西让他坚持了一段时间？有什么东西让他没坚持下去？

L：其实LYF最核心的问题是他没有一个正规的职业，他后来还是和那些人……

J：他的心态就没有办法沉下来做一个正规的职业。他们和三四十岁的人不一样，他们一二十岁的时候是最不稳定的时候。心比天高，自己却什么都不行。而三四十岁的人已经能够对自己有一个正确的认识了，他就还能够稳定下来。

L：就是他心浮，浮躁，沉不下来？

J：对，他想要高收入，但是他什么都不会，怎么能高收入呢？他只有通过非法的事情，可以高收入了。

L：按说他生活上没有什么问题，他的父母可以帮他，在个人生活方面。

J：生活没有问题。

L：就是无聊？

J：无聊。我觉得吸毒就是因为无聊，这种无聊跟"平时我没事可干"那种不一样，是内心的无聊。有一次我谈话，他们就讲了一个观点，我觉得这个观点特别好。我问吸毒带来的快感到底是什么？到底有多快乐？其实不是当时那个毒品刺激你即时反应的快乐，是吸完之后你对这个现实的感受和没吸之前是不一样的。他们没吸之前觉得对世界上所有的事情都不感兴趣了，没有什么能够刺激他们。吸完之后，就什么都有趣了，他觉得谈话也有趣，做什么事情都有趣。如果不吸了，就又恢复到了那种对什么都没有兴趣的状态。

L：是LYF讲的这个吗？

J：不是他讲的，是其他的学员给我讲的。他们都是这样的感觉，他们觉得不吸的时候连话都不想跟你讲。

L：关于劳动之两难，我记得有一次听YPA说，如果劳动不搞，戒毒所也……他说因为所里经费上有点顾不住，这是客观情况，没有办法。

J：我觉得劳动可以搞，如果说一个星期搞几天就是可以的。

L：那就是说一个是劳动的形式，应该是技术性的，让这些人可以真正学到一些技术。现在这里的一些，比如说插线、做鞋套、一次性雨衣，都没有技术含量，还是比较单调。特别是做鞋套，其实就是给那些塑料做两个皮筋就好了，一加热，把它焊上就过去了，并且这个其实还是有害身体，那个塑料加热的气体，对身体也是有害的。雨衣和鞋套的塑料袋还是很廉价的那种，这里边是有苯的，对身体不好。这种劳动应该是被禁止的，其实学员是不能够长期……

J：在保护学员权益方面是不好的，损害学员的健康权。

L：对对。

J：这个和监狱也不一样，监狱里边时间比较长。这里只有一年多，他来了就一会儿熟练的工夫，他就要走了。在监狱里有十年、七年、八年的时间，他用一年熟悉了，后面还有七年、八年可以做工。之前有人介绍了一个情况，有一个人在监狱里服刑，他是少年犯，十几岁。他在服刑的时候就是做服装，出去之后还做这个，他就有了这个技能。和监狱相比，这个里边有一个问题，可能这个周期比较短，不足以达到熟练，并且戒毒所也达不到成熟工的收益。我觉得服装挺好的，第一个原因是不会有什么污染，不会对身体不好；第二个是技术掌握之后不会过时。不光是做服装，比如说沙发啊，只要是用到缝纫机的都可以做。

L：我遇到过做窗帘的，技术就是在监狱里学的，并且他学到了一些颜色搭配，比如说墙纸跟窗帘应该怎么配。

L：这说明什么呢，YPA对这个东西比较懂，他知道比如说做鞋套或焊接电子管比较单调。

J：没有技术含量。

L：没有改造的功能。

J：我觉得现在的方法，其实并不是可以真正戒断的。

L：就像襄阳这个案例，在戒毒所的时候，实际上劳动并没有帮助他实现就业、掌握技艺，甚至观念方面……

J：我觉得最多的是观念，没有让他踏踏实实地做一件事情，自食其力，这个都没有做到。其实不仅仅是吸毒的问题，像这些一二十岁的小伙子，我们现在看到的可能是吸毒是主要的问题，但其实还是有一些隐藏的犯罪的问题。因为他们想要获得高收入，又不能够正常获得，他们就做一些非法的，比如说帮别人看场子，可能会引发一些其他的犯罪。只是那些问题还没有到来的时候，吸毒先到来了，就先把他们抓走了。

L：不管是不是以贩养吸，他可能会有其他的问题在里边，只是吸毒这件事被抓住了，别的事情还没有抓到他头上。比如说赌，都是有可能的。

J：还有一个问题是什么呢？我看了一些关于戒毒的，比如说强化动机，我觉得有问题。大家看似做了一些戒瘾的工作，包括防止复吸的，让你在有瘾的时候做一个冥想、内观，我觉得这些是不实际的。理论上好像是成立的，做一个内观，正确地对待自己的身体，对待这个渴求，但是真正在外面的时候，我现在毒瘾发了，会不会想到这个东西？如果我有这个觉悟，可以在这个时候打住的话，那不需要任何方法我就已经克制了。就像现在，我在减肥，但是我想吃一颗糖，我就本能地撕开了。如果是撕开的时候让我坐在那里去冥想，我根本就不会去启动那个程序。再有科学依据，再能够达到，如果不启动，有什么用呢，其实没用。

L：我觉得你说的这个比喻非常对。现在在强制隔离的时候是没有行动自由的，限制了之后，他只能听你的了。在外面，他已经重新获得了行动自由，在没有人监督的情况下他就不会启动考虑冥想、内观的程序。之前我们讲的吾日三省吾身，也是说正常的人在晚上睡觉之前想一下，养成这个规律，但是普通人一般做不到。吸毒的人想不到在正常的生活里去思考"我吸毒的动机""反观我自己的人生"。

J：正常人不用克服这个困难，只是让我去做这件事情，我都做不到。毒瘾那么强烈，何况他的生理、大脑已经被改变成那样子的人，克服这么大的困难去想，这就不实际。我自己的观点就是，如果心理辅导、治疗能够帮助他们，也就相当于我们去看病，它可以促进一个治疗效果更加大，但不可以单独作为一个药方。就像我们学习，能不能靠一个积极的心理，不背就能够会？是有一个强大的心理支撑之后，我要发奋图强去背。激发、促发它能够持续，或者能量能够大一点，不可以缺少它，但是不能单独使用它。而且我觉得仅仅针对戒毒而进行心理辅导，生命力是不强的。这个心理辅导必须是根据他的个人成长、个人体验，不是仅仅针对毒品的，毒品只是最后显示出来的一个症状。你的身体抵抗力差了，最后是得胃病也好，肺病也好，但根本是因为你的体质，需要把你的体质调得好一点，不是说把你的炎症压下去而已。所以说仅仅是针对戒毒心理的东西，我并不是很赞同。可以有，但就是要针对他自己：为什么你会无聊？为什么你会空虚？缺的东西到底是什么？但是现在大家都觉得应该敬重成瘾的机制。

L：它们是技术性的，包括医学……

J：没有关注作为人的个体不同的需求。我们这里这么多人，全都是因为吸毒进来的，看着他们都是"吸毒的人"，实际上是"不同的人"。包括留守儿童，他们也是不一样的。有的留守儿童，和爸爸妈妈是没见面的，他和爸爸妈妈是没交流的；但有的留守儿童，虽然没和爸爸妈妈见面，但是他们有交流；有的有交流，但是交流基于表面，可能是物质给了保证；但有的可能物质也没怎么管，把钱给了老人，而有的就是自己给了很多。现在有两个人就特别不一样，有一个是妈妈物质上都没有管；有一个是妈妈在物质上特别满足他，他和妈妈有交流，但是交流只是基于表面，交流的不是内心的那些东西。

L：你这两个案例也都是未成年吗？

J：未成年。12月份的时候就满18岁了，但是结对子的时候还没有成年。

L：他们的父母在哪里？

J：丽水。

L：父母两方都外出吗？

J：有一个是爸爸在他三年级的时候就死了，她的妈妈出去了。另一个是爸妈已经离婚了，但是都在外面打工，不过12月份这次来接见的时候是两个人一起来的。

L：那孩子吸毒之前是不是就已经辍学了？

J：辍学了，也是留守儿童，爷爷奶奶在管。

L：他读书读到什么年级？

J：初中，其实初中就没有好好读，也就是初一初二。

L：那应该在乡镇的中学还是在县城？

J：在 Y 城周边，LH，相当于什么？应该是镇。

L：这两个小孩第一次涉毒是什么时候？

J：十几岁，十四五岁。

L：那就是初中还没有毕业？

J：初二初三的时候。

L：是在校内还是校外？

J：是这样的，他有的时候在玩游戏，已经在接触社会上的人了。虽然学也在那里挂着，偶尔去一下，但是也逃学，已经是差生了。

L：那相当于在镇上，是农村。

J：对。

L：农村镇上现在毒品也接触得到吗？

J：接触得到，而且年龄越小……包括随州的情况，我谈了一个学员，十三四岁的孩子，（吸毒的）很多。不知道为什么，一个小镇上反而还这么厉害。

L：和前几年的严打是不是有关系，比如说武汉控制得很严。2012 年十八大的时候，包括上海世博会，都有这个问题。把大城市的毒品控制得严了，打散了。城市里面的监控、摄像头……

J：还有下面的工作有些可能不规范，有些人他就不管。然后抓捕也是一样的，都有一些不规范的。我不知道，我这个观点可能有点……

L：2011～2012 年的时候，在杭州很明显，当时我还没来武汉。杭州严打了之后，只过了几个月，底下尿检出阳性的就很多。农村以前基本上检测是零，检测不出来。当时为了上海世博会，有一个三公里的隔离区，上海世博会现场三公里内的所有居民都迁到杭州去。居民迁出去之后，这些地方就有解放军的部队进来。

三公里的地区还是有好多人的，杭州就有了一个大的整顿。萧山有几个点，每家每户每天都要进驻一个人来清查，一般就是按1:5的比例。就像过去的保甲制度，五户一保，这个保长每天会清查杭州的黄赌毒。

J：这也挺好的。

L：不过这个成本很高。成本非常高，五户一个人，需要多少警力！那就把这些人都清出来了，因为这个网太厉害了。因为这种保甲制度，那些人就藏不住身了，出了问题就是这些保长的，保长是要签字画押的。社区的干部全都下去了，每个人保五户，保证这五户里没有黄毒赌。杭州这么搞了之后，这些人就藏不住了，只要关系搞不清楚的……就和现在的北京是一样的，北京现在就在肃清低层低端人口。比如说你搞运输的，顺丰给你担保，如果查出了你吸毒，那顺丰……只要找不到担保，就赶走。现在北京的快递行业就剩下两家，一个是顺丰，一个是EMS。像中通、申通就活不下去了，因为担保不了。顺丰可以，顺丰现在只有一个竞争对手，就是EMS。他们两家做了这个担保，只要我的快递员涉毒，我愿意承担连带责任。杭州也是这样，杭州2011年这么搞了之后，徐州、丽水这些靠下面的很多不发达的地方监控比较弱，像义乌一些发达的地方监控的天网比较厉害。这些人就跑到底下去了，这些人没有办法生活，如果销售毒品的话市场很快就能打开。其实贩毒，公安马上就会知道的。公安一开始还是有一些准备的，他们其实很明白只要杭州这样一搞，这些人就到下面来了。但一开始还没有想到会这么严重，两三个月就开始显出来了，底下吸毒的人就开始多了。城市的地方是有监管，但农村扩散的过程是没有监管的。而且他们很多人就把它包装成糖或者饮料，甚至是在烟里面。在农村很多人是没有这种提防意识的，陌生人散烟大家都会去抽。但在城市里陌生人递烟，一般是不会接的。

J：农村人太没有城府了。

L：对，防范意识。这个扩散速度就太快了，所以2011年的时候，杭州整治的效果很好。但是省里面没有想到的是，当时就是"天女散花"。到 2011 年年底的时候，我拿到的数据，一年下来尿检呈阳性的已经翻了五倍，以前大概只有十几万人，翻了五倍之后就有 50 万人。我们湖北也有这个问题，现在我们在册的只有 18 万人，但是 2011~2012 年上升的速度是很快的。这个可能也和交通这些因素有关系，以前交通也不太发达，一些新型毒品可能原来也没有扩散得那么快，2012 年以后……

J：从某种意义上讲，尽管心理的治疗不能够治好毒瘾，但是成瘾的原因确实是因为心理。之前 L 老师提出一个观点是吸毒原因和文化层次有直接关系，我就和他讲不是直接的，是间接的。也有一些文化程度低的，他不吸毒的，他只是想要赚点钱把家里搞好的，他不吸。也有文化程度低的吸毒，总的来讲是文化程度偏低的。因为文化层次低，导致了他不会在精神层面上过得很丰富，所以内心空虚的可能性就比较大，然后也没有宗教信仰，也没有其他的精神追求，百无聊赖就吸毒了。有一些人不是初中小学，他们也吸。为什么他们也吸？是因为他们尝尽了物质也好，或功成名就啊，没有什么再刺激他们的了，也很空虚，所以才吸毒，这也是内心不丰富的一种表现。

L：那是精神，精神层面。

J：你看他们，世界上一切的东西都激发不了他们。就跟抑郁症一样，并不是说你得了抑郁症之后想死这些念头很可怕，而是你觉得你对未来没有任何期待，没有任何想象，没有任何希望。你不觉得会出现一个让你愉悦的东西了，你就觉得无意义了，都没有意义。他们就是这种，什么东西都提不起兴趣了，没有意义。但是一吸完了之后，任何一个小事情，他们都觉得很好玩、觉得很有兴趣，很愿意去做去说。

L：现在医学上研究这个心瘾，其实还是有一些物质上的支撑的。他为什么吸毒了之后对什么事情都感到有兴趣呢？还是有一种激素，他如果吸了毒，大脑就会发生一种化学反应。

J：他在现实中缺乏的东西，通过物质依赖，找到了那种感觉。那这个毒品就相当于填补了他内心的空白，他缺少这种兴奋、这种对世界的感受。他吸毒之后获得了，并不是说那一刻身体方面有很大的愉悦，而是说他整个感受不一样了。

L：那 LYF 他之前讲过有这种感觉吗？

J：他倒是没讲过这个，是我们现在的小孩讲的。三个小孩一起谈的，他们都有这种感觉，不是一个小孩有这种感觉。我不觉得毒品是一时的愉悦，一时的愉悦时间长了你也不会觉得有什么的。你为什么会持久地沉浸在这个里面？到底吸和不吸，你们是不是感知不一样？他们说不一样。我就问哪些不一样，他们说平时我根本不愿意和你说话，但我吸了之后，我愿意和你说话。或者说我平时不想怎么样，但我吸了之后我就想这样，然后这个对比就挖出来了。

L：之前不愿意说话，之后就愿意……

J：他们就觉得什么都有意思。他明明之前就不想打游戏了，以前小的时候很喜欢打游戏，后来不想打游戏，不吸的时候就不想打游戏，但吸完之后他们就去打游戏，他们就觉得很好玩。

L：事实上，它还是一种神经上的刺激。

J：但刺激的是什么啊？你获得的是这种感受？你要的就是这种感受，是不是？但我以前对毒品的认识就是，愉悦是一时的身体上的，其实不是的，不是单纯的身体上的。

L：是一种认知层面的。

J：是整个的感受。不是说我现在身体舒服了、心理舒服了，是整个人和社会的联结方面舒服了。

L：这三个里面有两个是留守儿童，另外一个是什么情况？

J：是市区里的，就跟爸爸妈妈在一起。我想对这个小孩儿做个绘画，这个小孩和父母关系也有些问题。所以我还是很坚定我自己的，我不想但是从成瘾的机制来说，是从一个人的本身、一个人心里的缺失去弥补。

L：从我们接触到的案例里，一个是他们的家庭，多多少少会有一些问题。不管是父母离婚……

J：我们全世界的家庭都有问题，没有哪一个家庭是完美的。

L：比如说 LYF 和这两个留守儿童，大多数里边有一个严重不严重的程度。比如说正常的夫妻也会吵架，但它这个就会导致一个结果，这些孩子最后……这个伤害已经超过了他可以允许的范围。

J：是的，而且有孩子个性的问题。就是同样的家庭，可能会生出两个不同性格的孩子，他们的理解和接受也是不一样的。

L：对，我们的学生里有很多是离婚家庭的孩子，但是基本上都没有……

J：有的他们能够很客观地看待这个问题，有的甚至觉得父母离婚是一个好事，停止争吵、冷战，但有的就是接受不了这种事情。

我觉得离婚本身不是问题，是离婚后期和离婚前期的问题。现在离婚的事情很多，孩子们不觉得这是一个丑事。不像80年代，别人全都不离婚就你家离婚，还会觉得低人一等。现在家家恨不得百分之四五十的可能性，会有这个问题了，他就不觉得这是问题。离婚这个事情本身不会对他造成影响，而是在离婚之前家里就已经存在危机了，这个危机的处理方面，和离婚之后有的父母还在针锋相对，父母的状态对他会有影响。

L：你这个留守儿童父母离婚是因为什么？

J：他的爸爸坐过牢，具体谁提出来的没问那么详细。他也没有说，但是后来感觉他们其实已经离婚了。

L：这个小孩对他父母离婚，他有什么感受？有什么想法？

J：他说他其实不想，他其实希望他们在一起，尽管他也很瞧不起他的父亲。而且这一次父亲来了，他说他很高兴。即使他瞧不起他，他也觉得那个位置是需要他来填满的。包括另一个父亲去世的，他觉得父亲的去世对他的创伤是至关重要的。他就受欺负，他是很老实的孩子，妈妈也去打工了，爷爷奶奶是农村的，也不会管他这个。他受欺负就是不断地受欺负，不断地受欺负。

L：同学打吗？

J：嗯，就老是受同学欺凌，我给你看一下他的沙盘。

（沙盘介绍）

L：你现在做沙盘游戏，像这样的做了多少？

J：没有做多少，就做了两三个人。都不让带手机进去，一直也没有相机，所以以前做的资料没有保存。其实我觉得这些东西是可以帮他的，不在于和他们说了什么，而是在这里面他们自己慢慢感受了，而且他在做的时候自我是在修复的。所以我觉得他是很适合做这个的，做了之后就看着他的状态，不一样了。他的精神状态之前是比较低沉一点的，后来他就很高兴，并且他自己说变得最明显的一点是他和他妈妈的关系变好了，他之前和他妈妈关系非常不好。

L：这个是父母离婚了的吗？

J：这个是爸爸去世了的。

L：那你是这两个小孩同时都在做沙盘？

J：没有，那个没有做沙盘，其实出来很难。这并不是说，我愿意做就一定有资源去做这件事情的。沙盘室在教学楼，还得找他们开门；队在那边，而且带人的时候还得有干部陪着。他们都不想干，我就是勉强做了几次。

L：就从刚刚讲的这三块，实务部分我觉得思路比较清楚，沙盘也好，他悟性也好，包括他对于戒毒的心态。你的实务的过程，我们最后给它提炼出来一个东西。你有材料，并且针对性很强，就是针对戒毒的心理来做的。而且你的实务的过程还是有一个连贯性的：开始是诊断，缺乏安全感是他的一个状态诊断，就是他现在是什么样子；最后这个出航其实已经是瞄准未来了。从个案到一般，所有的戒毒学员进来，沙盘就是一个诊断。通过让他玩这个沙盘游戏，我们要了解他的认知。做戒毒的学员，他自己可能都意识不到我为什么要做这个沙盘游戏。就是要超出个案的具象，你这个就是很具体的，我们要从具体的个案里抽出一个普通的逻辑性出来。抽象这个部分当事人可能都不知道，做沙盘游戏的人他并不知道。比如说我们讲角色扮演，当事人他并不会想什么角色，他不会这么想的。你在做的时候可能也是具体的，比如说这个小孩子缺乏安全感，有悟性。这都是具体的，从逻辑上讲，就要比这个高一个层次，从一种抽象层面来想为什么这样做，要不然就没有理论支撑了，做研究就是要这样从具象到抽象。

J：我觉得戒毒人员特别适合用这种非语言表达性治疗。第一个他不说，可能是因为他防范，毕竟这里是管理与被管理的关系；第二个他不说，因为想说说不出来。有的时候问你，你也表达不出来你此时此刻是什么情绪。还有一些他想说，说不清楚，词不达意。他可能表述成这个样子，但他潜意识里不是这个样子的，自己也搞不清楚，但是这个东西就特别接近他的潜意识。他放个鱼，他也没有想嘴巴张着是什么，但他潜意识里就是选了。看的人一看心里就会有一种感觉，发现这里面有问题。我做沙盘也好，画画也好，和别人不太一样，很多人做这个就会跟算命一样，出现这个就是这样，出现那个就是那样。就不能这样，当然有些有普遍性的可以用到，可以给我们一些整体的感受，但是你一定要找他验证。比如说一条鱼出现在你的沙盘里，和出现在我的里面不一样：也许你是喜欢吃鱼所以出现鱼了，也许我是因为被鱼刺卡过。对你来讲是喜爱，对我来说是恐惧。所以能不能说出现一条鱼就是什么什么呢，不能这个样子。所以我做沙盘一直是保持这个特点，一定放在个体当时的环境。就像我问他，那是一个什么样的环境让你觉得很放松？他说夕阳西下。我也可以开放过这条线索，我不继续问，夕阳西下确实也让人舒服。但是我理解的舒服跟他理解的不一样，他理解的是那种让他特别放松、离开让他恐惧的氛围的舒服，我理解的可能就是田间的很美的那种夕阳西下。所以对他的解读和感受，这就又回到了共情能力了，和他的深度共情。最好的治疗真的不是告诉他这个是什么，这个认识不对、那个认识不对，需要调整一下，要积极，就是要和他共情。而且我觉得人特别需要一个见证者和陪伴者。好多人在说自己家庭的什么什么问题、什么什么付出的时候，他真的不是要得到大家的认可，而是他需要有一个人来见证他确实有了这么多的付出，他只是要被看到而已。他们也是一样的，他们要你看到他内心真的是很孤独，他一直没有支撑的。包括那天我也跟他说了，我说你内心其实有一个受伤的小孩，停留在 12 岁。他说是的。我问他那个小孩现在还在吗，他说一直都在。包括过年我和他讲，希望我们把那个小孩安抚好。

　　L：他进来多长时间了？

J：2017 年 4 月份。

L：那还不到一年，他也是两年对吧？

J：对。

L：那他这个你后面可以继续跟踪。你现在介入的这些，不管多少，让他们每天写一点点东西。

J：他们现在笔都是违禁品，还得打报告。我上次拿画笔给他们画曼陀罗，结果是违禁品，我就提回家去了。

L：这个危险就是防止他自杀？

J：谁知道。如果知道你、了解你，根本就不可能会这个样子了。再一个，干部对这个也不重视，比如说我想做了，你晚上八点钟没事了，我八点到九点钟发给你，让你在这里画，画完了我拿走，这都是可以的。我真的在我儿子身上发现这个曼陀罗很神奇，而且我感受到绘画的神奇力量。你看我儿子，中间好长一段时间不好好上学、不能听讲，但是他画了之后，第一个是明显地感觉到从他的画里他在慢慢地治愈，第二个就是确实他正常的行为慢慢恢复了。他好了之后他就不要画了，但他不好的时候，他每天都要画。

L：这个画就好比是药，他发作的时候就要吃药。好了，过去了，这个药就可以停了。

J：它就是一个整合内心的方法。曼陀罗是一个对称图形，是一个静心的过程，慢慢地就把一些情绪舒顺了，就能够正常流淌了。当一天他的心里是顺了的时候，他就不需要这些了，他就可以投入正常的生活了，他就忘了这个了。当他心里很乱的时候，他就特别需要这个，需要用色彩去表达情绪，需要用曼陀罗这种对称规则的图形来找到自己的中心点。所以我从我儿子的身上体会到这个有用，我拿给他们用，你看他们都特别浮躁，但是不能够实施。

L：但是画笔这个……刀片是绝对违禁的。

J：所以大家觉得搞不搞都不要紧，无所谓。这些东西用不了，我坚信这些东西对他们是有帮助的。能不能戒毒我不敢说，能不能防止复吸我也不敢说，但是这是能够补充他们内心能量的东西。

L：那你这个沙盘除了刚才那个，只做了这一个吗？

J：拍摄的只有这一个，有成年的做过。成年的就做了一次，他的反馈给了我一个很好的鼓励作用。他是在鄂州那边，还是一个村主任，经历很丰富，又赚钱，以前是共产党员。到这来，情绪不太好，并且对民警还有些不太瞧得起的感觉，觉得那些小干部连我的经验丰富都没有。后来雷老师在这里搞工作室，就找他谈了，雷老师说让他做一下沙盘，就把我喊在一起，沙盘摆好了之后，雷老师问了几句，旁边一个年轻女孩问了几句，后来就交给我了。我没照，太可惜了，但是我在里边写了，叫作《突如其来的十分钟》，我给你发过。

这沙盘里面有一个屏风，他们之前没有仔细地去探讨屏风，但是我就去探讨了屏风。其实讲隔离区域的话，如果他想做一个居住的区域，可以用手画一条线，或者用小树隔开。我说"当我看到屏风的时候，我觉得你内心很多东西特别想跟外界隔开，而且想要很彻底地隔离"。还有一个老虎，还有一个鳄鱼，我说"我看了你的沙盘之后我觉得很干，都没有一点水，并有一种虎落平阳的感觉"。就是他觉得他以前很了不起，但是现在什么都没有了，他又不想和其他那些人混为一谈。他摆了很多大的动物，四条腿的，有马有什么的动物，那些动物全部头向着一个地方，他是在另外一个旁边。在这个沙盘里，他不只出现了一个自己，他出现了几个自己。有一个虎落平阳的自己，还有一个虽然在这个群体里，但他和别人不一样，他的头朝着别的方向，也就是说他没有想要服从这里的管理，他觉得大家都顺着管理者。但这个话是我单独和他沟通的，我说你不用说是和不是，我只说我的感受，不一定对。他后来和我分享感受的时候说"不瞒你说，因为我没和你接触过，而且感觉你很年轻，我根本没有想到你会给我带来什么……就是从心里面还是会对你们不屑的，因为我的经历、我的年龄比你们大多了。但是你刚刚的几句话全部点到了我的心里面了，有些甚至是我自己之前没有意识到的，但你一说我觉得那就是这么回事，为什么现在这么浮躁？为什么现在天天这么心情不好？真的和这几个点有关系的"。有一次我到队里，见他穿了骨

干穿的那种交警样的背心。我说你现在气色也好了，脸也蛮红润
的。他说是的，他说现在跟干部沟通也好一些了，"也让我当骨干
了，老婆也来接见了什么的，就整个人的状态都不一样了"。所以
心理治疗，不是说你治好他，而是让他发现他内心是什么了，就
是他能够梳理了，然后知道自己需要往哪个方向。不是说他的病
就被我治好了，而是让他看到自己。

L：就是让他创造内心的力量，让自己去调整自己。

J：就是让你自己来分辨一下，你到底有几个点让你不舒服的？
那到底是什么东西？你到底需要什么？就是起了这个作用。真的
是给了我十分钟，而且我写的包括怎么来接手，因为这个之前是
雷老师和他谈的，然后突然转介到我，我要怎么来处理。

L：沙盘主要是雷老师在做？

J：他没有，他就是刚好那个案例。他做了，雷老师知道我学
过沙盘了，让我们来参与一下。

L：你做的沙盘，成年人和未成年人，你觉得哪个效果更好？

J：其实都一样好，沙盘也很适合儿童，都是和潜意识的连接。
特别是说不出来为什么的人，效果最好。因为他以前在语言的交
流方面出现问题了，他说不出他心里怎么不好受了。沙盘和绘画
其实都是一个媒介，就是多借助一个媒介，找到和他的连接，一
个是咨询者和来访者的连接，另一个是他自己和内心的连接。

L：村主任他是怎么吸毒的？按说成年人，辨别能力都是有的。

J：还是有钱了以后。

L：鄂州黄石这一带毒品还是蛮多的。

J：但是从他这个上面来讲，他不存在和我说假话什么的，他
说这个东西他摆的时候他也没想，但就是潜意识里……我并没有
告诉他说这就是你，我只是和你这样讲的时候，我觉得这里面不
止一次地出现了他自己。我就讲说，我说我自己的感受，我觉得
这个鱼很干，它在这里被围困，它很凶猛，但是缺了水之后它什
么都不能施展。当你说这些的时候，他突然就理解了他自己。沙
盘和绘画有一点不同的是，它不主张咨询师跟来访者及时地讲含
义是什么，不讲这个就是你。我只表述我看到的，但他自己连接

是没问题的，但我自己不去跟他连接，不去说这个就是你，你就是这个样子的。

L：这个成年的我觉得情况更复杂，刚才这个留守儿童的，而且他的家庭也很典型。

J：创伤事件。

L：对，创伤事件啊。包括留守儿童，人生里面有很多空白，或者说是缺席，他父亲去世，家庭不完整，并且他还受欺负。受欺负这件事情，我们叫作同伴欺凌，同伴欺凌在教育里边是关注比较多的，人口学里面也有。他讲夕阳的黄昏，为什么这个时候最放松，是因为没有其他的危险和风险。他这个很多典型性的东西，我们在文章里面可以把这个，包括很多未成年人的安全教育，校园监管，包括国家方面……

J：我觉得是认知，包括学生家长老师对这件事情的认知，你觉得无所谓、是很正常的事情，大孩子欺负小孩子很正常，问题出现在这。如果认识提上去，有什么监控不了的呢？

L：前几年在报纸上很多，特别是女子学校……

J：而且现在学校里面没有摄像头，我觉得学校真的应该安摄像头。上次我儿子，我想看一下录像当时是什么情况，老师说你希望你的孩子暴露隐私吗？你觉得学校应该安摄像头吗？我觉得这是保证，这不是暴露。我说这个摄像头录下来的影像不是用来在外面随便翻阅、娱乐的，这不叫暴露，是保护孩子，孩子发生了什么事情，我们家长有知情权。

L：我们附小有监控，包括教室里有监控。

J：就是应该有监控，有了监控任何人……就像现在，有人想违法犯罪，他第一个想的是到处有摄像头，至少他要反复想很长时间，不是那么容易就能够实施的。但是如果没有这个摄像头，无所顾忌，他随时就可能实施了。安装的本身就是一种震慑。

L：是一种预防。

J：对对，但是如果没有就不行。

L：我们学校从幼儿园到中学，学校一进门就有两个摄像头对着，一个从左往右、一个从右往左，有两个摄像头。他们的教室、操场、食堂公共场所都是有的。

在美国校园欺凌是很严重的犯罪,但是在中国有的就觉得是孩子们闹着玩。

J:你可以有界定,闹着玩是什么样子的?闹着玩是以大欺小,同伴之间就不存在欺凌。绝对力量悬殊才存在欺凌,正常的孩子两个都是一年级的孩子打,谁会界定他是在欺凌?而且还有长期性,还有群体性——几个人对一个,完全可以从这些方面去界定。首先是重视程度、认识程度方面,你不认可、认识不到这个问题的严重。

附录三：女子戒毒所访谈典型个案实录

个案 1

姓名：HL（简称为 H）

出生日期：1998 年

（新进学员，吸毒史 8 年，2015 年 11 月 26 日从公安转到该女所）

第一次访谈：2015 年 12 月 1 日

（家庭背景）

案主的母亲在案主一个多月的时候去世，其父一年后再婚，接着阿姨（后妈）生了弟弟。案主通过外公外婆对她讲的以及村里人对其母亲和父亲的评价、评论，在她有意识之后慢慢得知其母的去世缘由和经过。可能从小听到大，自然而然深信不疑，甚至仿佛自己经历过一样。关于其母去世一事，其具体描述是："我妈去世是因为我爸，怎么说呢，那个时候也是年轻，我爸很喜欢玩，打牌啊，炸金花啊，又不爱劳动，我爸就是那种好逸恶劳的人。我妈刚生我不到一个月，有一天我爸一直在外面玩，不管我妈，也不管我。你想想，一个女人还在坐月子，老公只顾着自己玩，不管不顾的，到晚上很晚还是没有回来，我妈很生气，我妈知道他在哪打牌，穿了衣服就去找。那儿离我家还是比较远的，中间有段路都是坟地，人家都说我妈胆子真大，大晚上的敢一个人走那，那个时候我妈哪顾得了害怕。到了那个地方之后，我爸知道我妈来了，就躲了起来，我妈更生气了，在这玩就在这玩，你躲个什么？当时我妈很生气，把桌子掀翻了，这时我爸才出来，吵了一架，但是旁边的人不但不拉一下，还劝我妈不要冲动，接着他们就回家了。我妈觉得很委屈，想吓吓我爸，她喝了一口农药，又吐了出来，我爸看到地上的农药瓶，赶紧把我妈送到医务室去。当时医务室的医生不在，可能是新来的护士或医生在，我妈没有喝农药，不用洗胃，但那个医生还是洗了，我爸这才想起了我一个人在家，就赶紧回家看我，留我妈一人在那，那个医生给我妈打了一针，结果就是这一针，我妈就没了，当场就没了，等我爸去的时候，我妈已经不行了。医生狡辩说是我妈自己喝药死的，跟他们没有关系，我爸也就那样，甚至连跟他们理论理论都没有……"（很抱怨她爸爸没有为她妈妈和医务室争取）

"我妈走了之后，我外婆把我抱到他们家，那时我外婆也才六十多岁，身体很健康，现在我外婆有八十多岁了，也还是很健康。我外婆真的是个很好的人，心地很善良，我们那边的人没一个不知道的。我妈走了，我外公外婆很伤心，我爸跪在他们面前承诺会抚养我和养我外公外婆其中一个。我一直跟我外公外婆住，我外公在几年前去世了，我外婆对我很好，我很感恩，很感谢她，但我自己没有能力，不能好好照顾她。我外婆知道我进来这了，我进来之后，要在这待两年，我不想让我外婆担心，就让我们一起的去看看我外婆，告诉了她我在这里，叫她不要担心。"

"我妈走了一年多后，我爸又重新组建家庭，之后一年，阿姨生了小弟弟。在阿姨生了小弟弟之后，我爸才告诉阿姨有我的存在，之前一直是隐瞒着的，然后我爸有时接我去他们家玩几天，在很小的时候，刚开始每次都很开心爸爸来接我，觉得终于可以见到爸爸了，但有一次我在爸爸家的时候，我爸出去玩了，不记得因为什么事，阿姨打了我，我很委屈，我爸回来的时候我告诉他，希望他能替我出气、维护我，但他说'你阿姨打你，那肯定是你不听话才打你的'。我很伤心，我很恨他，他不信我，不关心我，我到现在还记得这句话，我一辈子都记得这句话（很生气），在他们家，我感觉自己就像个外人。从此以后，我就不喜欢到他们家玩，我爸接我去他家，我老是躲，我外婆老是认为再怎么样那也是我爸，我还是要慢慢融入那个家，所以她一直很想让我去我爸家。有一次我去他家之后，不到一天一直吵着要回去，我爸说玩几天就把我送回去，但我一直想回外婆家。你不知道，冬天那么冷的天，我后妈就只给我盖军大衣，让我一个人睡在另外一张床上，你说我这么小的孩子，又这么冷，怎么受得了。我外婆来看我，她没进来，就站在外面看我在这边好不好然后就走了，可能是心有灵犀，我知道我外婆来看我，我就穿好衣服自己一个人往回走，追我外婆，我外婆家离我爸家不算远，就隔着一个村，那条路我外婆有时带我走，我记得路；但当时我们走的不是一条路，我走的这边小路，可能我外婆走的是那边的路，我一直都没碰到我外婆，结果我外婆前脚到，我后脚就到了，我跟外婆说我不想在我爸家住，从那以后我外婆再也没有说让我去我爸家。"

"我爸和阿姨之前在我们家那边做烧烤生意，就是公安，在初中的时候又去浙江那边做，还是做烧烤生意。我上学的钱都是我外公外婆给的，他们都是靠种田挣点钱，你想啊农村的多不容易，到高中二年级时，我不想我外公外婆那么累，就不上学了。我舅舅他们（摇摇头）……也没什么成就，好吃懒做，家里条件也不好，又很小气，不管我外公外婆……"

"不上学之后，到浙江那边工作，和我爸他们在一起吃饭，但我自己在外面租的房子，我自己在外面住。我后妈很小气，喜欢挑我刺，我也试着拉近和她的关系，比如发了工资，拿到第一份工资之后，给她买了一套很贵的内衣，四百多，本想着她可能会开心，但她说我又乱花钱。在一起一段时间之后，觉得还是合不来，就到宜昌枝江去了，在酒吧上班，在这工作一年，又去东莞两三年，做桑拿管理，中途去了几趟福建玩，在福建玩过几个月，之后又回到公安。"

案主与其父亲关系不好，恨他的父亲，两人之间有心结。主要总结为三点：其一是他导致了其母的逝世，而且没有为其母的过世向医务室争取过，这一点案主很介意，觉得父亲很懦弱；其二是刚开始时，其父向阿姨隐瞒她的存在，"我后妈是贵州那边的，我后来问过她为什么讨厌我，她说如果我爸没向她隐瞒有我的话，她就不会那么快生我弟，而是会在接受我之后再生我弟"，这一点也是导致其后母对其不能接受的一个原因；其三是没有兑现承诺，没有赡养其外公外婆，"当时承诺至少要养他们中的一个，结果呢？不说让他两个都管吧，他一个都不管。刚开始的时候，还去看看我外公外婆，做做样子，现在连样子都不做了，我外公死的时候，我爸回都没回来（当时在浙江做生意）"。

总结：从被访者的家庭背景和家庭故事可以感受到，被访者的成长经历比较坎坷、曲折，被访者缺乏母爱，缺乏父亲的关怀，与父亲之间存有心结，关系不太融洽，同时受到后母的排斥，与后母比较疏远，所以在父亲这一核心家庭中，一直处于一个比较尴尬的地位；外公外婆始终对其关爱、照顾，被访者内心很感激，同时因无以回报又深深地自责。

人际状况

被访者辍学后，在浙江和父母一起生活工作一段时间之后，又在枝江酒吧工作，在这里工作的时候开始接触毒品。

关于第一次吸毒经历，其描述是"当时我不玩，但我知道我们这里的女孩子（同事）都在玩，有一次我们老板说要带我去见一个老板，一起坐着聊聊天，不干啥别的。下班后他（老板）就开车去接我，我就上他车，下车后在他带我往宾馆走的时候，我就知道他们是要干吗，我就偷偷地溜了回去。他一进门结果发现我人跑了，打电话问我在哪，我说我不跟他们玩，我要回去，他就又开车到我住的地方接我。到了之后，他们就劝我搞一口试试，然后就开始吸了……"

"最开始吸的时候，吃不下睡不着，很执着，刚开始几个月吸一次。第二次吸的时候，还是那样，吃不下睡不着。那时吸得很少，一次吸一两颗，吸的麻古，之后就好了，反应没有那么大。吸完之后很有精力，需要发泄出来，我就做家务，洗衣服，把柜子里的衣服都拿出来洗、整理一遍，有时候吸完在家绣花，你别看我大大咧咧的，觉得我不像会绣花的人，女人的活我都会干，说出去我在家绣花，他们都说这要不是亲眼看到，真的不信我会在家绣花……我被抓之前每天都玩，觉得不玩反而睡不着，有时早上吃完早饭，就开始玩……"

"在东莞两三年，做的桑拿管理，就是分配、安排那些小姑娘，在这里什么样的人都有，什么样的人都见过……之后又回到公安了。"

案主前后总共谈过四个男友，第一个是 2006 年开始的，谈了三四年，此时案主在枝江工作，其男友在公安工作，男友原本不吸毒，在恋爱过程中，自案主染上毒品带其男友玩过一两次。其男友好逸恶劳，不干正事，在案主的建议下，后来学厨师，现在在武汉工作，两人没有联系。第二个男友是 2010 年左右在一起，是个小混混，吸毒。他们在一起交往不久，男友被别人引诱到宾馆砍伤，因失血过多而死。"有人要弄死他，就把他骗到宾馆，但是他不知道有人要砍他，结果有个人在房间里到处砍，地上到处都是血。他们走了之后，他拿着鞋走出宾馆，刚走到门口，就失血过多死了。宾馆没有赔钱，我很生气，认识一些人啊、外面混的啊，到处找关系，到处跑，让宾馆赔钱，最后宾馆给他家人赔了十万块，到现在这个案子还有几个人没有抓到。"第三个男友也是 2010 年左右在一起，交往两年多，在一起不久之后，搬到男友家住。男友家在公安下面的县上，其男友还有个哥哥，本来兄弟俩住隔壁，但因为拆迁还没盖好，所以都住在一起。家里就只有男友父亲、男友哥哥、男友还有案主，男友父亲身体不是特别好，案主在家照顾男友父亲，洗衣做饭，收拾家里，男友在外面以贩养吸。"他爸特别喜欢我，觉得我性格好。邻居们有时在一起开玩笑就会说'你们家小儿媳妇真好，又会做家务活，性格又好'。""我没工作，男友给我钱，最后有时男友的朋友让我在游戏室给他们帮帮忙，就是那种老虎机，给他们上账啊什么的。有时一天都是一两万块钱的，他们也会给我开工资，一个月几千块钱。"第四个男友刚在一起一个月，就一起被抓了，男友现在在沙市服刑。

"我性格好，他们都愿意跟我玩，你想啊，在酒吧这种场所，就算你不跟他们玩，他们看你长得好看或看你性格好，也会主动找你玩，要你当他妹妹啊。我的朋友都是外面玩的，也不是什么正经人，他们也都吸，我什么样的人都见过，地痞小混混我认识，身价几千万的老板我也认识。"

所以从辍学之后，案主一直间断性地在娱乐场所上班，结交的朋友大多是"小混混",朋友圈较广,并且在其吸毒的过程中,案主表示自己买毒品的时候很少,都是别人给的。一是第三个男友以贩养吸,不用买毒品;二是其性格开朗,朋友较多。

总结:该案主在酒吧上班是一个节点,本来其辍学后在浙江上班,并没有染上毒品。到娱乐场所工作之后,逐渐接触到"小混混"、吸毒同事、吸毒老板,朋友、同事的引诱,致使她第一次接触毒品,慢慢走上吸毒之路。

第二次访谈:2015 年 12 月 22 日

H:你来我挺高兴的,本来在这里就很压抑,你来了感觉像朋友一样,感觉有朋友来看我们一样,感到很轻松很高兴,你们上次是不是也来了,我看到你了,你们每次来我都看到了(笑了笑,很高兴的样子)。我现在已经出工了,我 11 月 26 号来的,差不多出工两个星期了,做气球包装。我只出上午半天,因为还没考核嘛,还有学习任务。来了半个月队上就叫我们几个去出工,可能是你说的表现比较好的吧。

W:你在这里适应得怎么样?

H:现在已经基本适应了,跟得上快节奏,在这里什么事都要从集体出发,我就要做得好一点,不给集体丢脸。习惯了三队,反而不愿意调到上面去(一队、二队),楼上什么都严,要赶生产,有出工任务,赶节奏,任务也重。

W:你在这里有没有关系比较好的?

H:班里有一个,她是吸海洛因的,三四十岁,四进宫,我们是一起从荆州送过来的。我们在荆州关了三个多月才送过来,送过来之前我们就在一起。还没被送过来之前,我们就很好,她教我很多,讲这里是怎么样的啊,怎么叠被子啊……(教她如何适应女所的生活)所以我来之前就很了解这里的情况,来了之后适应得比较快,可能也因为适应得快,队上让我去出工吧。我蛮感谢她的,教了我很多东西。她对我很好,有时她也烦我,比如我帮别人抱被子啊,别人非但不领情,反而说"哎呀,就你会抱被子啊",她就老是说让我不要帮别人,说我帮得再多,别人也看不到（呵呵笑）。我有什么事都跟她说，她有什么事都跟我说，我们之间没有秘密，甚至我们给男朋友写的信都给对方看（哈哈笑）。

我们在送过来之前，在一起已经相处两三个月了，她教了我很多，讲了很多（女所的事情），当时我们一起被送过来，她让我站在她后面，她说两个两个一分，你站在我后面，说不定就能分到一个班，刚开始我是站在她后面，结果她比我先上来，最后我上来了还是分到一个班，她高兴地说"我还以为分不到一个班了"。有次我身体不好，可能会出去，她知道我可能会出去，就哭了，这个……可能也是相互的吧，她对我好，我对她也好。当时我们关在荆州的时候，因为她吸毒太长时间了嘛，进了几次，伤了家里人的心，她家里人都不管她了，就没有钱嘛。那时我们每周都可以接见，周二打电话，周三接见，家人来上账，我有钱，就找人给她买烟，她抽烟，我不抽，我对她也挺好的。

总结：案主与此学员关系好，一是一起从地方送过来，在地方上就关在一起，相处时间长，相互谈得来；二是该好友已经是四进宫，对这里的环境非常熟悉，在适应女所环境方面，给予案主很多帮助，案主很感激；三是她们在女所中相互倾诉、相互照顾，甚至是相互依赖，这是一个比较大的心理安慰和精神抚慰。

H：（带点不好意思地笑着说）出去了……我们做朋友，我能和你做朋友吗？

W：（愣了一下，笑着说）可……可以啊。

H：出去后我肯定会自卑一段时间的，我觉得，因为在里面待的时间久了，出去无法适应。这里都是军事化管理，快节奏，在外面多自由，在这里一天三餐的时间都是固定的。出去了怕别人用异样的眼光看你，毕竟在这里坐了两年的牢，吸过毒……（略显自卑地说）现在马上就要过年了，明年再过一年就要回去了，我知道说这太早了，我想会是这样……

W：你觉得自己在这里就是坐牢？

H：（两眼闪烁，吞吞吐吐）也不是坐牢，反正就是要在这里改造两年，这也是另一种生活，也挺好的。

W：你觉得来这之前和之后有没有什么变化？

H：以前我是个很爱热闹的人，是大家的开心果。真的，不骗你，比如我们一楼玩，在五楼都能听到我的笑声。吸毒之后，就不爱跟别人交流了，不爱逛街。我本身就不爱逛街，感觉跟别人格格不入，觉得低人一等，怕别人知道自己吸毒，怕别人看出来我吸毒，出去了之后，想过正常人的生活，找个人嫁了。

W：你觉得什么样的生活是正常人的生活？

H：现在就感觉是在过正常人的生活，按时起床、吃早饭，军训，定时开饭，就是按正常人的生活标准生活，生活规律。吸毒之后也会早起，做早饭，但吃得少，没有胃口，不想吃。

（中间洪教进来一趟拷贝资料，我见她神情有些不自然，就没有针对性地问下去，问了问出工的事。）

总结：说明吸毒对案主的心理、自信、部分性格都有明显的影响。尤其是对自信心这一方面，其对强制隔离戒毒的理解就是坐牢，上面说男友在沙市"服刑"，说自己"在这里坐两年牢"。其本身在内心认同吸毒、贩毒是一件不光彩、违法、不被常人接受的行为，也认为自己的工作性质和拥有朋友圈让其在内心觉得自己和身边的朋友一样，做的不是正经事，不是正经人。我认为案主的内心是很煎熬的，一方面自己的内心有一定的道德底线和自我认知，明白吸毒是一种越轨行为，内心的这种道德感让自己很自卑；另一方面其又深受毒品的残害，无法摆脱，离不开毒品，离不开那些朋友圈。

H：（洪教拷贝资料出去之后）（笑着说）洪教给我们放电影，哈哈，我不喜欢看电影，电视剧我也会看，我喜欢绣十字绣。我之前绣了好多幅，送我叔叔一幅《宁静致远》，我家里挂了幅《家和万事兴》，我还绣了些枕头套，有好几幅都在我叔叔家，等出去了，送你一幅。你喜欢什么，到时候给你绣……做饭做家务我都会做，做得很好，我觉得女人就要有女人的样子，女人要会做的我都会做，这里有好多什么都不会做的，也不注重个人卫生，啧啧，我想不通这样的女人怎么还有男人要啊……

这几天电话坏了，这个月还没打（亲情）电话。（略显焦躁）

W：你之前都是给谁打电话？

H：我来还不到一个月，还没打过电话。（我想）给我爸打，现在觉得给我爸打电话是件很幸福的事情，我很着急，这电话坏了，也不知道什么时候能打，25 号就要接见了……我爸那么远，也不知道能不能来看我，打电话让我爸给我打钱，刚来一个月缺生活用品，什么都缺。

W：你觉得女所里的人际关系怎么样？

H：这里的人都比较现实，吸毒的人嘛，都是在社会上混的人，有的有一些歧视，班长啊、包夹啊，有的穿的不一样，有的穿的贵的……（沉默没说了）

W：歧视？谁歧视谁？

H：（两眼闪烁）也不是歧视，就是各有各的性格。刚来班里的都是年纪比较小的，就拿吃零食来说，你给她吃的时候，她对你笑笑，转身立刻就翻脸，她都不记得。你帮她做什么事，她就不知道是在对她好，就感觉不是在帮她似的。有时候帮她们搬铺，她们会说"哎呀，就你会搬啊"，我帮你，我不期待你谢谢我，但至少不责怪我，感觉帮别人都不开心（很委屈）……相互理解不了，就是特别自私的感觉，只顾自己，哪怕是自己的事，别人帮忙，还说这说那的。我虽然来的时间不长，在班里做生活委员，有时包夹让我做的事，我做不好会挨骂，所以我都尽量做好。新来的学员不会的，我帮她做，她反而会说"哎呀，就你聪明啊"，我的那个好朋友就说"你只要做好自己的事就好了，不要管别人的事，别人都是不知好歹"。都是有男朋友的人，什么都不做，自己的卫生也不注意，自己不做事，要男人做啊？我在外面很注重穿衣、打扮，现在不打扮，什么时候打扮？

总结：呈现所内较冷漠、封闭。

W：据你观察，学员和班长、包夹之间有没有过摩擦、矛盾？

H：自己做的事都尽量做好，不让班长说，说的话也很没面子。我和班长没有冲突，刚来的时候有些学员跟包夹有些摩擦，觉得不公平，她们认为都是穿同样衣服的，凭什么你来管我，心里很不服。

W：班长和包夹之间有没有出现矛盾？

H：班长和包夹同心协力，不能起冲突，她们必须一条心。班长授权包夹，要她带新学员，包夹也不容易，班长很庇护新学员，不让包夹说她们、吼她们，反正班长两边护，不准学员抵师傅，班长比较公平，也很不容易。

（这会儿三队的电话修好了，王队要安排学员在我们访谈的这间办公室窗边打亲情电话，所以挪到对面会议室接着访谈。案主听到电话修好，明显感觉很开心，很兴奋。）

W：你能不能跟我说说你们在所内的时间安排？

H：6：00起床，排队洗脸刷牙，量血压（刚来的学员要量），做早操，7：00吃早餐，要出工的出工，不出工的就上来休息，做广播体操，11：30吃午饭，上来午睡，之后做操，安排洗澡，下午17：00集合去吃晚饭，吃完上来就进行班内活动，这时候人都回来了，有的出工的也从车间回来了，因为这个时间干部也要吃饭，所以就让班内自己组织活动，等干部吃完饭回来之后，就安排从车间回来的学员洗澡；之后就是看电视，警官知道我们爱看电视剧，前段时间我们还追剧了，放《大汉情缘·云中歌》给我们看，每天放一集；然后是背弟子规，师傅抄两段，我们跟着一起读、背，理解它的意思，每周三天学弟子规，其他的就学入所教育，周日开班会，开班会每人轮流发言，这周做了什么，有什么感受，就是一周小结。

H：进来是好事，在外面不知道会混成个什么样。在这里两年，说不定会变得很好，也说不定变得更坏了，没有那么多的两年去消耗。我想着出去之后，变好一点，家人支持一下，做个生意，找个人结婚，还有外婆，我要弥补对她的亏欠。

H：每个月都有考核、评估，无重大违规违纪的每个月都会减三天，每个月加十分，一个月累积的，可减期五天，但很难，一般都做不到。班长每个月减五天，包夹每个月减三天，包夹每月有考核，拿到A等减五天，但并不能每次都评上A等。就是A等减五天，B 等减三天，C 等加五天，做好自己的本分，一般都能拿 B 等，C 等就是做了重大的错事，像打架啊。

总结：严格分明的奖惩制度，使所内激烈的冲突少有发生，女所这种强调集体荣誉、集体责任的做法，一方面有利于管理，另一方面有利于正面约束学员的行为，使学员内化所内规范，按规矩行事，鼓励教育她们为了集体的荣誉而尽自己的一份力，为集体的荣誉而约束自己的行为，同时学员之间也构成一种相互监督的关系，做了有损集体利益的事，不仅会受到班长的责备，同时可能也会受到其他学员的责备。

W：你们各班之间能不能串班？比如你在其他班有玩得好的，能去她们班和她说话吗？

H：考核之前不能随便串班，如果想给她送吃的，可以跟师傅说，让师傅一块，也可以让师傅帮忙送过去；考核之后就不需要师傅跟着，跟班长说一声就可以，但要互相监督，就像监护人，就是只要有个人一起就可以，可以做证。（所以考核后，除集体活动之外，一般至少是两人一起行动。）

W：你们班学员之间的交流多吗？

H：交流不多，没什么可交流的。可能马上要分班分队，不能长时间地在一个班，我们属于新班嘛，可能要分班，没什么可交流的。都是来自五湖四海的，人都不一样，感觉不能用心交流；平时时间安排很紧，强绷着的，哪有那么多时间交流。年龄也差很多，刚来的年纪很小，想法都不一样，交流不了，没有什么好沟通的。反正就是各司其职，做好自己的事，不给集体丢脸。

总结：由上述可见，三队新班学员之间比较冷漠，内心比较自我封闭，具体原因可以总结为，一是新班人员流动大，在她们心里这是一个临时的班级，学员不愿意敞开心扉相互沟通交流；二是学员性格迥异，年龄差异，生活习惯、想法不同，沟通有障碍；三是所内时间安排较紧，没有很多自由时间。

W：学员和干警的关系怎么样？

H：感觉蛮好的，像家人一样，张队有几天没来上班，还挺想她的（笑着说）。洪教每次来都带好吃的，不像警察和犯人之间，像家人、像姐姐，这里像个大家庭、大集体。这里管理很人性化，能给的都给，我们刚来的，第一个月没有钱，穿的袜子用的纸都是队上给的（笑了笑，不好意思地说）。我有一个很幼稚的想法，不知道该不该说，刚电话没修好的时候，我还想把我爸的手机号码给你，让你帮我给我爸打个电话，让他给我打钱（呵呵地笑）。我知道这很幼稚，也不合规矩，但刚刚就是这么想的，哈哈，现在电话修好了。

W：我们过来实习，主要是做研究，没有帮你们打电话传递信息的权力，所以就算现在电话没修好，你让我帮你打我也不能打，希望你能理解。

H：我知道，我就说很幼稚嘛。

W：谢谢你的配合和对我的信任，我们今天就到这，希望你打电话愉快。以后你有什么不开心的或者想和我交流的，都可以让洪教转达。

H：以后你想了解我什么的，或是知道里面的什么，你随时都可以来找我。

个案 2

姓名：MLQ（简称为 M）

出生日期：1990 年

（三大队三班班长，距出所一个月）

第一次访谈：2015 年 12 月 8 日

W：你是哪里人？哪一年出生的？

M：我是连云港人，江苏的，1990 年出生的。

W：你的吸毒史大概有多久了？

M：我吸毒快 8 年了。

W：能不能讲一下你的吸毒经历？

M：没读书之后，我有个姐姐在青岛卖海鲜，我就去青岛帮忙。两年半后，又去了浙江，认识了个男朋友，怀孕了，四个月的时候回家了。我没有告诉家里人我怀孕了，怕我妈反对。等到七个月的时候才跟我妈说，我本以为孩子大了，我妈就不会那么反对我生下来。有一次，我妈陪我去检查，之后她给我吃一颗小白丸子，我以为是安胎的药，没想到是堕胎药，强制要求引产。我很生气，很不理解，我恨她。流产之后不是应该调养的嘛，我没有，之后不到一个星期我就逃出来了，在我们那的酒吧门口正好碰到同学，同学说一起去南京玩，然后我就跟她们一起去南京玩了一个月，在南京的时候开始和她们一起玩的。

W：你什么时候辍学的？

M：初二的时候就没读了。

W：为什么不继续读了？

M：就是不想读。

W：那时你多大？

M：（扳手指算了算）16 岁，2006 年的时候。

W：你妈妈强行让你引产，你恨她，你们之后关系一直不好吗？

M：嗯，关系不好，有时她打电话也不接。我还有个弟，今年21 岁，我和我弟关系很好，联系较多。

W：你当时是怎么和她们一起吸的？

M：在南京玩的时候，她们在家里拿出来玩，我看到了。我问那是什么，她们说是冰毒。我说我也要吸，同学不让我玩，说对我不好。我说就要吸，我就是想做一些伤害父母的事，让我妈她们后悔，现在想想挺固执挺想不开的（摇着头说）。

W：也就是 2008 年第一次吸的时候是你主动要求吸的？纯属叛逆和逆反心理是吗？

M：是的。

W：你当时知道冰毒的危害吗？

M：知道，我恨我妈，我就是要做一些自我伤害的事，要她后悔！

W：你还记不记得第一次吸完后是一种什么反应？

M：很难受、吐，吐出来才舒服，不吃不喝不睡，一天一夜不睡，就在那呆坐着。

W：你刚刚讲了第一次吸是在同学家里，隔了多久第二次吸的？

M：当时跟她们在一起，没几天吸一次。

W：第二次吸完后是什么反应？

M：还是那样。

W：你还记不记得大概多久身体才慢慢适应这种反应？

M：三四个月后才适应，三四个月后才不吐，慢慢好点。

W：在南京一个月后，你又去了哪里？

M：回连云港了，认识了个男朋友，贩毒的，之后他被抓了，我们就分开了，我就又去了洪湖。

W：回连云港之后你找工作了没？

M：没有，没上班，跟男朋友在一起。

W：你们一般是在什么地方吸的？

M：在南京的时候，在网吧、KTV、酒吧，哪都玩过。有时在网吧包间里，用衣服把门一遮就在里面玩。在连云港的时候，就在家里吸的。

W：和男朋友一起玩？

M：是的。

W：你什么时候到洪湖去的？

M：2010年的时候，他被抓没多久的时候。

W：你当时为什么想着要去洪湖？

M：跟我们卖货认识的一个人介绍过来的，说可以在这边找地方打工。

W：你找到工作了吗？

M：找到了，在一个厂里，做了几天没做了。

W：换了个地方，人生地不熟，你是怎么找到人买毒品的？

M：刚来我也是找不到，但一直想吸，非常想吸，你知不知道到什么地步？（笑了笑）我找不到在哪买，我就去网吧。在隔壁小商店看到一个矿泉水瓶上戳了两个洞，我就知道有人玩，找到这些人就肯定能找到在哪买，所以我一直在那等着，最后才找到在哪买。

W：之后你又工作了吗？

M：不上班没钱，2010 年 4 月的时候去 KTV 上班。

W：有很多地方可以挣钱，你为什么会选择去 KTV 上班？

M：钱多，有钱买毒品，而且同事都吸。

W：在 KTV 上班工资一般多少？

M：工资日结，三百，陪唱歌陪喝酒，卖酒有 10% ~ 20% 的提成，一个月拿上万块钱是不成问题的。有时生意好的时候，一晚上可以跑三个场子，一天就能拿上千块钱。之后遇到一个男朋友，也是贩毒的。

W：什么时候遇到这个男朋友的？

M：（想了想）2013 年初。

W：有男朋友之后，你还继续在 KTV 工作吗？

M：一直在，只是有男朋友之后，想去就去，不想去就不去。

W：也就是有男友之前是以在 KTV 工作为主，有男友之后就不以在 KTV 工作为主了是吗？

M：是的。有时他去其他地方买货、卖货，我就帮他送货、试货，他对我很好，给我钱花，不缺生活费。

W：你在吸毒过程中有被抓过吗？

M：有，被抓过三次，2013 年 12 月到 2014 年 3 月。第一次是在酒吧，我们玩了刚走到门口，就被抓了，那时是腊月二十六，罚了三万块钱。第二次是在自己住的地方被抓的，罚了三万块。第三次是在饭店门口，关了三天被送到这来了。贩毒的一般在派出所都有关系，每个月会给他们（警察）钱，这样他们就不会点我们水。其实我这次可以不进来的，还不是得罪了他（送钱打关系的警察），被抓的时候，我骂了他一句，态度不是很好，他跟我说这次谁也帮不了我，之后就被送进来了。

W：前两次被抓的钱是谁帮你付的？

M：我男朋友给的，他对我很好，帮我交了 6 万块钱，给我钱花。

W：你吸毒将近 8 年了，比较长的时间，你记不记得在这个过程中，吸毒反应前后有什么变化？

M：刚开始的时候就是呆、傻，之后就是健忘、执着，重复做一件事情。近几年就没什么感觉，没太大的影响了，有时候吸完就能睡，也会饿。

（该访谈对象辍学七八年后，在 KTV 工作几年，正式工作时间少。前后共找两个贩毒男友，一是供吸毒，二是供生活。）

第二次访谈：2015 年 12 月 22 日

（访谈时案主还有十几天出所，在所内一直在三班做包夹和班长，没调过班，该班现已换新班长，做好了交接。）

W：上次没说完，我们接着上次的说。

M：好啊。（笑着说）

W：这马上要接见了（25 号为三大队接见日）……

M：（打断 W 的话）我已经有一年没接见了，一个月给我妈打一次电话，打电话让他们打钱；一般人 3 分钟，我一年没接见，我每次打五六分钟。

W：上次你说你和家人关系不好，尤其是和妈妈的关系，你和你妈妈（家人）之间关系是在什么时候开始缓和和好转的？

M：我被抓的那一刻。我被抓的时候，第一时间就想到了我的父母，而不是我那些朋友。被抓的时候我才意识到我家人，我想他们接受我。我那个时候不知道他们电话号码，来了之后，队上想办法联系上我父母，给家里寄了封信告诉他们我在这里。过了几天，第一次给家里打电话，我妈在那哭，触动了内心柔软的一面，我也哭了。我之后听我妈说我爸听了我在这里的消息，骑摩托车摔了，我听了心里特别难受……我第一次接见是在 3 月份，那个时候还挺冷的，早上我是第一批接见我爸妈的，我之前说我家是连云港的嘛，那他们就是前一天晚上坐火车，早上到的，直接就来了。

W：当时接见的时候，是个什么样的场景？

M：我爸妈就一直哭，问我什么时候开始吸的，我说出了事（母亲强迫我做人流）之后就开始了，我妈听到就更伤心更愧疚了。我吸毒的事我爸妈不知道，几年前我一个表姐知道，我让她保密，不要告诉我爸妈，我表姐知道我在这之后，说了句"还是出事了"。我爸妈才知道表姐知道这事，爸妈怪她为什么不告诉他们，说"她让你不说你就不说啊？"我现在对家人的看法改变了很多，我被抓之后才知道他们还是很关心很在乎我，加上在里面见到很多。有个人在里面，她妈去世了，没能见上最后一面，这要是发生在我身上，我要是在里面没能见上我妈最后一面，我一定很心酸。有一次打电话，我妈在那边哭，她跟我爸吵架了，哭着跟我说，我去找你吧，去那边（武汉）打工吧，你什么时候出来……就感觉我妈还是挺依赖我的。我弟现在已经结婚了，有两个孩子了，2013 年生了一个，今年 7 月份的时候又生了一个，当时我弟要结婚，我爸说我就一个女儿，我女儿没结婚，谁想先结婚？（笑着说，感觉很满足）

W：（点头应和）

M：现在才理解父母，他们所做的都是为了你好，都是为了你才做的，当时不应该报复。

W：你在女所待了一年多了，马上就要出去了，你觉得在这里，对你有什么改变？

M：生活作息有改变，以前在外面白天是晚上，晚上是白天，在这里每天都是固定的时间点。

W：除了生活作息上的，还有没有其他方面的？

M：还有心理上的，以前很没耐心，脾气不好，想吵就吵，想打就打，管你那么多，想干吗就干吗，不会去想有什么后果；在这里，有些成长和磨炼，也学习与人相处，遇事也会想。以前和朋友吵架了就吵架了，不会想，现在就会反思，想会不会有其他方法可以解决的，相互理解能力提高了。还有就是刚说的对亲情的改观，以前认为朋友是最重要的，现在觉得家人很重要。出了事之后，朋友谁还会记得你啊，人走茶凉嘛，人家帮你是情分，不帮你是本分，现在才体会得更深刻……

W：你马上要出去了，你对出去之后有没有什么打算？

M：对（点头），还有十几天就出去了（笑出声），也没有什么打算。你让我说出去了绝对不碰那个东西，没有经历过，谁也不能保证。说出去绝对不碰，那都是虚的，谁也不知道会不会。就是不知道用什么态度什么心态面对父母，不知道看到父母是什么样的，对这一点我很茫然，很慌。我叔、姨他们都知道这个事，我想出去了就不出家门，躲在家里不出去。

W：你为什么想躲着不出去？

M：就意识到自己错了嘛，觉得没有脸见他们，从心底里意识到了。我老是设想出去那一刻的场景，想我爸妈来接我的场景，老是会想抱着我爸哭，我觉得我性格不是这样的（哈哈笑）。我想我会情不自禁地跪在他们面前，真的，我真的想过，我想我会哭……哎呀，什么场景都想过。

W：你出去了，如果有朋友约你一起玩，你会怎么办？

M：我就跟我妈说，我想出去了就把我关在家，不出去，也不用手机。但我觉得光靠父母是不行的，心里想弄到那个东西怎么都弄得到。我很怕朋友联系我，都是朋友圈嘛，家里那边有，在湖北这边也有。所以对这个很茫然，不知道怎么处理。自己内心不强大，没有决心，还是不行，不然遇到挫折、不开心的事、烦心的事还是会第一时间想到这个东西，即使换个环境，换个地方，换个朋友圈，如果内心不强大，还是不行……

（话题转移到女所日常情况和时间安排）

W：你做班长做了多久了？

M：已经有6个月了。我来3个月就当了包夹。

W：包夹主要负责什么？

M：包夹就是常说的师傅，主要是教新学员，引导她们，新学员刚来嘛，难免会有消极的情绪，不接受现实，她们在外面散漫惯了，包夹就教她们规矩。包夹教她们，她们会抵触，说你凭什么管我。

W：她们为什么抵触？

M：比如包夹要她们背书，她们学习态度不好，就撕本子，或把它丢了；教她们做事，她们不做，在外面散漫惯了。

W：背书主要是背什么？

M：就背所规、队纪、文明礼貌、规范啊。

W：每天会有背书任务吗？

M：有，例如一天背一条规范，一条规范有五句话，背多背少要看个人情况，有的人文化低，有的是文盲，背得慢一点。要考核嘛，必须得背，考过了就不用师傅带，有些事可以 3 人互助小组一起做。

W：多久考核一次？

M：30 ~ 45 天考一次。

W：你们班现在多少人？分了几个小组？

M：一共 14 个人，分 4 个小组，就是 3 ~ 4 人一组，这主要是互相帮助、互相监督。包夹跟着新学员，主要是不让她们做错事。

W：你说的做错事是指什么？

M：新学员刚来，心理啊、情绪啊，防止她们自伤、自残、吞食异物，有的时候学员之间发生口角、打架斗殴什么的，包夹要把她们拉开，调解。

W：我想了解一下你们的日常生活作息、时间安排，你能讲一讲吗？

M：可以啊。

6：10 起床、早点名，一层的学员一起点，值晚班的干部点。

7：30 ~ 8：00 吃早饭，整队排队出去，到对面食堂（半蹲着指向外面）。

8：00 之后，安排上厕所、整理内务。

9：00 开始军训，军训到 10：00，主要训练队列、齐步走、跑步走、正步走、三面转法，这些也都有利于我们身体恢复。

10：00 ~ 10：30 就打水（喝的水）、上厕所。

10：30 跳康复操，像广播体操啊、广场舞啊、之前流行的《小苹果》啊，我们都跳。大厅有多媒体，放视频，我们跟着学。

10：30 ~ 11：00 唱矫治歌，像《五星红旗》《感恩的心》《歌唱祖国》《我们的明天》这样的歌。

11：30 开饭。

12：00 ~ 14：00 吃完饭上来，开始午休，睡觉，都很安静。

14：00 ~ 15：30 起床后，队上领导上课，在大厅，讲毒品的危害，或者有时教我们叠被子，反正每天都有不同的安排。

15：30～16：30安排洗澡，按班洗。

17：00开晚饭。

17：30吃饭上来之后，就是读书、学习。有时候学手语操，《感恩的心》《谢谢你的爱》《我的好兄弟》，一般警官教我们这一批，等新学员来了，我们再教新学员。有时候背《弟子规》，比如每天背几章，班长和包夹会检查，要理解意思，也会让学员讲自己对《弟子规》的理解和感受。

19：00之后，开始晚间活动，有时候是矫治影院，放一些励志电影、电视剧、新闻联播。

20：30之后，就是打水和如厕。

21：00就开始准备点名，干部一个班一个班点。

W：晚上睡觉你们会开卧谈会吗？

M：晚上睡觉不能行动，要保持安静，不会开卧谈会，因为有的会出工，晚上回来比较累，想早点休息。

W：你们班目前有几个出工的？

M：我们班有三四个，学习任务完成的、表现较好的可以申请出工，一般都是来了20天以上的，看个人表现。学员更愿意出工，这样时间过得快一点，充实些，不会想这想那的。

W：什么样的表现可以出工？

M：就是背书啊、军训啊、内务整理啊，心理、情绪表示已经适应了这个环境的。

W：你们一日三餐吃的都一样吗？

M：不一样（摇头），早上是馒头、稀饭、咸菜，不加餐的情况下是这样的；中午有荤菜和米饭；晚上是素菜和米饭。

W：你们加餐是怎么加餐？

M：（想了想）周一、三、五中午花钱加餐，像鸡块啊、小炒啊、肉啊。周二、四、日早上加餐。加餐、伙食方面都比较听我们的意见，隔一段时间会开伙食会，每个班管伙食方面的学员收集班里的意见，去开会。比如我们想加什么餐，想吃什么，都会说，也都会听。

W：每个人都能加餐吗？

M：这个看个人经济条件。像那种无人接济的、家里没人管的，就无能力加餐嘛，有的人际关系好的，两人吃一份，有的比较有爱心的，自己吃不完，分一点给别人，都有。

W：我们也是集体住宿，我觉得女生在一起有说不完的话，特别是睡觉前。你们睡觉前为什么不开卧谈会？

M：不卧谈，中午睡觉，有的睡不着可以看书啊、看杂志啊，像《读者》《意林》都有，每期都送来，我们可以借。队长要求不能大声讲话，可以小声说话，有时候也小声讲。

W：晚上关灯之后呢？

M：晚上睡觉我们不关灯，每天晚上都有安全员值班，有人要上厕所，安全员跟着。安全员是单独的一个班，她们的作息和我们不一样，主要是维持秩序，像组织、维持打水、如侧。要聊天的话，我们白天聊得多，背书之外，可以聊聊天。

W：聊天，你们平时都聊些什么？

M：（笑了笑）就聊一些（外面）发生的事啊，外面的生活，因为在这很封闭，不知道外面都发生了什么，新来了学员，就问她外面发生了什么事啊，现在流行什么发型啊之类的……（笑了笑）

W：下午的课程一般谁来教你们？都是什么课程？

M：队长、干部、警官给我们上课。会讲毒品的危害、如何适应环境、如何融入集体、怎么样预防艾滋病，还有《劳动法》，毕竟我们出去了还是要面临找工作嘛，就像上学一样，一周都有课程表。

W：你作为三班班长，在管理和生活中，学员之间矛盾和冲突多不多？

M：闹矛盾的多，经常，有的时候两个人性格不一样，相互不了解，容易起冲突，班长和包夹进行调解，之后了解了就会好一些。

W：她们起冲突一般是如何表现出来的？

M：吵架啊、拌嘴啊，打架的少，因为规定打架会扣分。她们吵架和拌嘴时，班长和包夹就把她们拉开，进行调解。

W：这种学员间相互冲突、矛盾的情况，你能不能举一个你比较了解的例子？

M：比如之前有两个学员，性格不合，互相看不顺眼，就因为背书的事，师傅（包夹）问谁的学习任务没有完成，其中一个人说另外一个人的没完成，那个人很生气，认为自己书没背完是自己的事，凭什么她跟师傅说（估计在当事人看来，那个人是在当着她的面向师傅打小报告），当时她拿起小板凳往那个人身上砸，师傅把她们拉开。一般出现矛盾，班长和包夹调解有时有效、有时没效，我们调解是双方面的调解，设身处地地替别人着想，让她们用心悟、讲道理，我们在调解关系中影响比较大的，有时劝了也不听，就让干部来调节。

还有的时候两人莫名其妙，就是不对点，互相看不过，在背后说她的坏话被她听到了，她们就会吵。班长和包夹把她们拉开，两边做工作，一方面让那个被说坏话的人不要在意这些，教她一些处理的应对技巧，别人说的这些有则改之，无则加勉，身正不怕影子斜，不要去理会这些，心胸宽广些，相互包容；另一方面对那个说别人的坏话的人，就劝诫她要么不要在背后说人家坏话，要么在背后说人家坏话有本事就不要让别人听到。两边做了工作之后，让她道歉。

反正起矛盾都是因为一些鸡毛蒜皮的小事，局外人看了都觉得好笑，小事都能吵起来（摇摇头），有时教育她们的时候，她们自己也会笑。

W：你觉得她们为什么会因为一些小事就能闹矛盾？

M：我觉得女人心眼太小了，心不够宽，有的事情，有的人能承受有的人不能承受。还有在乎的东西不一样，我在乎的东西你不在乎，在一起就容易发生摩擦。在外面散漫惯了，来到这里失去自由，心里很压抑，那些小事就是个发泄口，不发泄出来不舒服。

总结：案主认为学员闹矛盾原因有三：一是女性心眼小，心胸狭窄；二是性格不同；三是心情压抑，寻找发泄，对事情的容忍度降低。

W：据你观察和总结，她们一般会为什么样的事闹矛盾？

M：一个简单的小事就能起冲突，抱被子抱错了，新来的学员刚来那几天都要睡在大厅嘛，这样方便干部观察，早上抱被子的时候抱错啊；报数报错了啊，比如你站我前面，你中间没报，弄得我报错，我们两人都要受罚，到一边练习报数，这样就容易闹起来；还有的做错事了，有时候班长和包夹能看到，有时候看不到，哪能顾得上每次都能看到，同样的事情有的人被罚有的人没被罚，学员心理不平衡，就找班长理论。

还有打小报告，有当面打报告，有背地打报告。因为一些小事情看不过眼，心理不平衡，还有本身关系就不是特别融洽的，关系好的不会打小报告。

还有看不过眼的，生活习惯不一样，看得不舒服的；还有为人处世，那种对人好，对人礼貌、谦让、帮助别人、教别人、包容别人一些的比较好。相对而言我更喜欢年纪稍微大一些的。

总结：案主认为学员一般为三类事闹矛盾：一是生活中具体的小事；二是向班长和包夹打小报告的；三是因生活习惯、性格、行事方式不同而产生的关系不融洽。

W：你为什么更喜欢年纪稍大一些的？

M：年纪大一些的生活经历丰富一些，懂得人情世故，她们更包容一些，不跟别人计较，你想她们一般三四十岁，年轻的只有十七八岁，自己都能养一个这么大的姑娘了，她们不喜欢别人说她们，尽量把自己的事情做好，不让别人有话说。年纪小一些的，什么都不会做，做一点点事情就觉得委屈，在家都娇生惯养的也不懂人情世故。

她们在态度上不一样。年纪大的可能觉得自己年纪太大，搞不起了，来这一次就两年，人生有几个两年，出去了不搞这个东西了，在这好好矫治。年纪小一点的可能就觉得我还年轻，在这搞不了，出去了继续搞，大不了再进来，还有时间。

总结：其喜欢年纪稍大的人原因有三：一是生活经历丰富，

懂得人情世故；二是更加包容；三是自尊心强，自律性强。

W：因为无聊没事干闹矛盾的多不多？

M：无聊闹矛盾的不多。

W：她们一般为什么样的事闹矛盾？

M：就一个简单的事。

W：学员里有没有那种关系比较好的学员？

M：（想了会儿）也有。

W：据你观察，她们为什么玩得好？

M：有的是老乡，有的同过班，还有一起连案的（一起被抓的）。

W：你们班有没有一起玩得好的？

M：班里也有玩得好的，关系比较好的，但班里都比较相互帮助。

W：你做骨干学员一年半多了，你和警官的关系怎么样？

M：警官其实也挺辛苦的，每天都要在这陪着我们。有学员生病了，警官陪着，很感动的，你想在外面有朋友，哪有人会陪在你身边；逢年过节的时候也在这陪着我们，内心觉得很温暖。她们没有架子，生活上有困难，你跟她讲，她会帮你，比如我们班有人刚来没鞋穿，我们班主任甚至把自己家里的鞋子拿过来给我们穿。就是只要是她能帮的都尽量地帮，我们班主任是刘队，很关心我们，洪教上次还带吃的来给我们吃……以前在外面老是不知足，朋友之间钩心斗角的，还多疑，现在就好一些了。

W：你是如何与班主任、警官打好关系的？

M：每次我们汇报情况嘛，慢慢就对她们的性格了解一些了，我特别喜欢王队，她很好很和蔼，也没有架子。我特别喜欢和她聊天，看她来了，有事没事就找她说话，和她开开小玩笑。了解一些之后，胆子就稍微大一些，会和她们开玩笑什么的……

W：你觉得学员能够和警官之间建立一种平等的关系吗？

M：（摇摇头）平等是不可能的，毕竟她们是管理者，我们是被管理者。她们对我们没有架子，我们对她们还是很敬畏、很尊敬的，只能说关系比较融洽。

W：我来总结一下，首先你在日常接触中，通过看警官的脸色，了解她们的性格，还有在汇报中，适当开些小玩笑拉近距离是吗？

M：还有在警官说话的时候，接话，找一些共同话题。跟学员更容易相处，我们来到这都有同样的经历，心理也一样，更能换位思考一些，比如剪头发，我们都不想剪头发，但规定要剪，所以给她们剪好看一点，我们都走过来了，了解她们的心理。

干部也愿意跟学员关系融洽一些，她们要了解学员的心理。

W：干部一般如何拉近与学员的距离？

M：就是关心你，了解你，了解你的家庭情况、有没有人管，如果不愿意管的，警官就给她家人打电话，帮她做（家人的）工作。

W：你做班长，班主任有没有给你什么特殊照顾？（笑了笑）

M：（笑着说）平时我主动向班主任汇报情况，班主任也会教我怎么处理事情、怎么管理班级，光靠态度强硬是不行的，别人也不服你，要从别人的角度出发，多为别人考虑，这样别人才会服你。还有有时早上吃不完的早餐带给我吃，像过年的时候，班主任给我们班带瓜子等，一起吃，平时日常生活中很关心我们，有时洗发水用完了，她会把她的拿给我们用……开班会的时候会听我们的想法，只要是她能力范围内的，她都尽可能地帮我们。有时也会给我们一些特殊照顾啊，比如洗澡的时候，水不够，她会跟安全员说给我们班的人多打点水。这些都是小事，但很温暖，很感谢她。刘队很正直，对的事情会表扬，不对的，会喊到边上教育我；学员不用猜，班主任有什么高兴的不高兴的都写在脸上了（笑着说）。班主任对我很好，我不想让她失望，管不好就会觉得内疚自责，所以有时候我也会在周记里写这些，班主任也会给我评价，鼓励我。

W：你们平时有做得不好的地方，警官们会骂你们吗？

M：不骂，有时候当面批评我们，比如军训，我们走得不好，她会批评我们，有时候也会发脾气，但也是讲道理地发脾气，从来不讲粗话。

W：目前你们班里有没有在人际关系问题上比较突出的学员？你给推荐一个案主。

M：张黎和别人关系不太融洽，她刚来十几天，她是被家里人骗来的，这点她接受不了；再加上她和她前夫离婚又复婚，复婚又离了，现在很愤怒，尤其是不能接受家人骗她。她家里人想让她戒，说来这只要两三个月，结果来到这才知道要两年，她不能接受两年的时间，不能客观地看待。

个案3

访谈对象：ZCL

出生日期：1989 年

（三大队学员，进所半个月，尚未跟家人联系上，家里有爸、妈、哥，祖籍重庆，出生成长在宜昌秭归县。）

访谈时间：2016 年 11 月 16 日 14：20～15：50

案主初中在实验中学，成绩还可以。案主惯于"吹牛"，不好意思进普高，就去读了中专，专业为导游，但不好好学习。16岁时，案主去广州打工，进鞋厂，还去过汕头。两年后，18 岁时，被家人骗回家，经家长朋友介绍，交了个大 7 岁的男朋友，相处很好。男友父亲资助买了个货车，两人一起跑车，去武汉进水果拉回来批发。一年后发现男友吸毒，吸 K 粉和冰毒，劝其戒毒，无果。2010 年快年底，两人去武汉进货，跟男友吵架，男友在水果批发市场忙，案主自己出去转转，偶遇宜昌的朋友。朋友问她搞不搞，她说好啊，然后就带她一块吸了。第一次试了冰毒和麻果，男朋友不知道。案主听说冰毒不上瘾，就对自己有信心，想证明给男友看，毒品能吸也能戒，想借此融入他的圈子。第二次吸毒是她哥们结婚，参加完婚礼后，一群人聚一起玩，案主也跟着一块搞，其男友知道了之后很惊讶的，还以为这是案主"第一次搞"，其实是她第二次吸了。后来案主就"跟他们一起玩了"。

2011 年夏天，男朋友被他父亲举报吸毒，然后警察问他跟谁一块吸的，他就把案主说出来了。那时候案主还在上班，警察就直接去案主工作的地方把她带走了。男友的父亲应该早就知道儿子吸毒，暗示过几次，但他一直不务正业，还把车给卖了，一气之下父亲就把男友举报了，但男友的父亲没想到案主也跟他儿子一块吸。吸毒后，案主跟亲戚、以前好友的联系都淡了，觉得心虚，不好意思。

2011年9月，第二次进局，案主的父亲去接她，跟她说有两个选择，一是从此断绝父女关系，二是离开县城出门去。案主表示自己肯定选第二个了，小县城里，什么事都知道，案主的爸爸估计觉得不好意思，案主也觉得再留下来没脸见人。然后案主就去了温州，以前的一个闺密那儿，在那儿打了两年工，没有吸过。

2014年，回了县城，发现前男友有了新女友，心理很不平衡，伤心，觉得自己无用，就复吸了。本来准备回来跟闺密合伙开店的，但是钱挥霍得太快，没有资金了。2015年，积蓄用完了，找母亲要钱，母亲不给，案主就找闺密借，继续玩。

2015年夏天，案主没钱了，想过戒毒，但是怕闺密、父母、警局知道，不敢寻求他们的帮助，每天担心、着急、害怕、恐慌、空虚。

关于找工作，案主表示自己好高骛远，不想打工，嫌钱少，看不上。骗家人说出门打工，拿了1000元，但就在县城藏着，又交了个男朋友。

2016年9月，第三次被拘，哥哥和闺密来会见，跟案主说这次要强制戒毒两年，案主听说这个消息时，很崩溃。后来第二次哥哥和妈妈一块来会见，案主却没见。11月1号，案主被送来了武汉进行强戒。

案主表示自己吸毒了之后十分孤僻，内向，不爱跟人交流，还会出现幻听、幻觉，感觉有人跟踪她，要杀她。手机铃声响，便感觉是警铃在响，是警察来抓自己的。

个案4

访谈对象：YXQ（简称为Y）

出生日期：1991 年

访谈时间：2016 年 11 月 23 日 15：00～16：00

L：你好，我是华中科技大学的，我们现在在做一个关于吸毒和流动经历的研究，所以想跟你聊一聊。

Y：好。

L：谈谈你的流动经历、吸毒过程，顺着记忆讲就行。

Y：14 岁辍学，在家跟着妈妈做生意，16 岁能办身份证了，就跟认识的网友去宜昌打工。他给我介绍去酒吧工作，干了半年，不是上班就是睡觉，觉得很累，就没上班了，天天跟他在外面玩。过了两三个月，觉得这样不好，就去找了个工作，在内衣店，蛮充实的。爸妈叫我回家去，我不想回去，那时候叛逆，想自由一点，就一直在内衣店做。22 岁时，父母叫我回去相亲，自己想多玩几年，我性子自在，不回。家里人就说我爸出车祸了，把我骗了回去。我回去后发现我爸根本没事，就很生气，气他们怎么能随便说这种事情，第二天我就回了宜昌。刚好他（前面提到的网友）那段时间失业了，我因为家里的事心情也不好，两人就相处得比较多，然后在他的关心下，就确定了男女朋友关系。后来有一次，有个朋友生日，晚上到酒店里，朋友拿出麻果和瓶子，说这个最近很流行的。我和男朋友那是第一次吸。

L：第一次吸是个什么感觉？

Y：一种飘飘欲仙的感觉，两天睡不着觉，很累，眼睛很累，但是很兴奋，睡不着，没胃口，吃不下东西。

L：那时候知道这个是毒品吗？知道这个是违法的、会上瘾的吗？

Y：那时候不知道这个是毒品，但感觉这个东西不对劲。三四天后，朋友又约一块玩，我问他们才知道这是毒品，是犯罪的，我问会不会上瘾，他们说不会。我半信半疑，有点侥幸心理，认为没事，就又吸了一次。后来遇到不开心的事，就会去吸。

L：为什么有不开心的事会想到吸麻果呢？

Y：搞了麻果，就不会去想别的，专心做一件事，比如打游戏。我前一年吸的比较少，差不多半个月一次，那时候有工作。

后来人越来越懒了，就把工作辞了，专心玩，一个星期吸个两三次。

L：那你男朋友呢？

Y：他好一点，他还要上班。他也说过让我少吸点，慢慢戒，因为他也吸嘛，知道这个一下也戒不掉。我们也尝试过，有一次有一个月都没吸了，后来因为两个人吵架，心情不好，他打电话让人送来一点，两个人就坐在屋里，各吸各的，冷静下来，谈谈心。有一段时间，天天搞，从110斤瘦到了80斤。

L：你们都是怎么被发现的？

Y：第一次是住在出租房，白天休息，晚上玩，太吵了，邻居举报我们，警察来了，我们开门，桌子上就摆着瓶子，就被拘了。本来是被举报扰民的，结果是由于吸毒被抓。那次出来后想过戒，但朋友一叫，就一块去了，不能不给朋友面子。

第二次是朋友过生日，到酒店玩，遇到查房的，就被发现了，又被拘了。出来后想戒，意识到要脱离这个圈子，但男朋友不想，就算了。

第三次是在家睡觉时，男朋友上班去了，我接到朋友电话，叫我出去玩。我刚到酒店，还没开始，又遇到查房的，当时检查有没有吸毒的，因为我平时就吸，所以也是查得出来的，然后就跟朋友一块被抓了。这次被拘了十天，在宜昌强戒二十多天，然后转来女所。在宜昌的时候，因为知道我被抓了，男朋友特别烦躁，溜果子，应该是被人举报了，也被抓了，转去沙洋县。

L：新型毒品一般会对神经有影响，会出现幻觉，你呢？

Y：你是说"岔道"吧，我没有过。我觉得这看个人，不要总胡思乱想，不去钻牛角尖想事情，就不会有幻觉。我觉得我吸毒后，脾气蛮大，身体还好，精神状态也还好。来这里也挺好的，借这个机会，可以有些改变，把身体养好，把脾气改好，感恩父母。以前总不接家里电话，还总是挂他们电话，现在想这样不好，挺不孝顺。上次接见日，姐姐来见我，转告我父母的话，没有一句责怪我的，就叮嘱我好好的，出去别再吸了。他们这样让我更内疚，想拿出行动来回报他们。

L：拿出行动？什么行动？

Y：就是在这里好好矫治，出去后不会再吸了。

L：家人是你最大的支持，在这里好好的，戒掉吸毒，回报爸妈。

Y：谢谢。

个案5

访谈对象：LY（简称为Y）

出生日期：1982年

访谈时间：2016年11月30日上午10：00～11：20

L：你好，我是华中科技大学的，听谢老师说你在你们班表现很好，所以就想跟你聊一聊。

Y：好。

L：先简单介绍一下你自己吧。

Y：34岁，重庆人，大专毕业，十八九岁开始吸食海洛因。2009年结婚，想要个孩子，就没吸了，怀孕后，来到了黄石，想换个环境，自己戒毒，这几年都没吸过。

L：那后来怎么复吸了？

Y：也是跟我老公吵架，心情不好，就去买货。我才买一次，第二次就被抓了，被拿货的人举报了。

L：被拿货的人举报？

Y：嗯，他们做这种交易的，肯定是跟当地的警局有联系啊，警局要抓多少个人，每个月都有任务量的，我刚好遇到他们要交人的时候，我是个新人嘛，又不是本地人，他们当然就把我交出去了。

L：什么时候来的？现在在做什么？

Y：4月份来这儿，刚来在三大队，6月到一队，做电脑内接线，目视。

L：你们每天的安排，时间表是什么样的？

Y：早上5：50起床，6：00点名，安全员分班打开水，洗漱，整理内务，吃药；7：30站队，去吃饭；8：00～11：30上工，然后吃午饭，回来休息会儿；下午 13：30～17：30 上工，下工后，吃饭，回到住的地方，按班洗漱；21：30 点名，休息。

L：你们晚上回来后到休息前这么长时间都干什么？

Y：干部会下载一些电视剧给我们放，像之前给我们放最近热播的电视剧《锦绣未央》，这两天换成跳操，让我们也锻炼身体。

L：放什么是怎么定的？你们可以选吗？

Y：这哪能自己选啊，都由干部决定，干部下（载）什么，我们就看什么。有时一个电视剧还没放完，干部换别的了，我们就得看别的。

L：你们大队有哪些干部？都是负责什么的？

Y：有一个大队长，三个副队长，每个班还有班主任，还有一些警官。三个副队长，一个是负责管理教育的，一个负责生产上工，一个负责生活卫生方面。班主任就负责各班的管理。

L：你刚刚说，由安全员打开水，安全员是谁？

Y：安全员就是表现比较好的学员，劳动、做卫生积极，服从安排，不吵不闹，会事。我们队有 9 个，她们不用上工，白天休息，晚上值班，协助干部管理。

L：在你们大队，除了安全员，还有别的哪些岗位？有多少人，负责做什么，是怎么选出来的？

Y：安全员都是干部选的啊，是管理教育科决定的。每个大队有一个车管，负责车间的生产，计算每天每个人的工作量，协调人员，巡视工作，由管生产的队长指定。还有五个生产小组长，管车间的纪律，维持秩序，督促完成工作量，这个与干部交流很多。每班还有班长，与班主任沟通，以身作则，管理班级。小组长都是班长，所以有时候就叫班组长，但班长不一定是小组长。每班还有副班长，负责生活卫生方面，比如每个月统计购物的。

L：你们是每隔一段时间选一次，还是一旦选上就一直担任？

Y：一旦选上就一直做，直到解教走了，然后再选一个人接替她。

L：那她们都是怎么选出来的呢？

Y：都是干部选的啊。

L：都是干部直接任命的吗？你们有没有竞选、推荐，或者考核之类的？

Y：也可以推荐或自荐，比如有个人走了，有个位置空出来了，干部也会问有没有人想做，你要是觉得自己可以的话，也可以推荐自己，然后干部们会考察，觉得你可以就会让你做。有时候也有学员推荐，比如哪个安全员要走了，她可以跟干部推荐她觉得哪个人可以，有时候比如我跟你是老乡，你表现又可以，那我可以在干部面前举荐你一下，但还是得干部考核。

L：你们购物是多久一次？

Y：购物每个月两次，我们有一个定点的超市，由超市那边提供购物清单，标的有哪些东西，多少钱，我们要买什么，报给副班长，她统计好，交给干部，统一采买。

L：那你们如果有经济能力，在这里也可以过得不错哈？

Y：嗯，食堂也可以订餐，每天固定的那些东西是不要钱的，如果你想吃好点，可以自己订。比如说，每天早上是稀饭和咸菜，这是不要钱的，都可以吃。如果订餐的话，比如星期一早上是炒面，星期二早上是鸡蛋，星期三早上是包子，你想吃哪个就订哪天早上的饭。这是一个星期统计一次，每顿饭都是固定的，你想吃哪个就订哪个。

L：你在这里最大的感受是什么？

Y：想孩子，想家人，自己下决心，出去后再也不吸了。刚来的时候，情绪很不稳定，天天想我儿子，想着怎么出去，想找人把我弄出去，后来自我调节，慢慢就稳定了。

个案 6

访谈对象：WYJ（简称为 W）

（河南人，还有两个多月出所）

访谈时间：2016 年 11 月 30 日 14：10 ~ 15：30

L：你好，我是华中科技大学的，我们现在在做一个关于吸毒和流动经历的研究，所以想跟你聊一聊。

W：好。

L：你的流动经历是什么样的？

W：十三四岁父母离异了，然后我就跟外婆住在一起。15岁跟朋友来湖北仙桃，在一家足疗店里工作了两年。然后妈妈支助，姐姐协助，在苏州开了个小饰品店，半年多后，不赚钱开不下去了，关了店子。之后又回到仙桃，找了个男朋友，吸上毒。

L：第一次接触毒品的经历？

W：那时候我18岁吧，在宾馆，朋友生日聚会，有很多人，有吸K粉的、溜果子的、玩冰毒的、吃摇头丸的。朋友给我了个摇头丸吃，然后吸了点K粉，又溜几口果子，一样试了一点点。当时就觉得好玩，感觉轻飘飘的，脚不着地，脸通红，几天没睡觉、没吃饭，就打牌、做卫生、玩手机、化妆，三天瘦了七八斤。三天后的晚上，朋友开车一块去武汉接人，来回路上四个小时一直在摇头，就是车上开着音乐，听到音乐我就控制不住跟着音乐一直摇头。回来后，人觉得很轻松，走路脚着地了，感觉特别饿，身上酸痛。后来朋友聚会就一块玩，有烦心事就溜果子，就没那么痛苦了。后来吸多了就没第一次那种不适应感。

L：第一次接触时，对毒品有多少了解？

W：知道是毒品，朋友说不会上瘾，那时只知道海洛因是毒品，会上瘾。自己玩时，想着反正不是海洛因，不会上瘾，依赖性不会那么强。就当减肥药，没把它当毒品，不知道会被拘、被抓。被拘、被抓后，想过不吸了，但是朋友一约，又去了。

L：那这一次呢？

W：之前就觉得跟朋友一块玩，自己没有那个毅力不接触毒品，这次出去后，妈妈来接我，去北京，换个环境，重新开始，还是怕这里的生活。

L：为什么怕这里的生活？

W：失去自由啊，你想啊，这种集体生活，不能想做什么就做什么，要服从集体的安排，上个厕所都要受到限制，要排队。

L：在这里，你印象最深、感受最深的是什么？

W：跟亲人的感情拉得更近。以前总觉得妈妈烦，啰唆，管得太多，后来觉得很亲切。想家人，每次打电话都打给妈妈。在这里感觉也学了挺多东西，如何跟别人打交道，控制自己的情绪和不满。以前都是不顾及别人的感受，想怎么样就怎么样，很任性，现在不能这样了，在这里乱发脾气、跟别人吵是要扣分的，学会了控制自己。

L：控制自己的不满，是对这儿的管理不满吗？

W：也没有，现在想想，人在其职尽其责，她们在那个位置，就要做那些事情。有些安全员行为有些嘚瑟，但也没有不满，也能体谅吧，就做好自己的事。

L：你闲余时间都干吗？除了每天上工，晚上空余时间也很多。

W：我们有兴趣小组，刺绣、跳健身操、画画、瑜伽。有星期表，想参加哪个就报名。可以在有限的种类里选择，如果有意愿，也可以自己跟干部提出新种类。

L：你吸了有十年了，感觉吸毒对自己的健康有什么影响？

W：记忆力减退很明显，记不住号码，有时别人刚说的事，转头就忘了。还有脾气变暴躁、急躁，难控制，这是长期的影响。不过我从没岔道过，这是看个人吧。

L：能不能请你帮个忙？因为我们要做有流动经历的吸毒研究，就像是你这样的，你能不能给推荐几个符合条件的人？

W：曹××的经历跟我很像，还有孙××，也是流动吸毒的。我建议孙××吧，她是结过婚有孩子的，跟我们又有点差别，你可以问问她。

L：嗯，好的，谢谢。

个案7

访谈对象：X（简称为X）

出生日期：1989年

访谈时间：2016年12月7日14：10～15：40

L：你好，我是华中科技大学的，我们现在在做一个关于吸毒和流动经历的研究，所以想跟你聊一聊。

X：好。

L：简单介绍一下自己？

X：家是宜昌市秭归县，2015 年 10 月来的，2016 年 3 月当上班长。

L：你的流动经历？

X：1998 年去广东深圳打工，2008 年回来。

L：第一次吸毒经历？

X：朋友开卡拉 OK 的，刚好我那两天有些生病，难受，朋友说搞两口就不难受了，我就吸了两口。那时候十七八岁，在家里，读中专。

L：那朋友是什么朋友？

X：男朋友，刚开始我不知道他吸毒，他问我说，"我吸毒你信不信"，我说不信，然后他又说可以为了我戒毒，当时我就想，不是说毒很难戒吗，他都愿意为了我戒毒，那肯定是还不错的，就在一起了。

L：有没有被拘过？

X：1998 年第一次在宜昌被拘了三个月，那时还没有强制，就是劳教。出来后就出去打工了。

L：那你从 1998 年到现在，中间有没有没吸过？

X：从来没有戒过毒。

L：你在三队，刚来的人里面，有没有反抗的？

X：有，吸新型毒品的，像麻果，就容易岔道，对脑子损伤大，精神有点不正常。

L：新人的人际关系怎么样？

X：人都是有感情的，有班长关心，干部安慰，都还好。

L：有没有特别难开导的？

X：有的人特别敏感，遇到一点小事就很纠结，就很容易钻牛角尖，我身处班长这个身份，就努力去开导她。察言观色，对什么人，说什么话。不行还有干部，干部都是学过心理学的，说话比较有用。

L：刚开始当班长，有没有不适应？

X：我人性格软，不喜罚，但对新人，有些事不得不做。现在当班组长，事更多，有委屈。

　　L：在这里有什么委屈？

　　X：当个班长，班里人做得不好，不能说不能骂，要慢慢开导，还有上面干部说做得不好。

　　L：那为什么还要当班长？

　　X：想早点走，减天数。

　　L：你劝导人都是怎么劝的？

　　X：劝人就劝"争个嘴划算吗？为了说这一句话，扣两分，评个 C 等，减不了天数了，来这里不都想早点出去，忍一忍"，鼓励和劝解都是以表现好、减天数、早点出去为激励。有时候，在里面也想着不吸了，但出去后谁能预料到，有些事不是自己想戒就戒的，除非是别人在你面前搞你都不想搞。

　　L：班里，你管这管那，约束她们的行为，有没有人不服？

　　X：班长就是监督，有规矩来约束。像有些人，就控制不住自己，比如有个女孩，天生就嗓门大，说着说着声音就控制不住了，这时候就提醒一下。

　　L：班里矛盾多吗？

　　X：班里年轻的小孩多，吵闹，就提醒安静些，没什么大的冲突。比如有的借个东西不借，就生个小性子，我就当个中间人，哄一下。处理不了的事，报告给干部，比如吵架，班主任会一个个谈话开导，但这样的情况不多。

　　L：你们每个月评等级，会不会有争论，比如凭什么她拿了 A 等我就拿不到？

　　X：没有，比如快手，很明确，你做得快，完成数量多，那你就拿 A 等。有时候有个事，扣了分，当时肯定不开心，后来想想确实是自己做得不对，就没什么了。

　　L：班长、组长等都是怎么选出来的？

　　X：各方面考核，干部觉得可以，试用一段时间，可以就继续做。要服众，做得好，干部才会选。

　　L：会不会有人有意见，但没说？

　　X：可能有人不好意思说，避讳，可以写日记，跟干部直接反映。

L：车间工作怎么样？

X：我觉得还好，工作量不大。有人实在不适应某项工作，可以申请调换。在工作时，感觉时间还过得快些，赶紧做，然后出去。

L：你们有聊到出去后干吗吗？

X：聊啊，说到出去，都很开心。有些就说出去后结婚，不搞了，好好找工作。当然也有说出去后找个地方继续吸的，反正我是不想搞了。

L：为什么不想搞了，你接触有快二十年了，以前从来没有戒过，为什么这次说不想搞了？

X：身体受不了，怕失去家人，自己蛮自私的，对不起家人。我觉得这里的干部蛮关心人，有人有什么想法，干部就谈心开导，是真的关心人。我以前都没有这种想法，就是在这儿才想不吸了。

L：你们对这里的管理有没有质疑？

X：没有，没有规矩怎么成方圆。这里的人其实都蛮聪明，都在社会上待过，知道该怎么做，学规矩，把自己做好。

L：有没有接见日没人来看的？

X：有，一般是家距离远，来一次不容易，就没有来看。很少有家人完全不管不顾的，干部也会劝导亲人。

个案 8

访谈对象：SFY（简称为 S）

出生日期：1986 年

（新疆吐鲁番人，2015 年 12 月进所）

访谈时间：2016 年 12 月 14 日 10：20 ~ 11：20

L：你好，我是华中科技大学的，我们现在在做一个关于吸毒和流动经历的研究，听谢老师说，你是新疆的，那你怎么到这儿来了？还染上了毒品？

S：初中毕业后，十六七岁吧，就没上学了，在家待着。18 岁时，在家结过一次婚，家人介绍的，没感情，一个月内结婚、离婚手续都办了。然后就出社会，打工，在酒店当服务员，接触了一些社会朋友，染上了毒品。20岁时，跟朋友来武汉黄石玩，在这认识了一些朋友，给介绍了工作，就在这边打工。家里人不知道我到这边，我跟他们说我在乌鲁木齐找了个蛮好的工作，工资待遇挺好。之后就在黄石打一段时间工，回家待一段时间。在哪儿时间都不会超过一年。在家里都不会吸毒。从家里都是自己跑出来的，那边对女孩管得比较严，不让出来，我偷偷地出来，家里不知道我在这边结婚，知道了还不打死我，生了孩子后才知道。我是生了孩子后才领的证。

L：家里人后来是怎么知道的？

S：老爸来找我，我抱着孩子去接的，他才知道。（停顿了一会儿，想了想）在这边被拘过一次，好像把什么东西寄到家里去了，老爸来找我。家里人不认识汉字，以为我被抓了，坐牢了，我爸要去派出所找我。

L：没有提前打电话问问吗？

S：我不接他电话啊，不好意思接。后来，他在火车上，借了旁边人的电话打给我，我看是黄石的号就接了，然后对方说我爸在他旁边，我跟老公就去火车站接他。他真是气坏了，看到我当时就哭了。以前从没见他哭过，看到他哭，心痛死了，送他的时候也看到他哭了，想跟他回去，但是孩子小，走不了。这次见他，感觉他老了好多。因为怀孕，我好久没回了，对不起家人，不敢接他们电话。跟汉族人通婚，他们肯定是不会同意的，就算怀孕了，家人也不会同意我把孩子生下来，民族有限制，再说生活习惯都不一样。后来2015年3月，老爸生病了，我回去了一趟。

L：后来跟家里联系多吗？

S：那次老爸来找我之后，就经常跟家里打电话，有事也打，没事也打，反正已经知道了，没什么不好意思的，也好久没跟家里人联系了。之前是不敢面对，怕，后来反正也知道了。老爸来那一次就想跟他一块回去，但孩子小，没办法，就经常打电话。

L：家里人知道你吸毒吗？

S：（摇头）连吸烟都不知道，更别说吸毒了。那不行的，家那边连吸烟都看得蛮严重的，一个女孩子，这样不行的。再说，我已经给他们添了这么多事了，不能跟他们说，他们接受不了，不敢说。只有一个妹妹知道，帮我在爸妈那边掩护一下。她也是一直打电话给我老公问，没办法才跟她说的，也需要她在我爸妈面前说我挺忙的。

L：第一次吸毒经历是什么样的？

S：在我打工那会儿，朋友带我去 CJ 玩，乌鲁木齐旁边的一个地方，玩了几天，去了朋友的一个朋友家里，我不认识，他们在玩冰毒，问我尝一尝吗，我就试了。当时对海洛因有一种恐惧，知道海洛因是毒品，危害大，在外面听得多，知道得多，听说谁谁打针打死了，谁吸得比较多，对海洛因很害怕，不敢碰。但是冰毒这玩意儿没听过，也没害怕，就跟吸烟一样，也没什么瘾。反正不是海洛因，当时就想这么简单。我接触那时还早，这些都刚开始，我们那边才有冰毒、麻果，不了解，不知道会这样。那时有挺多海洛因的知识，所以不敢碰海洛因，害怕。如果当时关于冰毒、麻果知道这么多，我也不会碰。蛮后悔。

L：那你后来什么时候知道的，为什么还吸？

S：在黄石之前就在包厢里玩的，后来要藏着玩，因为后来管得严了。但是对我没有多少波折，就没太大感觉。

L：你这个吸毒对你怀孕有没有什么影响？

S：怀孕的时候，都没吸，那时候想都没想过，就算摆在我眼前，我都不想。那时候连烟都没吸，我老公在我旁边吸烟，我都让他走开，不要在我身边，会影响到孩子。那时候也下定决心不玩了，也都没碰过，后来生完孩子后，发胖得不行，又吸了。现在想想，也是一种借口，怎么不用别的方法减肥？

L：为什么不用别的方法减肥？

S：不知道，想吸，估计是这个原因吧。现在被抓了，安心了，后悔也来不及，被抓也是件好事吧，现在就想出去后再也不吸了。一年了，一年没见着孩子了。

L：觉得这一年过得怎么样？

S：怎么说呢？（想了有一分钟）感觉没有白来。出去后，想到会有这种后果，为了孩子，估计再也不会吸了，离开孩子真的不好。在这里才知道，麻果、冰毒这些比海洛因对人影响更不好。

L：在这里上工怎么样？辛苦吗？

S：还好，就是觉得有些憋屈，上厕所、洗澡……怎么说呢？就是不像家里，想吃就吃，一盆水就两个人泡脚，这里一盆水要洗全身。现在习惯了，蛮充实的。一盆水洗澡，蛮不爽的，但想着谁让我吸毒呢，受点罪是应该的，如果自己不吸，怎么会来这里呢，这是自己的错。这里有什么需求，都会尽量满足，我是少数民族的，饮食不习惯，这边都会注意。

L：你觉得这是一种惩罚，有作用吗？

S：我觉得作用蛮大。以前怕海洛因，就不敢碰，现在知道冰毒、麻果对人影响很大，以后也不会再碰了。而且这里的生活苦、憋屈，不想再来了。最主要的是，不想再跟孩子分开，两年时间，说起来也挺长的，在孩子成长最关键、最需要我的时候，我都不在身边，她爸爸也不在，蛮对不起的。

L：以后出去了有什么打算？

S：我想开个店，卖一些我家里那边的东西，先卖些干货啊，然后再慢慢铺展开。

L：哇，挺好的，刚好你有那边的资源，把它用起来。

个案 9

访谈对象：WXN（简称为 W）

访谈时间：2016 年 12 月 21 日 14：25 ~ 15：40

L：你好，我是华中科技大学的，我们现在在做一个关于吸毒和流动经历的研究，所以想跟你聊一聊。

W：好。

L：先自我介绍一下吧。

W：我是四川平昌江口镇的，我叫 WXN，2015 年 4 月 29 日来的。

L：你的流动经历？

W：2008 年，我二十（岁）多一点，到孝感，男朋友开理发店，我在店里帮忙。

L：为什么去孝感？

W：我小姨在孝感卖水果，让我过去帮忙看店。

L：你去孝感前在家做什么？

W：在家没事。妈妈在家开小卖铺，我帮忙看个店。小姨蛮忙的，她有两个水果店，让我去帮个忙。

L：你男朋友呢？

W：男朋友开理发店的，来往的人比较多，认识的人也比较多，也接触一些吸毒的，慢慢地我就认识了。

L：你男朋友吸毒吗？

W：他不吸毒。就很多玩的人经常去他店里剪头发，我也经常去洗头，然后我就认识了那些人。男朋友最讨厌我吸毒。

L：男朋友知道你吸吗？

W：男朋友不知道。那时候男友说，反正我经常去他店里，就在他店里帮忙吧，时间长了，我也没事，就跟那些人出去玩，KTV、跳舞、嗨，慢慢就吸上了。

L：吸上了？

W：刚开始就在 KTV，只打 K 粉，慢慢地就溜麻果。

L：你第一次吸毒时的场景，还记得吗？

W：有天晚上，在 KTV，嗨嘛，好多人都打 K 粉。他们说不会上瘾，然后我就跟着玩嘛，第一次还是蛮那个的，时间长了，还是上瘾。

L：他们有多少人？

W：他们也是蛮多人的，十几个吧，男女都有，都在玩。两千零几年，玩 K 粉的，还不抓。

L：你们在哪儿吸的？

W：包厢里，挺大的，孝感最大的一个包厢。

L：那些人你都认识吗？

W：基本都认识，因为有的是朋友带朋友啊，大多数认识。

L：你是怎么认识他们的？知道他们吸毒的？

W：他们经常去理发店，一去就是一群人，会谈论，好多喜欢去场子，就会聊那个。

L：聊哪个？

W：就是去哪儿玩啊，赌赢了多少，要不要调东西。

L：调东西是什么意思？

W：就是毒品，要不要从别人那儿调东西来玩。

L：你怎么知道他们聊的是什么意思？

W：男朋友会跟我讲啊，说他们是玩那个的。

L：你男朋友也认识那些人？

W：嗯，他认识，他在孝感都做很多年了，他做头发做得好，很多人都喜欢去找他。

L：你男朋友为什么不吸呢？

W：他不吸，他很讨厌这个。有一次，我去跟他们玩时，他知道了，去找我，当时他们正在溜果子，瓶子就摆在桌子上，他过去把瓶子都砸了，把我拉出来，他很生气，蛮生气的。

L：你是第一次跟他们去玩就吸了吗？

W：没有。刚开始出去玩，他们吸，问我有没有玩过，我说没有，他们也没有劝我，没非让我玩。后来跟他们去玩多了，看他们觉得好像还挺好玩的，就吸上了。后来，我男朋友知道后，他把孝感的店转了，让我跟他去广州，刚好他有个朋友在那边开理发店，让他去当店长。去那边待了两年，都没吸。后来他家里人让我们回来结婚，我那时太胖了嘛，要结婚了，就又找以前的朋友吸了点，想瘦点。

L：你刚开始为什么没跟他们吸？

W：刚开始心里面还是害怕。

L：害怕什么？

W：怕男朋友知道啊，毕竟是毒品，反正就是害怕。

L：当时知道是毒品？有多少了解？

W：了解不多，听说有时候会岔道，有时会有幻听，别的我也不是很懂。

L：那后来怎么又吸了呢？

W：因为时间长了嘛，看他们摇一摇就醒了，因为玩K粉，嗨一下就醒。时间长了，对他们也有一些信任。

L：当时没想到你男朋友吗？

W：当时玩得有点疯，朋友说，少玩一点，第二天就醒了，也看不出来。男朋友对我也比较信任，不会怀疑我去玩这个东西。

L：你第一次玩是谁出的钱？

W：别人请我的。

L：谁请的？

W：就是他们在场子上的人，赌博的，每场会先抽一些出来，看晚上玩要多少钱，就抽多少。

L：相当于那些赌博的人共同出钱买的？

W：是的，是的，相当于公家的钱。我那时吸基本上没出过什么钱，都是别人请的，跟他们那群人一块。

L：你小姨呢？她也不管你？

W：我跟我男朋友在一块后，我小姨刚开始还说我一些，后来跟我男朋友接触多了，也都认识了。我小姨对我男朋友还是蛮放心的，还让我去男朋友理发店里帮忙。后来我男朋友跟我小姨说了，因为理发店要转了，我男朋友说干脆到广州换个环境去。

L：你小姨知道你吸毒后是什么反应？

W：说我一顿啊，正好我男朋友说换个环境去，我小姨也没反对。

L：你那时候知道他们吸毒，为什么还跟他们一块去玩？

W：那时候对K粉还不太了解，就看他们吸完了就跳舞啊。而且玩的时间长了，我觉得他们那些人挺好的。

L：你男朋友知道他们吸毒，没阻止你跟他们玩吗？

W：我是背着他跟他们一起玩的。那时候我还住在我小姨家里，我跟他说我回我小姨家了，然后就跟他们一块去玩。我是背着他去玩的。

L：你那时候知道他们吸K粉，为什么还跟他们一块去玩？

W：他们吸K粉的，那时候也没这时管得严，就像是现在吸烟一样，那时候，就是开着门吸都没事，这两年抓得紧了。

L：你觉得导致你吸毒的因素有哪些？

W：以前也是太不懂事了，呃，对毒品不了解啊。就是像现在长大了，像我爸妈身体也不太好，继续玩下去挺伤害他们的，还有我老公，他对我真的挺好的，也对不起他，就是挺不懂事的。

L：如果你是在家里接触到了吸毒的那些人，你会去玩吗？

W：在家里面的话，就不会出去玩。我家族比较大，我家之前在农村，亲戚很多，就这样的事，担心叔伯们会看笑话，说我家没教好、没家教啊。我还挺怕现在回去后，怕我爸妈伤心。我爷爷以前是地主，家族蛮大的，奶奶她们会说我妈没管好，我爸自尊心很强，怕他们会伤心，都有点怕回去。

L：你吸毒还有这两年的强戒，也算是一个很独特的经历了，经历了这些，自己也应该有些成长了，不管你出去后是怎么选择，回家还是跟你老公继续一块，以后再考虑事情多想想他们，对自己负责。

W：嗯，是的，谢谢。

附录四：社区戒毒工作实录

访谈时间：2015 年 5 月 14 日

访谈地点：硚口区竹牌社区

访谈对象：刘社工（S）、社区吴书记（W）、于警官（Y）、胡主任（H）

L（刘老师）：硚口企业这么多，没有投资戒毒人员再就业工厂的吗？

S：汉正街这边寸土寸金，房屋租金太高。我们社区目前的房子还是之前农民工盖的板房留下的，经过再装修才是现在的样子，办公区域都这么紧张，没有地方用来办再就业工厂。不过，我们尝试分散就业，给戒毒人员介绍就业信息，包括家人的就业等。其实他们很希望通过政府这个渠道改善自身的状况。

L：社区目前在册吸毒人员有多少？

W：吸食传统毒品 17 人，新型毒品 11 人，共 28 人（不包括已经死亡的 2 人）。近年吸食传统毒品的比较少，吸食新型毒品的比较多。吸食传统毒品的大多 30~40 岁，吸食新型毒品的 20~40 岁，其中 20 多岁的是主体。

L：社区对这 28 人如何监控？

W：社区资源有限，我们更多的就是密切关注，提供一些帮助吧，而且很多并不配合，他们家庭关系一般都不好。其中离异 4 人，未婚 9 人，维持夫妻关系的家庭也不和谐，一般靠亲戚维系（补贴生活费等）。19 名已婚的家庭中基本都有子女，读初中、高中较多，也有读大学的，其中有名叫 LHF 的之前受到温家宝总理的接见，现在在融威押运后勤部门工作，算是戒毒比较成功的案例。其实戒毒也可以成功，主要看不同人的情况采取不同措施，家庭的稳定最重要。

L：社区这边吸毒史什么情况？

W：吸食传统毒品的 2000 年前后较多，新型毒品在 2006 年之后开始。总体吸毒在 1997 年之后增长迅速。目前社区大多吸毒史都在 11 年以上。这些吸毒人员之前都是家庭条件很好、事业有成的人，很多生意老板，智商高，经济条件好。最差的当年开出租，也很不错了。现在都是住不到 20 平方米的房子，身体骨瘦如柴，已经垮了。

L：他们当年吸毒的原因是什么？

S：可能他们都比较具有勇于探索的精神吧，喜欢尝试新鲜的事物，而且不相信自己会上瘾。当时对毒品的管控不严格，获取比较容易，他们也买得起，即使罚款也不在乎那点钱。有个人盖好房子后还用毒品庆祝。2000 年后毒品价格下降，吸食的人增多，尤其现在新型毒品价格便宜，几十块就能买到，后面打散了卖，零点几克都卖，吸食的人更多。

L：为什么用毒品庆祝？

S：第一，他们虽然很有钱，但是素质很低。当时起家比较容易，有钱就吃喝嫖赌。第二，也是受广东那边影响，当时和那边做生意，跟风严重，这些都是老板请客招待的常用方式，在他们看来有身份、有地位、有面子，很高大上。第三，也是年代的原因，改革开放后，一大批下岗工人，这些发家的老板大多在当时是两劳（劳改、劳教）、下岗、返城下乡、没文化的人，没事做都在汉正街这边摆地摊就发家了，可以说发家之前都是社会的边缘人员，地位比较低。

W：我们这边 80% 都是楼台社区，楼下都用来做生意的。

L：社区这边有美沙酮替代药物吗？

S：有的，吸食传统毒品的人都需要的。刚开始一天两支，逐渐减少。他们如果想喝就要来社区这边登记，再去拿药喝。需要自费十元。其实他们之间流行的话：有钱吸毒，没钱喝药。他们现在所谓的戒毒也不是指完全戒掉，包括替代药物，几乎不可能，只能说减少他吸毒的次数。能只喝美沙酮的就属于基本戒掉了。

目前社区主要有三个戒毒人员比较配合，他们自身的戒毒主观性比较强，家人也支持，社区这边就会尽力帮扶，不断地进行教育，尽量帮助他们申请免费的美沙酮。他们几乎每天都喝，也会定期尿检，基本都是阴性，他们也会偶尔给社区反映情况，我们现在能做的也只是树立一些典型吧，力量根本不够。

L：2008 年新型毒品怎么增多的？

Y：首先是贩毒的渠道基本相同，新型毒品大多来自台湾、香港，而且它的加工非常容易。以前都是靠人力贩毒，现在直接可以在内地开厂制毒，因为新型毒品都是化学合成剂，制作相对廉价又容易。去年我们硚口破获一个制毒大案，一个人在郊区租房顶楼自搭房造毒，还自制电梯。

其实新型毒品的危害更大，它隐蔽性很强，很多年轻人吸了很难发现，又好制作。现在的娱乐场所普遍都有，贩卖容易，大多靠闲散人员进来贩卖，老板基本不管，老板贩卖的比较少。这些贩毒的更多是以贩养吸人员，也有一些吸食传统毒品的人发现商机开始贩卖新型毒品。

L：他们一般都是怎么推销？

Y：大多在内部朋友圈子里，或者朋友介绍的熟人。有时候为了贩毒，会骗身边关系比较好的人吸毒，以此扩大自己的生意。

L：目前社区这边主动吸毒和被动吸毒的各占多少？

Y：其实吸毒的人大多是主动性的，比如现在的新型毒品是让你更兴奋的，很多人为了让你一直很嗨地玩，会告诉你这个没事，不会上瘾，其实它更刺激神经。

L：吸食新型毒品的人和 2008 年相比数据有什么变化？

Y：吸食新型毒品的人会集中找一个地方吸毒，汉正街娱乐场所少，大多数是跑到旁边去玩，而且发现三次才送进戒毒所，家里人很可能不知道。

W：现在有扩大趋势，有的麻将室看需要也会提供。有的赌场里甚至是免费的，因为新型毒品价格低，同时期传统毒品的价格也降低了，而且新型毒品发病时自己感觉不出来，是要吸食一定量之后才会产生幻觉。我们社区就有吸毒过量把窗户当成门走出去，结果摔下去的例子。

L：社区里首次吸毒的年龄多大？

Y：20 岁左右的多一些。

L：家里人知道他们吸毒吗？

Y：进过戒毒所的都知道，但是管不住，他们要钱会固定找一个人要。

L：进过戒毒所的有多少人？

Y：2 个，都是吸食新型毒品的，因为发现第三次才进戒毒所，大部分还是在社区戒毒。硚口区在下面建办公室，在社区下设戒毒康复站，街道那边不接触吸毒人员，康复站是配合戒毒法设立的，主要服务人群是强戒后、有疾病、头两次发现的人。

L：这些戒毒人员的就业情况怎么样？

W：很难，一旦有了记录很难就业，一般需要社区的工作人员和老板关系好，以个人名义做担保才能就业。

L：美沙酮作为一个替代性的药物，就算是 10 元钱也好，为什么不能免费推广呢？

Y：您过来调研我也呼吁一下，在人大在哪里能全面推广是最好的。我算过一笔账，按传统毒品来说的话，最多也不超过 10 万人，一天 10 块，一个月就是 3000 万元，政府负担得起。如果现在舍不得，但是会危害社会，破案、强制戒毒……

L：远远不止，光警力和社工就不得了，还不说其他的。

Y：这是一个方面，美沙酮现在都在精神病院，价格也是它定的，实际美沙酮要不了这么多钱。

L：这个美沙酮具体成本多少？

Y：具体成本不知道，现在就是说既然要戒毒康复、帮扶，很大一部分人他自己对自己也没信心。

L：戒毒人员自己也没有信心能改好？

Y：对，我到你这个地方来，你也没有任何药物，也找不到工作，也给不了钱，来了还要尿检，监督检查我，所以他们并不是很想配合，能够躲就躲。而且本身很多人也不住在这个地方，大老远跑过来什么也没有。

L：这 28 个人里一大部分不在吗？

Y：拆迁了，这里的房子卖了。这十几个人大部分人卖了。

L：是拆迁卖的，还是吸毒卖的？

S：吸毒也有卖。

L：因为吸毒卖房子的大概占多大比例？

Y：单身这几个，离婚的都卖了。

S：吸食传统毒品的占 80%，除非房子不是他的名字，只要是他的名字的绝对卖了。

Y：我们也不知道他们在哪里。流动性很强，只要去检查户口，第二天他就走了。他怕我们把他抓进来戒毒。

L：像这些人在别的社区偷盗被抓会通知我们社区吗？

Y：不会，偷盗你在哪里抓了就是走流程。直接拘留或者送去戒毒所。出来之后，戒毒两年后戒毒所会把手续寄给我们，但是人其实见不到，因为他不住在我们社区。

L：戒毒所不负责遣返，没有交接，人放哪里去了呢？放到社会上？

Y：放到社会上。有家人就通知家人，但是自己不愿意提供家庭信息。

S：另外一条路就是找政府申请廉租房。

L：28 人中申请廉租房的有多少个？

W：目前有 3 个。

L：拿到了吗？

W：拿到了，已经住进去了。

L：有 3 个拿到了，另外 25 个是？

W：我们这是申请了的都拿到了，再有就是没有主动申请的，或者条件不符合的。

S：有些人要躲着你，还有些条件不符合。

Y：比如没有离婚的，家里有房子，甚至面积还超过标准。有些身体条件符合强制戒毒的不敢来，怕被送进戒毒所。

L：好，吸毒的情况基本了解清楚了。我现在想了解下，因为我们社区是商业区的典型，青山是工业区，好多父母是在武钢里，子女吸毒的比例……80年代工人待遇还是不错的。我们这边就是两返人员经商的。

S：我们这边有老旧城区，有单位就业的不多。

L：对，和青山形成对比，我就想了解我们社区禁毒康复工作、娱乐场所，包括群众自发搞的一些聚会活动，这个毒品宣传我们是怎么做，包括青少年，特别年轻人是新型毒品受害主体，在宣传预防中你们推广的经验。

S：宣传和预防的资金投入不够，对于我们而言资金还是有限。我们倾向于广播，挂醒目的横幅、展报，包括一些讲座，这些成本低一点的。但是这些成本其实还是很高，我们"6·26"宣传印的宣传单，一张就是8毛，但是为了达到效果我们还是印了一千多张，这个对我们单位来说负担是很重的，这个是我们街道自己负担的，因为政府对禁毒的投入有限，我们只能是收取一部分资金来做这个工作，所以我们每年在戒毒上也有投入，但是达不到我们想要的那种效果。

L：你觉得现在普通老百姓知道毒品的信息吗？

S：基本知道麻果。

L：都认识吗？

W：都知道，因为我们社区里吸毒的人，还有党员代表也有宣传，也会到这里（禁毒图书角）进行观摩。虽然这都是假东西，但是做得跟真的差不多，基本上老百姓对新型毒品的了解还是比较多的。

S：我们社区还是政府投入大一点，像更老旧的社区的话，就没有这么好。我是根据我22个社区的经验，现在对于新型毒品认识不全面，就是知道，但是细分种类不知道。

W：我们社区是做得比较多的，正面的反面的案例都有，现身说法。

H：实际我认为毒品宣传应该像防火一样，要人人皆知。

Y：现在很多吸传统毒品的也转为吸新型毒品了。

L：是价格原因还是？

S：价格是一方面原因，还有一个是来源。

Y：新型毒品贩的人多，来源广，实际上它流行面更广，很多人觉得这是一种流行。

L：明知道有害为何仍要继续吸毒？

S：解释得通：快感。

Y：而且都会觉得新型毒品难上瘾，侥幸心理。他们还有个观点，觉得人生在世什么都要体会一下，有探索精神，公共场所都有警示牌，但是他还是要搞。

S：他已经吸毒了，无所谓的。新型的可能更过瘾，像他们吸毒的人除了毒品也没有其他追求了。

W：这个危害期很长，不是一下就能反映出来的。而且就像我们戒烟都很难一样，如果我没看见也就还好，看见别人吸就忍不住。

S：这个就是圈子很重要，环境对人的影响很大。毒友、毒源、贩毒的都不会放过他。

Y：回来了跟他说在戒毒所身瘾和心瘾都戒断了，就不要再吸了。但是过几天贩毒的一来又不行了。

L：也就是说在戒毒所是可以完全戒断的？

Y：其实生理的症状到戒毒所半个月就可以。

S：还有个深层次原因是卖毒的会找他，他也忘不了以前的快感。一个地区有很多人吸毒，意味着这个地区有人贩毒。

L：圈子间贩毒打击难度大，未戒所的未成年人也提到家人也会关禁闭，但是一出来就管不住自己了。我对毒源的控制有一个疑问，刚说的贩毒的不会放过他，那我们现在对贩毒的打击难度很大吗？贩毒者是怎么找到吸毒者的？销售渠道、货源从哪里来啊？

Y：分几层大大小小的毒贩子，货源，传统毒品的话从云南、缅甸带毒。我们打击力度算大的，抓到的贩毒很多，但是他们也坐过牢学过法，他一次出来只带一点点，哪怕多跑几趟就可以。

L：不碰上限？

Y：对，0.05克就是一包毒品，拘役3~6个月，第二次到10个月，之后有期徒刑半年，第四次有贩毒前科判一两年。所以现在大毒贩不出来，都是小鱼小虾。

S：这是抓得到的，还有抓不到的，现在有的搞老太婆来贩毒，七八十岁，有病的在家里卖毒。你抓了没有用，送不进去，因为她有高血压、心脏病，最多就是缓刑，在家继续卖。

L：一个是打散卖，一个是有病的？

S：家里子女吸毒，老太婆没办法，以毒养毒。个别也自己吸毒。

Y：我去年办的一个案子，现在老太婆已经死了，她的两个儿子、儿媳妇都吸毒，还有两个孙子上学，家里没有任何收入，只有靠卖毒养家里人。我们打击了都是取保候审，判刑也是监外执行，因为监狱不收。单我们辖区就有三个。

S：我们那边还有一个家里四个子女都吸毒，老太太自己也吸，反正你只要去她家肯定可以抓到，但是你拿她没办法。

Y：还有尿毒症的每天透析，他理直气壮地说没钱，靠卖毒治病。我们只能在他家门口守着，抓买毒品的人，但是不能根治，他一看你在那里就不来了，你一走他再出现。

S：他们对警察都很熟的，哪个是管吸毒的，哪个是刑警，比一般人熟多了。

L：反侦察能力已经很强了。

S：贩毒利润确实高啊，刚才说的老太婆家里这么多人吸毒，她还能在家乐福楼上买房子。

L：那这个利润很高啊！

S：她还是散户，要别人送货的。

W：我觉得这个违法成本还是低。

W：80年代改革开放这些东西都传进来了。

Y：就像云南那边进货的也很多，就像贸易市场一样。那边都是砖，纯货。抓到的多，但是那边监狱人满为患，减刑也快，有的都是以籍贯为单位送回内地关押。

S：只要放回来的，就是比他工作十多年还好，所以他愿意冒险。

Y：我们社区有人把房子抵押了去贩毒，结果就没有回来。当时要 40 万元，拿不出来钱就枪毙了。但是抓到的是少数，大部分还是没抓到的，抓到的多就没那么多人敢犯。

L：于警官你这个观点我很赞同，我原来在浙江监狱，也是这个道理，有些"二进宫"的我们很难理解，他们说你不懂，说自己是倒霉。抓住的还是少，抓住的判也不重。老太太是特殊情况，但是很多正常人的原因还是抓的比例不够高，抓住的是少数，大部分是获利的。

Y：打击力度也不够，抓住后判死刑的少，坐几年牢就出来了。

L：这也是一个社会性的问题，如果都抓监狱里面也放不下。国际上有个通用的规则，一般抓住一个背后有四五个隐形吸毒的，这个放在我们社区是否适用？

Y：我自己感觉没有五倍。

S：传统毒品没有，因为我们是老社区，大家都认识，你家有什么事都会互相说。但是新型毒品隐蔽性强，我们可能摸不准。

W：新型毒品不在家里吸，出去玩睡一觉就和正常人一样。

L：要钱的频率？

S：有些人有工作不存在要钱的情况。刚开始不需要天天搞，起码要几年后才会大量需要。

L：我们社区对娱乐场所怎么稽查？

Y：按照公安局没有成文规定，但有个精神，七八十年代开始，就说要发展经济，以前我们警察进各种娱乐场所消防检查、治安检查、随机尿检非常普遍，但后来风向就改变了，说是影响正常经营，就要减少，除非你有明确线索，不能地毯式地搞。

L：所以现在上面不主张去打扰服务场所营业？那有没有每个月的例行检查？

S：不能这样规定，只能说订一个时间，搞一次大规模的行动，可能是全武汉市、全区这样突击式的检查。

L：像我们前几年搞的戒毒会战，会战后还有没有娱乐场所涉毒人员的检查？

Y：最近几年还没有大规模的，但是有单位派出所在周边、散场了发现可疑人员检查。没有中断营业、地毯式的搜索。接到举报，或者重点关注对象到什么地方。

L：事实上这种原则化的销售方式，又熟人推销，这些人在娱乐场所我们是不是没有办法去监控他们？包括私人的 party？我在未戒所发现很多人第一次被拉下水就是私人的庆祝场合。这个确实可得性非常强。你们觉得在非正式场合对于毒品的控制有什么建议？

Y：如果经常性地检查肯定会有作用，现在他们没有任何顾虑。这个和国家执法思想转变有关系，90 年代娱乐场所请民警维持秩序，怕有流氓捣乱，到了现在都不欢迎民警了，自己请保安了，保安能有什么作用呢？不欢迎我们去可能是里面有不正当经营。他没直说不能检查，但是不能打扰正常经营，包括警车都不能停在门口，怕引起问题让群众觉得不廉政。

S：威慑力就没有了。

Y：其实如果允许警察进去转一转都有威慑力，而且吸毒的房间有果子的香味，时间久了是腐蚀性的臭味。

L：我现在就觉得预防我们做得还不够，尤其青少年这一块，初中、高中的学生对新型毒品知晓率很低。

S：学校不开这门教程，只重教学。宣传方面的投入也确实不够。

H：学校也会担心宣传会不会激发好奇心，有反作用。

S：组织学生看禁毒的科教片，比老师讲有用，我们这边很多这样的科教片。能不能纳入教程？

L：学校里就没有禁毒的科教片。可能是怕引起反作用，但是现在未戒所里越来越低龄化，而且比例上升快。很多人家里不愿意送来，能送来的都是家里实在没办法了，一般都是家里捂着。我现在掌握的是每年增长在 20% 以上。

S：现在人们对传统毒品的危害都很了解，新型毒品是 2008 年之后才流行开来，很多人，除非家里有人有这样的经历，都不知道危害有多大。

L：你们觉得在学生这一块有没有什么好的形式？

H：应该从小就形成这样的意识，政府只重视一天"6·26"，只重视、投入少。像社区给戒毒人员关怀属于事后的事情，禁毒社工都属于义工形式。

S：未成年人侧重边缘少年，单亲、溺爱，这种孩子任性要重点关注，老师要有这个意识，宣传要日常化，可以把禁毒纳入教纲，开展知识竞赛活动，学校是很好的宣传地方，把学生集中起来教育。但是现在的学校只重视高考，素质教育不能只为高考玩三年。这样孩子看社会都是好的，等真的进入社会发现太多黑暗面，我觉得应该从初三开始，改变为了考试读书的现状。

L：最后一个问题，想了解一下，康复站有专门的社工吗？

H：有一个街道的，就是刘社工。社区里面没有。经费落实不了，兼职的戒毒社工也没有补贴。

S：帮助戒毒人员的物资是从民政拨过来的救济里匀的，根据社区书记重视程度。国家没有专项投入。实际上有个两三份已经很不错了。

L：所以社区里对口的经费、人力都跟不上。

Y：没有什么资源，所以对戒毒人员没有什么吸引力。每次有部门调研，我都呼吁要免费普及美沙酮，而且最好由我们社区工作站掌握，这样有个机会和他们交流。

H：现在义工都是凭一颗朴素的心，为了社区居民好。社区作为基层组织对社会的稳定是做了相当的工作的，吸毒家庭总是有很多的问题，但很多时候心有余而力不足。

W：还是要抓源头，一个是货源，现在还是要加大打击毒源的力度，平时的宣传就是要从小抓起，现在的年轻人以后就是缉毒的主力。

L：新型毒品是一次上瘾？

W：新型毒品倒不会一次上瘾，但是它伤害身体。

H：我就呼吁把附近的小学生带来看看，根深蒂固，看到就知道是坏的。应该加强法制教育，学校力度还是不够。

L：对，包括很多重点中学都不谈，文化课都搞不过来。

H：戒毒法2010年实行，但实际投入和人员配置都达不到效果，政府投入不够。社区其实是受害者，他（吸毒人员）在外面成瘾了回到社区，社区人也有限，工作又繁杂。

S：缺乏专业的方法，都是个人能力，起不到深层次的作用。大部分对我们是反感的。很多父母不觉得自己孩子有问题。

W：怕影响孩子未来就捂着，问题越来越严重。

S：我上次在就说他们，问题不是个人的问题，是家人的问题。

L：事实上我们现在配套建设进度跟不上增长步伐，而且落差很大。

W：所以针对未成年人当时也提出来，家庭为先、学生为辅、社会为基础，三方面结合来进行规范教育。

H：所以毒品靠打击吸毒是被动的，主要是预防，主观意识要加强。

L：现在这个问题也确实很严重，武汉吸毒在册人员是排全国第五的，中部地区的集散地就是武汉。戒毒形势有点失控了，比全国都要快。我觉得美沙酮10元门槛应该取消，如果真的没有钱，他也会去偷去抢。包括社工数量和吸毒人员完全不成比例，这个问题很严重，一个孩子就是一个家庭，像那个老太太她只考虑自己的家庭，不考虑别人的家庭。所以这个问题做起来是非常有意义的。很多人觉得这些和自己没关系。

S：但若干年后这些阴暗面爆发起来就不得了了。

Y：你去没去职业学校调查？职高严重程度要厉害得多，当年没有新型毒品的时候就班级集体用安定，家长完全依靠学校老师的教育，学校风气坏，班级成风互相影响，学生成了社会破坏力量的后备军，十二三岁人生的起点就处在社会的边缘。

S：还有一种"3+2"教育模式也害人，职高要么不办，要办就好好办。

L：好的，谢谢几位，打扰你们工作了，这次收获非常大，更重要的是提供了职高这个新的思路。

后 记

　　笔者接触戒毒这一领域之后，首先是被大量吸毒人员的命运震惊了：不同年龄、不同职业背景、不同文化程度的群体均有涉及，但共同的命运是债台高筑、妻离子散，甚至家破人亡，个人生活陷入心瘾泥潭而无法自拔。但调查发现，大量的吸毒人员从接触毒品的过程来讲，具有一定程度的偶然性——或为娱乐，或为好奇，或为业务拓展，或被他人胁迫而不得已。也就是说，这些人群的问题不仅仅是他们自己的控制能力问题，更跟社会管理的一些漏洞有关。无论是这些吸毒人员自身，还是他们的家庭，特别是近几年年轻化、低龄化、高复吸率的毒品趋势，让这一问题成为中国新时代社会建设的一个巨大病痛。

　　从社会成本来讲，这些吸毒人员及其家庭的遭遇是中国社会建设与发展的高昂代价。如果我们对青少年人群牵涉毒品的过程研究得更为精细、清晰，如果对吸毒人群的戒治管理更为精准、有效，可以大大降低社会管理成本，并且有效提升社会安全系数，降低各种相关的社会风险，例如盗窃、抢劫、强奸等相关犯罪活动。

　　正是从建设新时代美好生活、和谐幸福社会关系、降低社会风险的角度出发，笔者带领团队成员六年来深入戒毒所、示范社区等进行调查，查阅国内外相关文献，在发表论文的基础上写成著作，以求教于学界，商榷于政界。

　　本著作系列调查与研究得到了湖北省戒毒矫治管理局、湖北省戒毒矫治研究会余平安秘书长，湖北省未成年强制隔离戒毒所程亮华所长、贾俊警官，湖北省女子强制隔离戒毒所毛静所长、欧阳代霞警官，武汉市硚口区汉正街道戒毒社工刘卉女士等多位政府公务人员的指导与支持。在这一系列调查、研讨、撰写等过程中，我们团队的社会工作专业研究生们付出了大量心血与汗水，他们分别是刘露、李钰娟、季小天、昝莹、魏碧、彭丹丹、张帆、辛嘉奇、尚鸣等。

感谢大家对中国戒毒事业的关注，感谢大家对本研究的全力支持！祝愿中国戒毒禁毒尽早取得预想效果！

刘成斌

2019 年 2 月 2 日

图书在版编目（CIP）数据

戒毒青少年 / 刘成斌，刘露，贾俊著. —— 北京：
社会科学文献出版社，2019.8
（华中科技大学社会学文库. 教授文集系列）
ISBN 978 - 7 - 5201 - 4913 - 6

Ⅰ.①戒… Ⅱ.①刘…②刘…③贾… Ⅲ.①戒毒 -
工作 - 中国 Ⅳ.①D669.8

中国版本图书馆 CIP 数据核字（2019）第 102101 号

华中科技大学社会学文库·教授文集系列
戒毒青少年

著　　者 / 刘成斌　刘　露　贾　俊

出 版 人 / 谢寿光
责任编辑 / 任晓霞
文稿编辑 / 张真真

出　　版 / 社会科学文献出版社·群学出版分社（010）59366453
　　　　　地址：北京市北三环中路甲29号院华龙大厦　邮编：100029
　　　　　网址：www.ssap.com.cn
发　　行 / 市场营销中心（010）59367081　59367083
印　　装 / 三河市尚艺印装有限公司

规　　格 / 开　本：787mm × 1092mm　1/16
　　　　　印　张：20.75　字　数：296 千字
版　　次 / 2019 年 8 月第 1 版　2019 年 8 月第 1 次印刷
书　　号 / ISBN 978 - 7 - 5201 - 4913 - 6
定　　价 / 98.00 元